保育所における食育プログラム—例—

● おさかなを知ろう ●

いろいろなおさかながいるよ

おさかなのスケッチ
… よく見てね …

● レストラン遊び ●

● やさいの収穫 ●

● たけのこの皮むき ●

● そらまめってどんな豆？ ●

4月 入園式

花束の
サラダ

5月 子どもの日

こいのぼり
ライス

6月

7月 たなばた

たなばた
まつり

8月 夏まつり

うさぎの
お月見

9月 お月見

行 事 食 ―例―

10月　運動会

お誕生日会

11月

12月　クリスマス

クリスマス会

1月　お正月

鬼さん
オムライス

2月　節　分

3月　ひなまつり
　　　お別れ会

おひなさま
おにぎり

保育所でのたのしいおやつ

手づくりおやつ

プリンアラモード

雪だるまケーキ

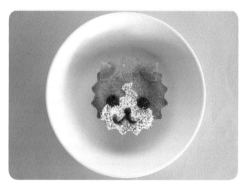

マドレーヌ

かえるさんクッキー

ひよこマッシュ

おいなりさん

蒸しケーキのつくり方

▓ 材料 ▓　6個分

◇ホットケーキミックス　100g
◇卵　50g（1個）
◇豆乳（または牛乳）　100ml
◇レーズン　30g

▓ 作り方 ▓

①ボールに卵と豆乳を入れ，よく混ぜ合わせる.
②①にホットケーキミックスを加え，さっくりと混ぜ，レーズンも入れる.
③蒸し器を沸騰させ，型に入れた②を7～8分蒸す.

市販のおやつ

牛　乳

ボーロ

ウエハース

ソフトせんべい

― 主食を中心とした離乳食 ―

離乳食開始後　1〜2か月頃から

とろとろおかゆ（30g）
十分にすりつぶす（バーミックス
などを利用するとなめらかになる）

みそ汁の上澄みをうすめたもの（30cc）

3か月頃から

3分がゆ（30g）

パンがゆ（30g）
トーストしたパン（耳は除く）を
細かく砕いて牛乳で煮る

白身魚・野菜入りおかゆ（40g）

7分がゆ（70g）
（やわらかおかゆ）

**さけ・野菜入り煮込みうどん
（80g）**

さけのクリームパスタ（80g）

調 理 例

― 野菜とたんぱく質を中心とした離乳食 ―

ペースト野菜
（左から）かぼちゃ，にんじん，ほうれんそう

- **卵黄のゆで方**
  水からゆでて沸騰後 10 ～ 12 分で固ゆでになる
- **卵黄のとり出し方**
  白身（全周）に切り込みを入れて卵黄をとり出す
- **卵黄ペースト**
  卵黄をフォークなどで細かくつぶしお湯またはみそ汁の上
  澄みで少しずつのばす

とうふの煮つぶし（25g）

野菜のやわらか煮（25g）
じゃがいも・にんじん・かぶなど
をやわらかく煮て，つぶしながら
与える

野菜と魚のとろとろ煮（50g）

茶わん蒸し
（左：全卵 1/4 個分，右：1/2 個分）

**じゃがいもと白身魚の
クリーム煮（25g）**

**にんじんとささみの
やわらか煮つぶし（25g）**

煮魚のほぐし（10g）

食　育

　現在を最もよく生き，かつ，生涯にわたって健康で質の高い生活を送る基本としての食を営む力の育成に向け，その基礎を培う教育

本園の食育

・毎朝，クラス担任が当日の献立表による食育指導（栄養バランス）
・栄養士が，年に１〜２回，手作り食育教材を用いて食育指導
・親子レストラン遊びなど
・野菜類を栽培して自然の恵みと命の大切さを気づかせる

本園の給食の特徴

・本園の栄養士が一年中，毎日異なった献立を作成しています．
・子どもが喜ぶアイデアいっぱいの手作りおやつ，伝統文化，四季を取り入れた行事食を工夫しています．
・子どもの発育や体調に応じた食事，離乳食，アレルギー代替食の対応

０歳児（８〜15か月）の給食	１〜２歳児の給食	３歳以上児の給食

舌や歯ぐきでつぶせるような固さの離乳食を栄養士が手づくりして与え，各種の食品や調理形態に慣れるようにしています	この時期になると乳歯の数が増えてきますが，食物は軟らかいもの，細かく刻んだものにしています．また食物に対する好みが出てきますので，食品の種類を豊かにし，献立に変化をつけています	幼児は活動が活発になり，食事の量が増えてきます．自立心が発達し，意思の表現ができるようになりますが，受け身の立場なので，食事の内容については，栄養的，心理的な面で十分配慮した献立を作成しています

望ましい栄養の配分

・子どもの食事は，健やかな心と身体の発達にとても大切なものです．
・豊かな食育の体験を重ねることで，健康でたのしい食生活を送ることができます．
・家庭と保育園が連携して，栄養のバランスが摂れた食事をいたしましょう．

年　齢	家庭朝食	保育園10時	保育園昼食	保育園３時	家庭夕食
３歳未満児	25%	5〜10%	30%	5〜10%	25%
３歳以上児	30%	―	30%	10%	30%

子どもの食と栄養

食生活の基礎を築くために

編 集

飯塚美和子　　　瀬尾　弘子　　　濱谷　亮子

執 筆

浅野　雅子　　飯塚美和子　　大津(松﨑)美紀
五関　正江　　瀬尾　弘子　　高橋　恭子
圓谷加陽子　　成田　豊子　　野田　智子
濱谷　亮子　　松井　貞子

学建書院

第9版の序

　本書は1978（昭和53）年「最新小児栄養」として出版されたのが始まりである．既に42年の年月が経ったことになる．この間多くの学生たちが小児栄養について学び，その学生たちが母親になり子どもを育て，その子が親になる時期を迎えている．

　今回の第9版では，「授乳・離乳の支援ガイド」の改定，「日本人の食事摂取基準（2020年版）」の公表，「アレルギー疾患対策の推進に関する基本的な指針」などを受け，各章で見直しを行い，新たな視点で書き直した．

　たとえば，授乳法の支援，離乳の支援に関しては，内容が更新された．食事摂取基準については，2020年から5年間使用される2020年版が公表され，健康の保持・増進，生活習慣病の予防に加え，高齢者の低栄養やフレイル予防が取り上げられた．また，食物アレルギー対策については，従来の考え方が大きく変更されたので，注意して読んでほしい．

　保育をめぐる状況は，社会情勢に伴い変化している．少子化も大きな社会問題である．また，乳児の保育所利用率も増加している．いつの時代も，子どもたちは毎日休むことなく成長し続けている．私たちおとなは，その発育・発達をサポートしていく使命があると思う．とくに成長の源である食べ物の摂取について，本書の内容がその理解を深めるものとなることを望んでいる．

　次世代を担う子どもたちの保育の専門家をめざす学生たちには，栄養摂取の重要性を学び，それを子育てにかかわる人々に広く発信してもらいたい．食物は単なる栄養源でなく，おいしく食べ，心をも育むものである．幼いころ経験した「味」は，その情景とともに心に刻みつけられていく．楽しい，心温まる，豊かな「味」が育まれる「食育」が望まれる．

　本書は食生活の基本を著しているので，保育士養成課程の教科書としてだけではなく，栄養，食品，食生活の基礎を見直す手引きとして利用いただけることを希望している．

　　2020年2月

著者一同

はじめに

　本書は，保母養成課程のカリキュラムの一つである「小児栄養」の教科書として，その内容が十分理解でき，現場で実践できる能力が身につくことを目標に構成したものである．

　乳幼児が健康でたくましく育つために，栄養の問題は重要な位置を占めている．必要で十分な栄養を摂取するには，母親や保育者の小児栄養についての幅広い知識と実践態度にゆだねられることになる．栄養学の内容は掘り下げれば難しい学問であるが，それをできるだけわかりやすく解説し，身近な内容として取り上げ，さらに食品と結びつけて説明することにした．その上で，胎児期，授乳期，離乳期……と成長段階を追いながら内容を展開させた．特に栄養上の問題点や献立作成など実践的な面にも配慮した．

　子供の成長は日毎に進み，それは感動的であり，保育に携わる者に喜びや楽しみを与えてくれる．子育てはすばらしいものである．著者らは学生の教育に携わってきたが，同時に母親でもあり，母親として子育てを通して得た経験や知恵も本書に盛り込んだつもりである．そのため，保母養成課程の教科書としてばかりでなく，子育てを行う方々の参考書としても十分役立つものである．子育ての期間はあっという間に過ぎてしまう．「どうかおおいに楽しんで欲しい！」と申し上げたい．

　本書の生みの親は，昭和53年に荒井基，伊東清枝両先生の編集で出版された「最新小児栄養」である．14年を経てここに新しく生まれ変わることになった．不十分な点は多々あろうが，今後研鑽を重ねていく所存である．本書の発刊にあたり学建書院の益子邦夫社長，並びに大崎真弓氏の御尽力に心から感謝の意を表す．

　　1992年4月

著者ら

も　く　じ

1　子どもの健康と食生活の意義

2　栄養に関する基本的知識

4　食育の基本と内容

5　家庭や児童福祉施設における食事と栄養

6　特別な配慮を要する子どもの食と栄養

イラスト　小林裕美子

1章

子どもの健康と
食生活の意義

1 子どもの心身の健康と食生活

a 子どもの特徴

　子どもの特徴とは何だろうか．子どもとおとなの大きな違いは，"子どもは発育する"ことである．このことが，おとなと根本的に異なり，おとなにはみられない特質である．発育の基盤となる要素は，第一に両親から受け継いだ遺伝的な素因である．それをもとに発育を支配する個体の内分泌因子と，身体の発育に欠かせない栄養や，人間が築いてきた文化などを含めた環境因子である．これらが相互に関係をもちながら発育という現象が達成されていく．

　発育の時期は，ストップをかけて止めることも，あとになって発育に必要な条件を補うこともできない．したがって，この時期に大切なことは，子どもの成長能力をむしばむことなく，発育する能力を最大限発揮できるように仕向けることである．もしこの発育期の栄養摂取が不適当であれば，十分な発育が望めないばかりか，健康で活動的なおとなに成長することは期待できない．おとなたちには子どもの発育を支える使命がある．

b 子どもの食生活の特徴

● めざましい発育をするため多くの栄養素を必要とする

　骨格，筋肉，臓器など身体のあらゆる組織をつくるために十分な栄養素の供給が必要となる．また運動機能の発達に伴う活発な身体活動や，活発な代謝作用を営むため，からだは小さいが，体重1kgあたりにすると多くの栄養素を必要とする．これらを過不足なく供給することが重要である．また離乳直後に与えられた食物が，その後の食物に対する嗜好の形成につながることが解明されている．

● 消化機能が十分に発達していない

　多量の栄養素を必要とするにもかかわらず，消化機能が未発達であるため，食物の消化能力，1回（1食）に消化できる量，1日の食事回数に特別な配慮が必要である．

● 感染に対する抵抗力が弱い

　胎生期に蓄えた先天性免疫は，生後6か月くらいのあいだに急激に減少する．また生後つくられる後天性免疫の生産が緩慢なため，離乳期から幼児期にいたるまでのあいだは感染に対する抵抗力が非常に弱い．食事による細菌感染を極力さけるため，食品は衛生的に扱う．

● 精神の発達段階に合わせた供食と，望ましい食習慣の形成をめざす

　精神発達もめざましい時期である．発達段階に最もふさわしい食物の形態，供食の方法を選び，精神発達を助長するように心がける．また正しい食習慣を身につけさせる第1歩という大切な時期でもある．望ましい食習慣の確立は，健康を維持し，将来生活習慣病の予防につながる．それは個人の幸福ばかりでなく，社会の発展にも貢献するものである．

2　子どもの食生活の現状と課題

a　子どもの健康と食生活にかかわる現状

（1）出生率と乳幼児死亡の動向

● 出生率

　現在，わが国は少子高齢社会となった．そのなかで将来を担う子どもたちへの期待は大きい．2021（令和3）年の合計特殊出生率（女性が一生涯に産む子どもの数）は前年を下回って 1.26 となり，これまで最低だった 2005 年と同率で，人口を維持するために必要な 2.08 を大幅に下回っている．2020 年の国勢調査によると，日本人の人口は前回（2015 年）からさらに減少し，0.6％減となった．このままでいくと，わが国の人口は減少していくと予測される（図 1-1）．

● 乳児死亡の動向

　生後 1 年未満の死亡を乳児死亡といい，乳児死亡率（出生 1,000 人あたりの死亡数）は，その地域の衛生状態の良否，経済，教育などの社会状態を反映する．わが国の乳児死亡率は，大正末期までは 150 以上であったが，1940（昭和 15）年には 100 以下となり，以後 76.7（22 年），30.7（30 年），10.0（50 年）と減少し，2022（令和 4）年には 1.8 と，世界最高水準に達している．

　また，乳児死亡の要因は，先天的なものと後天的なものとに大きく分けられ，生後しばらくのあいだは環境に対する適応力が弱いことと，妊娠・分娩の影響もあり，先天的な要因による死亡が多い．一方，それ以降になると，細菌感染や不慮の事故など後天的な要因

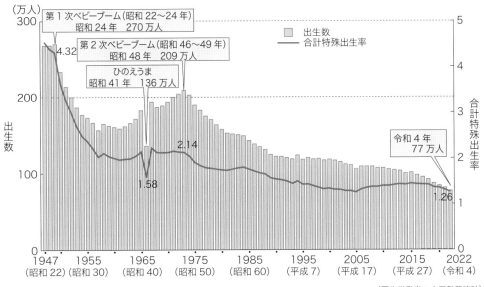

図 1-1　出生数および合計特殊出生率の推移

（厚生労働省：人口動態統計）

表 1-1　死因順位別にみた年齢（5歳階級）別死亡の割合（2022年）

年齢（歳）	第1位			第2位			第3位			第4位			第5位		
	死因		割合(%)	死因		割合(%)	死因		割合(%)	死因		割合(%)	死因		割合(%)
0歳	先天奇形，変形および染色体異常		63.0	周産期に特異的な呼吸障害および心血障害		23.8	不慮の事故		8.6	乳幼児突然死症候群		6.1	妊娠期間および胎児発育に関連する障害		5.8
1〜4歳	先天奇形，変形および染色体異常		3.1	不慮の事故		1.7	悪性新生物（腫瘍）		1.1	心疾患		0.6	肺炎		0.6
5〜9歳	悪性新生物（腫瘍）		1.6	先天奇形，変形および染色体異常		0.7	不慮の事故		0.6	心疾患		0.3	脳血管疾患		0.2
10〜14歳	自殺		2.3	悪性新生物（腫瘍）		1.7	不慮の事故		0.8	先天奇形，変形および染色体異常		0.5	心疾患		0.4
15〜19歳	自殺		13.8	不慮の事故		5.8	悪性新生物（腫瘍）		2.4	心疾患		0.9	先天奇形，変形および染色体異常		0.7

1　0歳の死亡率は出生10万に対する率である．
2　割合（%）は，それぞれの年齢別死亡数を100とした場合の割合である．
3　死亡数が同数の場合は，同一順位に死因名を列記した．

（厚生労働省：2022年人口動態統計）

による死亡が多くなる．先天奇形，変形および染色体異常がある場合の死亡率は高く，現段階では防ぐことが困難といえよう．1〜19歳までの死因の上位を不慮の事故が占めている．これらのなかには防げるものもあると思われる（表1-1）．

● 子どもの身体的状況

身体の発育については，2022（令和4）年度の学校保健統計調査（確定値）によると，昭和23年度以降増加傾向にあったが，身長は平成6〜13年度あたり，体重は平成10〜18年度あたりをピークに，その後横ばい傾向となっている．親の世代〔30年前，1992（平成4）年度〕と比較して最も身長差がある年齢は，男子では12歳で，親の世代より2.1cm高くなっている．女子では10歳で，親の世代より1.6cm高くなっている．

一方，スポーツ庁の体力・運動能力調査〔2022（令和4）年度〕の結果を，新体力テストが施行された平成10年ごろと比較すると，男女とも上体起こし，長座体前屈等がほとんどの年代で令和4年度の方が高く，握力とボール投げはいずれの年代でも低い．合計点は男女ともほとんどの年代で高くなっている．

最近10年の結果をみると，男子では，握力，ボール投げが多くの年代で低下傾向を示すものの合計点は横ばいである．女子では，長座体前屈，反復横とび，立ち幅とびおよび合計点が多くの年代で向上傾向を示している．

また，2023（令和5）年度の全国体力・運動能力，運動習慣等調査の体力合計点は，前年度比では回復傾向であったが，コロナ以前の水準には至っていない．体育の授業以外の運動時間は減少傾向が続き，近年増加傾向にある朝食欠食とスクリーンタイムはさらに増加したが，肥満の割合と睡眠時間は前年度に比べ回復傾向がみられた．

健康に関しては裸眼視力1.0未満の者の幼，小，中での増加，アレルギーの増加，肥満，痩身，脂質異常症，糖尿病など，生活習慣病の低年齢化が注目を集めている．また疾病にいたらずとも，すぐに疲れたり，咀しゃく機能が弱いなど，変調を示す子どもの増加

が指摘されている．その背景として時代の変化に伴う社会生活の変容があり，自然環境の悪化なども関係している．外食産業の進出により，食べることに関する家事労働の外部化は，食生活の変化・多様化に拍車をかけている．また小学生のころからダイエットに興味をもつ子どもが増えるなど，発育に必要な栄養素（とくにカルシウム，鉄など）の摂取不足が，あらたな問題になりつつある．

（2）子どもの食生活の実態

　現在，子どもたちの食事や食環境は次のようであり，第4次食育推進基本計画にも共食回数の増加や朝食欠食率の減少について，数値目標が掲げられている（p.228 参照）．

● 食事の変化

　適正な栄養摂取と望ましい食習慣が身につく食事が提供されていない場合がある．これは食事を用意する側にも問題がある．子どもの要求に合わせて献立を決めたり，料理のレパートリーが少ないことも問題である．

● 食品や食材料の知識不足

　子どもが食事づくりの手伝いをしなくなったため，食品の名前を知らなかったり，食品の形と味が一致しない場合も多い．

● 共食機会の減少

　おとなの生活条件が多様になり，子どももその影響を受けざるを得ないなかで，家族と一緒に食事をする機会が減り，子どもだけで食べる割合が増えている．さらに現代社会はメディアの占める割合が大きく，"テレビやスマートフォンをみながらの孤食"にも拍車をかけている．子どもだけの食事では食欲が劣るといわれ，世代の異なる家族と食事をともにすることは，心の通い合いだけでなく，豊かな食文化の伝承にもなる．さらに複数の人の嗜好に適した食事内容になるため，食材料の組み合わせが豊富になり，偏りが防げる．また楽しく食べることは，食欲を増し，消化吸収にもよい影響を与える．共食の機会を大切にするとともに，子どもがみずから食事を整える力を身につけることが大切である．

表 1-2 年齢別の欠食状況 (%)

年齢（歳） \ 年度		1988	1994	2004	2007	2010	2013	2016	2017	2018	2019
1〜6	朝食	4.8	2.9	5.4	6.4	5.0	8.0	8.6	6.4	6.4	0.9
	昼食	1.5	1.0	1.0	1.4	1.5	0.3	0.5	0.3	1.8	0.0
	夕食	1.1	0.4	0.8	0.6	0.9	0.0	0.2	0.5	0.3	1.3
7〜14	朝食	3.3	3.9	3.0	6.7	5.4	6.2	6.2	5.3	5.6	1.3
	昼食	0.3	0.2	0	0.6	0.7	0.3	0.4	0.6	0.2	0.4
	夕食	0.1	0.4	0.1	0.3	0	0.2	0.1	0.0	0.2	0.2
15〜19	朝食	12.5	17.2	12.4	12.5	14.2	15.7	14.4	13.1	10.8	7.6
	昼食	2.7	3.5	1.4	2.3	2.1	1.5	2.9	2.1	2.2	1.2
	夕食	1.3	1.2	0.9	0.5	0.5	1.2	1.4	0.0	0.0	0.8
20〜29*	朝食	31.5	36.5	27.4	26.7	29.1	27.6	29.8	27.3	24.3	14.0
	昼食	4.2	7.7	4.7	4.2	5.9	5.6	4.7	4.3	6.5	4.4
	夕食	2.3	3.2	1.9	1.1	2.2	2.2	1.8	1.9	1.2	0.8

＊1988〜1994 年度は年齢 20〜24 歳の数値．

（厚生労働省：国民健康・栄養調査結果）

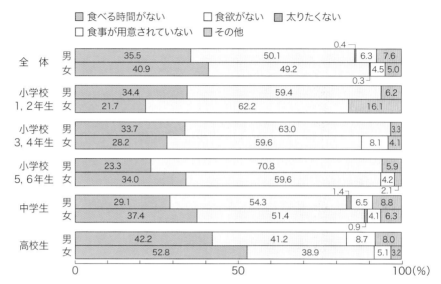

図 1-2 朝食をとらない理由

注）"食べない日のほうが多い"または"ほとんど食べない"，または"毎日食べない"と答えた者のみ．
〔(公財) 日本学校保健会：平成 30〜令和元年度児童生徒の健康状態サーベイランス事業報告書〕

図 1-3 子どもの間食の与え方（複数回答）

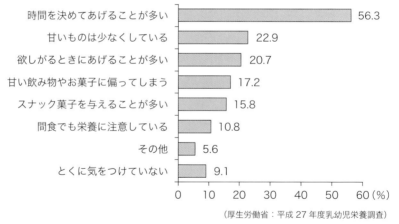

時間を決めてあげることが多い	56.3
甘いものは少なくしている	22.9
欲しがるときにあげることが多い	20.7
甘い飲み物やお菓子に偏ってしまう	17.2
スナック菓子を与えることが多い	15.8
間食でも栄養に注意している	10.8
その他	5.6
とくに気をつけていない	9.1

（厚生労働省：平成 27 年度乳幼児栄養調査）

● **朝食の欠食とおやつの与え方**

　国民健康・栄養調査によると，昼食，夕食に比べ朝食を欠食する割合が高い（**表 1-2**）．その理由として"食べる時間がない"，"食欲がない"などがある（**図 1-2**）．また就寝時刻も，全体では午後 9 時台が最も多く，夜型傾向が続いており，朝食欠食の一因ともなっている（p.131 **図 3-16** 参照）．朝食は 1 日のスタートにおいて活動の源であり，食べることにより体温を上げ，意欲的な行動に結びつく．また排便を促し，その習慣づけにも必要である．欠食により，間食との関連も見直さなければならない．乳幼児栄養調査は，10 年ごとに調査が行われているが，2015（平成 27）年度の結果（回答：2〜6 歳児の保護者）では，子どもの間食（3 食以外に食べるもの）の与え方について，「時間を決めて

あげることが多い」と回答した者の割合が56.3%と最も多かった（図1-3）．子どもの間食として，甘い飲み物やお菓子を1回に摂る回数は，どの年齢階級も「1回」と回答した者の割合が最も多かった（総数の61.3%）．2回以上摂っている者の割合は，2〜3歳未満が最も高く41.9%であり，5歳以上が最も低く28.9%であった．

朝食の欠食を防ぐには，食事を含めた生活リズムを見直し，朝食の役割をあらためて確認することが大切である．

● 食の外部化

食品産業のすさまじい発展により食の外部化が急速に進み，レトルトやインスタント食品，脂肪の多いスナック菓子や料理の摂取も日常的である．いつでも，どこででも好きな食べ物が手に入る日本では，お腹がすいていることがない．しかしこのような状態では偏食も進み，栄養素の摂取に過不足を生じる．甘いものなどの摂りすぎはエネルギーの過剰をきたし，野菜，海藻類の不足は，とくにビタミン類や微量ミネラル，および食物繊維の不足につながる．またインスタント食品をはじめ既製の食品（外食を含む）は，味つけが決まっていて，自分で選択ができず，濃い味に慣らされていき，食塩摂取量が増加する傾向にある．

(3) 世界の子どもの現状

経済が豊かになり衛生状態がよくなるのに伴い，先進国では少産少死へと移行している．開発途上国では多産多死，多産少死もまだ多く，合計特殊出生率が3〜5の国も少なくない（表1-3）．

国連児童基金（ユニセフ）『世界子供白書2023』では，世界の5歳未満児の少なくとも3人に1人に相当する1億8,500万人が，食事にも起因する問題を抱えていると報告されている（図1-4）．

・1億4,800万人の子どもが発育阻害である
・4,500万人の子どもが消耗症である
・3,700万人の子どもが過体重である

また，生後6か月前後で乳児が離乳食に移行するなかで，適切な食べ物が与えられていないと指摘されている．生後6か月から2歳の子どもの45%近くが，果物や野菜をほとんど摂っておらず，また，卵，乳製品，魚，肉についても，60%の子どもが与えられていない．この時期の子どものおよそ3人に2人が，身体や脳の急速な成長に必要な食べ物を得ることができず，そのために，脳の発達の遅れ，学習の遅れ，免疫力の低下，感染症の増加，そして多くの場合，死に至るリスクにさらされている．

子どもが成長するにつれて，不健康な食べ物を摂る機会が多くなる．その結果，世界全体で，過体重あるいは肥満の子どもや若者の割合は増加しており，2000年から2016年の間に，5〜19歳までの子どもの過体重の割合は，10人に1人から5人に1人と2倍になっている．この年代の子どもたちの現在の肥満の割合を1975年当時と比較すると，約4倍に増えている．

一方，日本の子どもの過体重の割合は低い．ユニセフはその背景として「日本の学校給

表1-3 世界の子どもの死亡率・出生率と若者の識字率

国　名	5歳未満児死亡率		乳児死亡率（1歳未満）		合計特殊出生率	低出生体重児出生率（%）	若者の識字率（%）2013～2022	
	1990	2021	1990	2019	2021	2015	男	女
日　本	6	2	5	2	1.3	9	—	—
フィンランド	7	2	6	2	1.4	4	—	—
イタリア	10	3	8	2	1.3	7	100	100
韓　国	15	3	13	3	0.9	6	—	—
スペイン	9	3	7	3	1.3	8	99	100
オーストラリア	9	4	8	3	1.6	7	—	—
フランス	9	4	7	3	1.8	7	—	—
ドイツ	9	4	7	3	1.5	7	—	—
イギリス	9	4	8	4	1.6	7	—	—
カナダ	8	5	7	4	1.5	6	—	—
ロシア連邦	22	5	18	4	1.5	6	100	100
アメリカ	11	6	9	5	1.7	8	—	—
中　国	54	7	42	5	1.2	5	100	100
タ　イ	37	8	30	7	1.3	11	98	99
メキシコ	45	13	36	11	1.8	8	99	99
ブラジル	63	14	52	13	1.6	8	99	99
エジプト	86	19	63	16	2.9	—	—	—
ベトナム	51	21	37	16	1.9	8	99	99
インドネシア	84	22	62	19	2.2	10	100	100
フィリピン	57	26	40	20	2.7	20	98	99
バングラデシュ	144	27	100	23	2.0	28	93	96
インド	126	31	89	25	2.0	—	93	90
南アフリカ	57	33	44	26	2.4	14	98	99
ウガンダ	182	42	107	31	4.6	—	89	90
ミャンマー	115	42	82	34	2.2	12	95	96
エチオピア	200	47	119	34	4.2	—	—	—
アフガニスタン	178	56	120	43	4.6	—	71	42
パキスタン	139	63	107	53	3.5	—	80	65
アンゴラ	222	69	131	47	5.3	15	—	—
カメルーン	136	70	84	47	4.5	12	88	82
コートジボワール	152	75	104	56	4.4	8	93	76
コンゴ民主共和国	185	79	119	62	6.2	11	—	—
ブルキナファソ	199	83	99	52	4.8	13	64	54
ベナン	175	84	106	55	5.0	17	70	52
マ　リ	230	97	120	62	6.0	—	55	38
南スーダン	250	99	148	64	4.5	—	48	47
中央アフリカ共和国	177	100	115	75	6.0	15	48	29
シエラレオネ	260	105	154	78	4.0	14	71	63
チャド	212	107	112	66	6.3	—	—	—
ナイジェリア	210	111	124	71	5.2	—	82	68
ソマリア	178	112	107	71	6.3	—	—	—
ニジェール	329	115	134	60	6.8	—	51	36

注）
—：データなし
5歳未満児死亡率：出生から5歳に達する日までに死亡する確率．出生数1,000人あたりの死亡数で表す．
乳児死亡率：出生時から満1歳に達する日までに死亡する確率．出生数1,000人あたりの死亡数で表す．
若者の識字率：15歳～24歳の人口のうち，読み書きができ日常生活についての簡単な短文を理解できる人の割合．
　　　　　　当該集団の総数に対する割合で表される．

（ユニセフ：世界子供白書2023）

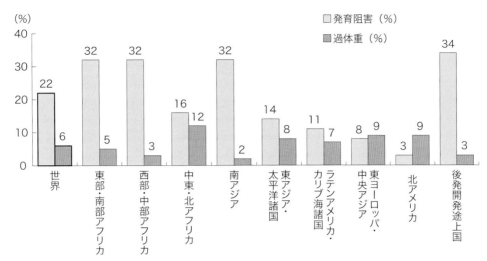

図 1-4 栄養不良の子どもの割合（5歳未満，2020年調査）──────

注）発育阻害－中度・重度：WHO「子どもの成長と発育の評価基準」身長体重比の中央値から，標準偏差がマイナス 2 を下回る生後 0〜59 ヵ月の子どもの割合.
過体重－中度・重度：WHO「子どもの成長と発育の評価基準」身長体重比の中央値から，標準偏差がプラス 2 を上回る生後 0〜59 ヵ月の子どもの割合（重度の過体重を含む）.

（ユニセフ：世界子供白書 2023）

食システムによって，子どもたちに栄養のバランスのよい食事を安価に提供することができ，子どもたちが栄養について学ぶ機会にもなっている」ことなどを理由にあげている.
　また，世界の5歳未満児の22％が発育阻害である．とくに南アジア，アフリカ地域などでは約1/3の子どもに発育阻害がみられる（図1-4）．戦争，干ばつなどの被害で食糧が不足している中近東，アフリカ，アジア，南アメリカの国々では，栄養不良と薬品不足のため，下痢性疾患や呼吸器感染症などの子どもによくみられる病気でさえ命取りになることがある．ヨードや鉄分の不足，慢性の低たんぱく食が主因のクワシオルコル（kwashiorkor）や，エネルギー不足に基づくマラスムス（marasmus），るい痩症は慢性病の引き金に，ビタミンAの不足は失明の原因となる．また，これらは発育不全や社会的・認知的発達の不全をも誘発する．単なる食糧の不足だけでなく，適切な食事を摂れないことでの微量栄養素（ビタミン，ミネラル）の不足や過体重も問題である.
　また，世界には予防接種を受けていない子どもが非常に多くいる．新型コロナウイルス感染症のパンデミックは，そうした子どもたちの数をさらに増やし，2021年では5人に1人の子どもがゼロ投与（予防接種を一度も受けていない）または接種未完了であり，ワクチンで予防できるさまざまな病気にかかりやすい状態にある.

（4）生活環境がもたらす子どものからだへの影響

　第二次世界大戦後，わが国の乳幼児死亡率は激減し，青少年の体位はめざましく向上し，平均寿命も世界のトップクラスになった．これらは医療の進歩，衛生知識の普及徹底，食生活および国民の経済水準の向上などによってもたらされたものであるが，科学や文明の発展，経済成長と引き換えに環境汚染が問題となってきた．海洋に流出したプラス

表 1-4 さまざまな汚染

産業廃棄物，工業原料による汚染	
メチル水銀	汚染された魚介類の継続的摂取による神経疾患（水俣病）
ポリ塩化ビフェニル（PCB）	米ぬか油に混入した PCB による被害（カネミ油症事件），内分泌撹乱物質
カドミウム	富山県で発生したカドミウム中毒（イタイイタイ病）
トリブチルスズオキシド	TBTO（有機スズ）による魚介類の汚染，内分泌撹乱物質
ダイオキシン類	発がん性や催奇形性が高い猛毒化学物質．ゴミ焼却場，廃棄物処理場の燃焼ガスからも生成される．母親から胎児へ，母乳にも移行する．内分泌撹乱物質
ビスフェノール A	ポリカーボネイト製の食器や哺乳びんから溶出．内分泌撹乱物質
農薬による汚染	
DDT，BHC，アルドリン，ディルドリン，パラチオンなど	発がん性，突然変異性，催奇形性など
レルダン，スミチオン，マラソンなど	日本で使用禁止，また残留基準のないもの（とくにポストハーベスト農薬など）が使用されている輸入食品
その他の汚染	
遺伝子組換え食品	遺伝子を人工的に組み込み，病害虫に強い作物を栽培．人体への影響はわかっていない
BSE（牛海綿状脳症）	牛の脳組織にスポンジ状の変化を起こし，起立不能などの症状が出る悪性の中枢神経疾患．日本では 2001 年にはじめて発生が確認された
高病原性鳥インフルエンザ	ニワトリなどの家禽類に感染を起こし，まれにヒトへの感染も確認されている．日本では 2004 年からニワトリによる発生が報告されている
鶏　卵	サルモネラ菌（おもにサルモネラ・エンテリディス）汚染による食中毒が世界的に流行している
重金属	おもに中国産の農産物から許容量を超える鉛，カドミウムなどが検出されている
放射能	福島第一原子力発電所事故，チェルノブイリ原子力発電所事故による汚染された食品

チックごみによる海洋汚染が広がり，近年はマイクロプラスチックによる生態系に及ぼす影響が懸念されるなど，地球的規模の自然破壊がみられるようになり，人間の健康さえ脅かされようとしている．最も影響を受けやすい子どもたちの健康を守るため，環境保護に関心をもち，人間の生き方について根本的に考え直す必要があるのではないだろうか．

　2011 年 3 月 11 日，東日本大震災によって福島第一原子力発電所が事故を起こし，多量の放射性物質が放出された．そのため，米，ある種の野菜，きのこ類，牛肉や一部の魚など多くの食品から放射性セシウムが当時の国の基準を上回り検出された．厚生労働省は，食品に含まれる放射性セシウムの新しい基準を定め，2012 年 4 月から適用している．

　地球環境を守り，安全な食品を摂取できるよう，国および都道府県の衛生機関には汚染物質や，疑わしい物質の検査，研究，監視と，すみやかな規制措置などの対策を望みたい．またわれわれも環境汚染の加害者にならないように努力するとともに，今までの食品公害を教訓に，同じ食品でも異なった産地やメーカーのもの，多種類の食品をバランスよく摂るように心がけることが大切である．食品公害とよばれているものを含め，環境汚染にかかわっているものを表 1-4 に示す．

2章

栄養に関する
基本的知識

A
栄養の基本的概念と食事摂取基準

1　食物中の栄養素のはたす役割

　人間が生きていくために必要な栄養成分は，炭水化物，脂質，たんぱく質，ミネラル，ビタミン，水で，これを栄養素という．これら栄養素をとり入れるために，われわれは食物を摂取している．手に入る食品は種類も数も多いが，1つの食品に，すべての栄養素が，必要な量だけ含まれていることはまれである．そのためさまざまな種類の食品を組み合わせて摂取しなければならない．毎日摂取している食品を，体内ではたす役割に沿って分類すると，大きく3つに分けることができる．それらの役割を担う食品と栄養素の関係を図2-1に示す．

(1) エネルギー源となる食品

　ご飯，パン，麺，もち，せんべいなどの穀類，いも類，砂糖，バナナなど主成分が炭水化物である食品，バター，植物油，マヨネーズ，生クリームなど脂肪が主成分である食品，たんぱく質を供給する肉，魚，卵，豆腐などもエネルギー源となる．すなわち食品に含まれる炭水化物（糖質）や脂肪（脂質の大部分を占める）を構成している炭素（C），水素（H），酸素（O）と，たんぱく質を構成する元素のうち窒素（N）やイオウ（S）を除くC，H，Oは，体内でエネルギーを生産し，二酸化炭素（CO_2）と水（H_2O）になる．

図2-1　食品と栄養素の関係

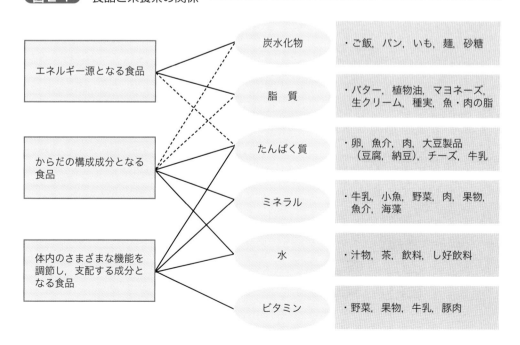

（2）からだの構成成分となる食品

　からだの構成には多くの栄養素がかかわっている．組織の構成には，おもにたんぱく質が，骨格のおもな成分にはカルシウム（Ca）やリン（P）などのミネラルが，赤血球には鉄（Fe）が不可欠である．これらの栄養素を含む食品としては肉，魚，卵，大豆製品，牛乳，小魚がある．レバーや緑黄色野菜は鉄の給源となる．ご飯の主成分は炭水化物であり，たんぱく質の含量は 2.5% と少ないが，主食として摂取量が多いので，ご飯から 1 日に必要なたんぱく質量の 1/4 〜 1/3 を摂取することができる．日本人は戦前まで，こめ中心の食事パターンで生きてきた．

　発育時に，これら身体組織をつくる栄養素を含んだ食品を十分に摂取できないと，体位の低下や，成長が抑制される．戦争や飢餓など食料不足時にみられる現象である．

（3）体内のさまざまな機能を調節し支配する成分となる食品

　摂取した食物の消化吸収，体内で栄養素がはたす機能には多くの酵素，ホルモンなどがかかわっている．また体液の中性保持，浸透圧の調節など健康を維持するためにはさまざまな調節も行われている．これらにはビタミン，ミネラル，たんぱく質，水などの栄養素がその機能をはたしている．体内で必要とされるビタミンやミネラルの種類は多く，数種の食品では供給できない．水溶性のビタミンは野菜，果実類から比較的摂取しやすいが，脂溶性ビタミンは卵，油脂，牛乳，魚などから，ミネラルは牛乳や海藻，小魚から供給されるというように，いろいろな食品を摂取する必要がある．

　毎日摂取する食物は体内で必要な栄養素を供給しているので，食品の種類や量が，一人ひとりに適したものでなければならない．とくに発育期は，食品の選択を幅広く行うことが大切である．一方，誰にとっても食物をおいしく食べることは楽しみである．また食品にはさまざまな機能（たとえば抗酸化作用，整腸作用など）がある．人間にとって食物のはたす役割は大きな意味をもっている．

（4）食物中の栄養素の役割をよりよく発揮させる方法

　食物中の栄養素を効率よくとり入れるためには，人体にとって必要な栄養素をよく理解し，それを的確に食べることが重要である．

　6 つの栄養素を理解するには，食べるとき（おもに食事）のことを考える必要がある．1 つの食品に含有する栄養素はおもに 1 つではなく，たとえば「こめ」をみても，「こめ」の中の炭水化物含量やたんぱく質含量を知ることが重要である．また，卵には，ほとんどすべての栄養素が含まれている．私たちはいろいろな食品をそろえて料理をつくり，料理を組み合わせて食事として食べ，必要な栄養素が摂取できる仕組みを持っている．すなわち栄養素の役割と食品の組み合わせと摂取量は切り離して考えることはできない．栄養素の知識だけでは発育・健康には役に立たず，言い換えれば「どんなものを，どれだけ食べたらよいか」を知ることが必要である．これを示したものが食事摂取基準である．食事摂取基準は身体にとって，食品中の栄養素の役割をよりよく発揮させるためのガイドブックといえる．

2　日本人の食事摂取基準

(1) 日本人の食事摂取基準（2020年版）策定の方針

　日本人の食事摂取基準は，健康な個人および集団を対象として，国民の健康の保持・増進，生活習慣病の予防を目的とし，エネルギーおよび栄養素の摂取量の基準を示すものである．

　2013（平成25）年度に開始された健康日本21（第二次）に掲げられている，社会生活を営むために必要な機能の維持および向上を図ることをふまえ，2020年版では高齢者の低栄養予防やフレイル予防が取り上げられた（詳細は2020年版の「策定方針」を参照）．日本人の食事摂取基準は5年ごとに改定されている．

(2) 指標の概要

● エネルギーの指標

　エネルギーの摂取量および消費量のバランス（エネルギー収支バランス）の維持を示す指標としてBMIを用いた（表2-1）．

　エネルギー必要量はWHOの定義に従い「ある身長・体重と体組成の個人差が，長期間に良好な健康状態を維持する身体活動レベルの時，エネルギー消費量との均衡が取れるエネルギー摂取量」と定義される．しかし，これを測定することは困難であり，多くの試みが行われている．前回に続き，推定エネルギー必要量が用いられている

　推定エネルギー必要量＝基礎代謝基準値（kcal/kg体重/日）×参照体重（kg）×身体活動レベル

表2-1　目標とするBMIの範囲（18歳以上）[1, 2]

年齢（歳）	目標とするBMI（kg/m^2）
18～49	18.5～24.9
50～64	20.0～24.9
65～74[3]	21.5～24.9
75以上[3]	21.5～24.9

BMI＝体重(kg)÷身長(m)÷身長(m)
[1] 男女共通．あくまでも参考として使用すべきである．
[2] 観察疫学研究において報告された総死亡率が最も低かったBMIを基に，疾患別の発症率とBMIとの関連，死因とBMIとの関連，喫煙や疾患の合併によるBMIや死亡リスクへの影響，日本人のBMIの実態に配慮し，総合的に判断し目標とする範囲を設定．
[3] 高齢者では，フレイルの予防および生活習慣病の発症予防の両者に配慮する必要があることも踏まえ，当面目標とするBMIの範囲を21.5～24.9kg/m^{2}とした．

● 栄養素の指標

◎ 推定平均必要量（EAR：estimated average requirement）

　ある対象集団に属する50％の人が必要量を満たす（同時に50％の人が必要量を満たさない）と推定される摂取量と定義される．

◎ **推奨量**（RDA：recommended dietary）

ある母集団に属するほとんどの人（97～98％）が充足している量として，推奨量を定義する．推奨量は，推定平均必要量が示される栄養素に対して使用されるが，多くの場合，次の式により求められた．

推奨量＝推定平均必要量×（1＋2×変動係数）＝推定平均必要量×推奨量算定係数

◎ **目安量**（AI：adequate intake）

特定の集団における，ある一定の栄養状態を維持するのに十分な量として定義され，推定平均必要量が算定できない場合に算定されたものである．基本的には，健康な多数の人を対象として，栄養素摂取量を観察した疫学的研究によって得られる．

◎ **耐容上限量**（UL：tolerable upper intake）

健康障害をもたらすリスクがないとみなされる習慣的な摂取量の上限として定義された．これを超えて摂取すると，過剰摂取によって生じる潜在的な健康障害のリスクが高まると考えられる．

◎ **目標量**（UL：tentative dietary goal for preventing life-style related disease）

生活習慣病の発症予防を目的として，現在の日本人が当面の目標とすべき摂取量として設定された．諸外国の食事摂取基準や疾病予防ガイドライン，現在の日本人の摂取量・食品構成・嗜好などを考慮し，実行可能性を重視して設定された．

● **食事摂取基準の各指標を理解するための概念図**（図2-2）

この図は習慣的な摂取量と摂取不足または過剰摂取に由来する健康障害のリスク，すなわち，栄養障害が生じる確率との関係を概念的に示している．この概念を集団に当てはめると，摂取不足を生じる人の割合または過剰摂取によって健康障害を生じる人の割合を示す図として理解することもできる．

推奨量と耐容上限量との間の摂取量では，不足のリスク，過剰摂取による健康障害が生じるリスクともに0（ゼロ）に近いことを示す．

図2-2 　食事摂取基準の各指標を理解するための概念図 ─────────

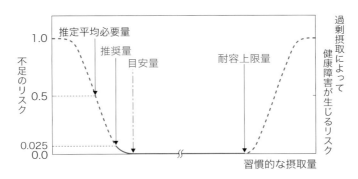

（3）食事摂取基準の使い方

各栄養素の食事摂取基準については，「B 栄養に関する基本的知識と摂り方」に記した．栄養学の知識を理解し，各自の食生活に役立ててほしい．

B
栄養に関する基本的知識と摂り方

1　炭水化物

a　炭水化物の種類

　炭水化物は炭素，水素，酸素からなる．炭水化物の最小単位を単糖類といい，単糖類が2個結合した二糖類，3〜9個結合した少糖類（オリゴ糖ともいう），それ以上結合した多糖類に分類される（図2-3）．食品に含まれる成分のうち，人間の消化酵素で消化されやすい炭水化物を糖質といい，日本人の重要なエネルギー源となっている．消化されにくい食物成分を食物繊維（難消化性多糖類）という．

図2-3　おもな炭水化物

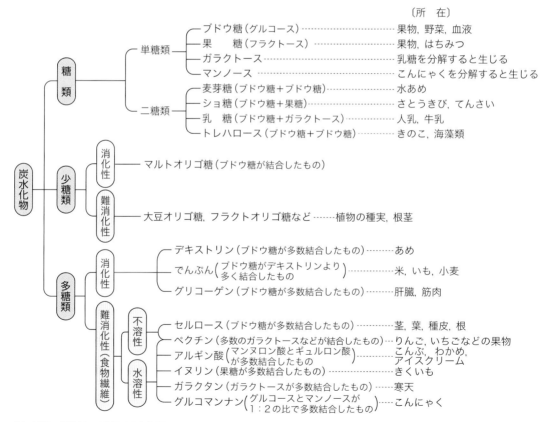

注）糖質の構造は p.46 図 2-13 参照

b 炭水化物を多く含む食品

表 2-2 炭水化物を多く含む食品

穀類およびその製品		65〜80％が炭水化物である．7〜10％のたんぱく質を含む．精製されないものはミネラルも豊富である．
	米	玄米はもみ米からもみ殻をとったもので，ぬか層をとる搗精の度合で胚芽米，七分づき米，精白米などがある．また品質の違いにより，米飯，上新粉のもとになるうるち米（アミロースを含む），もち，赤飯，白玉粉などの原料となるもち米（アミロペクチンが主成分）などがある．精白米（穀粒，うるち米）100 g 中 342 kcal，米飯 100 g 中 156 kcal のエネルギーがある．
	小 麦	小麦粉として用いられる．麩質（グルテン量）の少ない順に薄力粉，中力粉，強力粉に分類される．薄力粉は菓子類，てんぷらの衣などに，中力粉はうどん，ラーメンに，強力粉はパン，パスタ類に用いられる．
	大 麦	押麦に加工し，米に混ぜて麦飯とするほか，みそ，しょうゆ，ビールなどの原料となる．
	えん麦	加工してオートミールにする．消化されやすく，離乳食，病人食にも用いられる．
	とうもろこし	実はそのまま焼いたり，ゆでたりして食べる．コーンスターチ（とうもろこしでんぷん）やコーンフレーク（高温下で圧篇したもの）がある．
いも類およびその製品		穀類に比べ水分含量が多い．おもな固形成分はでんぷんである．いも類のビタミン C は熱などに安定である．
	じゃがいも	繊維が少なく消化されやすい．調理に用いられるほか，かたくり粉やポテトチップス，そのほか菓子類の原料となる．男爵いも，煮くずれしないメイクイーンなどがある．
	さつまいも	でんぷん以外にブドウ糖，果糖を含むため甘味がある．黄色の濃いものはカロテンを含む．繊維が多い．乾燥いも，菓子，アルコールなどの原料となる．
	さといも	さといも，やつがしら，みずいもなどがある．独特のぬめりは多糖類のガラクタンである．
	やまのいも	ながいも，やまといも，じねんじょなど，でんぷん構造が粗く，消化酵素がはたらきやすい．やまのいも自身も消化酵素を含むため，ほかのいも類と違い生のまま食べることができる．
砂糖と菓子類		食品としての砂糖はほとんど糖質である．即効性のエネルギー源，調味料，防腐効果がある．菓子類は糖質のほか，脂質が多く含まれるものもある．
	砂糖類	精製の度合いや加工方法により，黒砂糖，三温糖，上白糖，グラニュー糖，氷砂糖などがある．精製度の低い黒砂糖は水分が多くミネラルを含む．精度の高いものは防腐効果が高い．
	そのほかの糖類	水あめは麦芽糖とデキストリンの混合物で，あめ菓子に用いられる．はちみつの主成分は果糖とブドウ糖で，ビタミン B 群を含む．1 歳未満の乳児には「乳児ボツリヌス症」（p.65 表 2-43 参照）を起こすことがあるので与えない．
	代替甘味料	用途により，砂糖に代わる甘味料として用いられる．①エネルギーの少ないもの（スクラロース）あるいはほとんどないもの（マルチトール，フラクトオリゴ糖など），②むし歯になりにくいもの（パラチノース，キシリトールなど），③腸内細菌の繁殖に役立つもの（大豆オリゴ糖，フラクトオリゴ糖など），④インスリン節約作用があるもの（ソルビトール，マルチトール，アスパルテーム，ステビオサイト，L-アラビノースなど）．
	菓子類	和菓子，洋菓子などがある．一般に和菓子のエネルギーは揚げせんべいなどを除き，洋菓子に比べ 2/3 程度である．油脂や食塩を使用した口あたりのよいスナック菓子は，量を決めて与えるなど，過剰摂取にならないように注意する．
食物繊維		含有量の多い食品（100 g 中）： 　　干し海藻類（寒天，ひじき，わかめ，のり，こんぶ），黒きくらげ，乾しいたけ，かんぴょう，切り干し大根，豆類 比較的多く食べられている食品： 　　豆類の煮物，糸引き納豆，みそ，おから，とうもろこし，オクラ，かぼちゃ，ごぼう，たけのこ，にんじん，ほうれんそうなどの葉物，生わかめ，キウイフルーツなど

（作表　桜井）

c 炭水化物の機能

(1) 糖質のおもな機能

● グリコーゲンの合成（図2-4）

　吸収された単糖類（大部分はグルコースで，血糖という）は血液循環により肝臓に運ばれ，大部分が肝臓でグリコーゲンに合成され，一時貯蔵される．一部は筋肉やそのほかの組織に運ばれ，組織のグリコーゲンに合成されるほか，エネルギー源として利用される．肝臓や組織の細胞ではグリコーゲンとして貯蔵される量には限度があるため，過剰分は脂肪に変えて蓄積される．

● 血糖の維持

　肝臓に貯蔵されたグリコーゲンは，血糖が低下するとグルコース（体内ではブドウ糖をグルコースとよぶ）に分解して血液中に送り出される．血糖は脳や神経組織の重要なエネルギー源であり，一定濃度（約0.1%）に保たれるように調節されている．血糖は食後一時的に増加するが，インスリン（膵臓のβ細胞から分泌されるホルモン）の作用により細胞内へ取り込まれるため，食後2時間くらいで正常値に戻る．血糖値が低下すると，グルカゴン（膵臓のα細胞から分泌されるホルモン）やアドレナリン（副腎皮質ホルモン）の作用により肝臓のグリコーゲンを分解して血液中に送り出し，血糖値を一定に保ち，低血糖を予防している．またアミノ酸からも糖がつくられる（糖新生という）．一方，インスリンの作用不足が生じると糖尿病の発症を招く．

● エネルギーの生産（図2-5）

　糖質は1gにつき4kcalのエネルギーを供給する．その方法は，グルコースやグリコーゲンを分解し高エネルギー物質（アデノシン三リン酸：ATP）にして，エネルギーを生産する．この過程は，次のようである．

　① グリコーゲンをピルビン酸まで分解する．この過程を解糖という．

　② ピルビン酸は，ビタミンB_1, B_2, ナイアシン，パントテン酸などのビタミンB群のはたらきによりアセチルCoAとなる（p.40 表2-18参照）．

　③ アセチルCoAはオキザロ酢酸と結合してクエン酸になり，TCAサイクル（トリカルボン酸回路）を回転しながら分解される．

　④ ①〜③の過程で，いくらかのATPと，グルコースを構成している炭素（C）が二酸化炭素（CO_2）となる．水素（H）はビタミンB_2やナイアシンが結合した補酵素が受け取る．

　⑤ 補酵素が受け取った水素は$FADH_2$, $NADH_2$となり，細胞内のミトコンドリア中の電子伝達系に運ばれ，呼吸により取り入れた酸素（O）と結合して水（H_2O）と多くのATPが生産される．呼吸により取り入れた酸素はヘモグロビンが運んでいる．

ピルビン酸は酸素の供給が十分でないと乳酸になるが，通常乳酸は肝臓に運ばれ，グリコーゲンに再合成される．

図2-4 炭水化物（糖質）の代謝

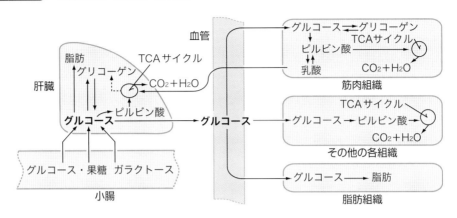

図2-5 TCAサイクルを中心としたエネルギーの生産

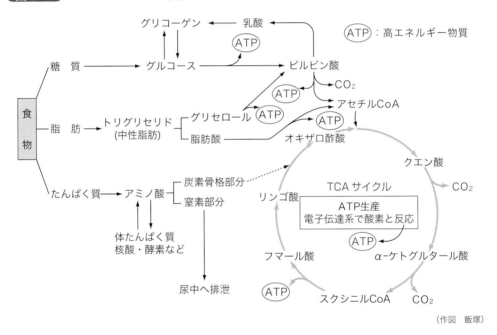

(作図　飯塚)

● エネルギーの利用

　生産されたエネルギーは，①体温を保つための熱エネルギー，②筋肉や呼吸などの活動のためのエネルギー，③代謝（体内での物質の合成と分解）に使われる化学的エネルギー，④神経（刺激）の伝達のための電気エネルギー，⑤体成分の輸送（移動）のための物理的エネルギーとして使われている．エネルギーは生きていくために欠かせないものである．

● 甘味料としての使用

　糖質は，おもに主食としてエネルギー源となるが，そのほか甘味料としても使われる．甘味は年齢を問わず好まれ，食生活になくてはならない役割をはたしている．

（2）食物繊維の機能

● 腸内細菌の栄養源

　良質な腸内細菌を増やすための栄養源となる．腸内細菌により分解（発酵という）された乳酸が悪質な腸内細菌の増加を防ぐ．また腸内でのビタミンB群の生産に役立つ．

● 便秘の予防

　消化管の運動を活発にするはたらきがあるため，便秘の予防と解消に効果がある．便の容積を増やし，不必要なものをからだの外に排泄する．

● 生活習慣病の予防

　消化されない成分が，糖，脂肪，胆汁，コレステロールなどの消化吸収を低下させることが期待されるため，生活習慣病の予防に役立つ（p.48 コラム参照）．

d 炭水化物の食事摂取基準と摂り方

（1）推定エネルギー必要量の算出 （表2-3）

　身体活動レベル，参照体位，基礎代謝量は，資料編 p.220 付表2，3を参照する．

◎成人（18歳以上）は，以下の方法で算出する．

　　　推定エネルギー必要量＝基礎代謝量（kcal/日）×身体活動レベル

　　　基礎代謝量（kcal/日）＝基礎代謝基準値（kcal/kg体重/日）×参照体重（kg）

◎小児，乳児，妊婦，授乳婦については，上記の式に成長や妊娠継続，授乳などに必要なエネルギー量を付加量として加える（資料編 p.221 付表4参照）．

◎高齢者では，基礎代謝量，身体活動レベルの低下によりエネルギー必要量が減少する．それにより，たんぱく質やほかの栄養素の充足が困難になる．身体活動量の低下はフレイルにもつながるので，望ましいBMIを維持することが重要である．

（2）エネルギー産生栄養素バランス

　エネルギー産生栄養素バランス（表2-4）とは，エネルギーを産生する栄養素，すなわち炭水化物（アルコールを含む），脂質，たんぱく質が総エネルギー摂取量に占めるべき割合（％エネルギー）として現した指標である．その目的は，これらの栄養素の摂取不足を防ぐとともに，生活習慣病の発症予防とその重症化予防のためとされ，指標は目標量で示された．

　総エネルギー摂取量からエネルギー産生栄養素バランスを定めるには，たんぱく質の摂取量を最初に定め，つぎに脂質の量を定め，その残りを炭水化物とするのが適切である．

（3）炭水化物の摂り方 （資料編 p.221 付表5 参照）

◎1日に必要なエネルギーのうち，50〜65％を炭水化物（糖質）で摂取する．これらを主食として，ご飯，麺，パンなどの穀類といも類などで摂取する．また砂糖などの調味料や菓子類からの糖質も加える．加工食品中の糖質量については食品表示を参考にするとよい．

◎糖質の種類により消化吸収速度が異なる．砂糖類は吸収が早いため，血糖値が速やかに

表 2-3 **（参考表）　推定エネルギー必要量（kcal/日）**

性　別	男　性				女　性			
身体活動レベル[1]	Ⅰ	Ⅱ	Ⅲ	組織増加分の エネルギー蓄積量	Ⅰ	Ⅱ	Ⅲ	組織増加分の エネルギー蓄積量
0〜5（月）	−	550	−	115	−	500	−	115
6〜8（月）	−	650	−	15	−	600	−	20
9〜11（月）	−	700	−	20	−	650	−	15
1〜2（歳）	−	950	−	20	−	900	−	15
3〜5（歳）	−	1,300	−	10	−	1,250	−	10
6〜7（歳）	1,350	1,550	1,750	15	1,250	1,450	1,650	20
8〜9（歳）	1,600	1,850	2,100	25	1,500	1,700	1,900	30
10〜11（歳）	1,950	2,250	2,500	40	1,850	2,100	2,350	30
12〜14（歳）	2,300	2,600	2,900	20	2,150	2,400	2,700	25
15〜17（歳）	2,500	2,800	3,150	10	2,050	2,300	2,550	10
18〜29（歳）	2,300	2,650	3,050	−	1,700	2,000	2,300	−
30〜49（歳）	2,300	2,700	3,050	−	1,750	2,050	2,350	−
50〜64（歳）	2,200	2,600	2,950	−	1,650	1,950	2,250	−
65〜74（歳）	2,050	2,400	2,750	−	1,550	1,850	2,100	−
75 以上（歳）[2]	1,800	2,100	−	−	1,400	1,650	−	−
妊婦（付加量）[3]								
初期					+50	+50	+50	
中期					+250	+250	+250	
後期					+450	+450	+450	
授乳婦（付加量）					+350	+350	+350	

1 身体活動レベルは，低い，ふつう，高いの3つのレベルとして，それぞれⅠ，Ⅱ，Ⅲで示した．
2 レベルⅡは自立している者，レベルⅠは自宅にいてほとんど外出しない者に相当する．レベルⅠは高齢者施設で自立に近い状態で過ごしている者にも適用できる値である．
3 妊婦個々の体格や妊娠中の体重増加量および胎児の発育状況の評価を行うことが必要である．
注1：活用に当たっては，食事摂取状況のアセスメント，体重および BMI の把握を行い，エネルギーの過不足は，体重の変化または BMI を用いて評価すること．
注2：身体活動レベルⅠの場合，少ないエネルギー消費量に見合った少ないエネルギー摂取量を維持することになるため，健康の保持・増進の観点からは，身体活動量を増加させる必要がある．

表 2-4　エネルギー産生栄養素バランス（％エネルギー）

性　別	男　性				女　性			
	目標量[1,2]				目標量[1,2]			
年齢等	たんぱく質[3]	脂　質[4]		炭水化物[5,6]	たんぱく質[3]	脂　質[4]		炭水化物[5,6]
		脂　質	飽和脂肪酸			脂　質	飽和脂肪酸	
0〜11（月）	−	−	−	−	−	−	−	−
1〜2（歳）	13〜20	20〜30	−	50〜65	13〜20	20〜30	−	50〜65
3〜14（歳）	13〜20	20〜30	10 以下	50〜65	13〜20	20〜30	10 以下	50〜65
15〜17（歳）	13〜20	20〜30	8 以下	50〜65	13〜20	20〜30	8 以下	50〜65
18〜49（歳）	13〜20	20〜30	7 以下	50〜65	13〜20	20〜30	7 以下	50〜65
50〜64（歳）	14〜20	20〜30	7 以下	50〜65	14〜20	20〜30	7 以下	50〜65
65 以上（歳）	15〜20	20〜30	7 以下	50〜65	15〜20	20〜30	7 以下	50〜65
妊婦　初期・中期					13〜20	20〜30	7 以下	50〜65
後期					15〜20			
授乳婦					15〜20			

1 必要なエネルギー量を確保したうえでのバランスとすること．
2 範囲に関しては，おおむねの値を示したものであり，弾力的に使用すること．
3 65 歳以上の高齢者について，フレイル予防を目的とした量を定めることは難しいが，身長・体重が参照体位に比べて小さい者や，とくに75歳以上であって加齢に伴い身体活動量が大きく低下した者など，必要エネルギー摂取量が低い者では，下限が推奨量を下回る場合があり得る．この場合でも，下限は推奨量以上とすることが望ましい．
4 脂質については，その構成成分である飽和脂肪酸など，質への配慮を十分に行う必要がある．
5 アルコールを含む．ただし，アルコールの摂取を勧めるものではない．
6 食物繊維の目標量を十分に注意すること．

上昇する．血糖値上昇の速度は，摂取する炭水化物の量，種類，ほかの食品との組み合わせや食べる順序により異なるので，目的に合わせて摂ることが大切である．

◎糖質の摂取量が多すぎると，余分なエネルギーは脂肪に変換されるばかりでなく，たんぱく質などの減少につながるので，エネルギーバランスに注意が必要である．

◎糖質がエネルギーになるとき，ビタミンB群が必要であるため，これらのビタミンを多く含む食品を摂ることを忘れないようにする（資料編 p.222〜223 付表6参照）．

◎食物繊維の摂取目標量については資料編 p.221 付表5に示したが，食事の内容に注意し，不足しないようにする．給源としては野菜類，海藻，きのこ，りんごなどの果実などである．精白度の低い穀類や野菜を毎食摂るようにする．

2 脂 質

a 脂質の種類

脂質は水に溶けないが，アルコールやベンゼンなどの有機溶剤には溶ける．炭水化物と同様に，炭素，水素，酸素が構成元素である．栄養学的に重要な脂質には①脂肪，②リン脂質や糖脂質（複合脂質），③コレステロールやエルゴステロール（ステロール類）などの種類がある．食品に含まれている脂質の大部分が脂肪である．

脂肪は1分子のグリセロールに3分子の脂肪酸が結合したものである（図2-6）．脂肪酸は炭素に水素が結合し，末端にカルボキシル基（酸を示す部分）があり，炭素の数によりいろいろな種類の脂肪酸ができる（表2-5）．さらに脂肪酸には炭素間に二重結合のない飽和脂肪酸と二重結合をもつ不飽和脂肪酸がある（図2-7）．二重結合が2個以上ある不飽和脂肪酸を多価不飽和脂肪酸といい，体内では合成できず，リノール酸，α-リノレン酸，EPA，DHAは生理的に重要で必須脂肪酸である．脂質は酸化されやすく，酸素，光，熱，紫外線などにより酸化される．

b 脂質を多く含む食品

脂質含量の多いものは，精製した植物油で100%，次いで牛豚脂身，バター，マーガリンなどが約80%，種実類70〜50%，ベーコン40%，脂身の多い獣鳥魚肉40%前後，だいずおよびその製品30〜20%である．加工品では油で揚げたものに多く含まれる．

図 2-6 脂肪，脂肪酸，コレステロール

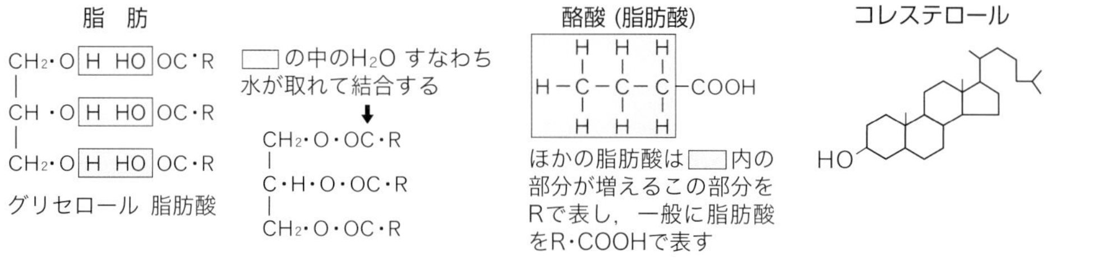

脂 肪

CH₂·O H HO OC·R
|
CH·O H HO OC·R
|
CH₂·O H HO OC·R
グリセロール 脂肪酸

□ の中のH₂O すなわち水が取れて結合する
↓
CH₂·O·OC·R
|
C·H·O·OC·R
|
CH₂·O·OC·R

酪酸（脂肪酸）

H H H
| | |
H－C－C－C－COOH
| | |
H H H

ほかの脂肪酸は□内の部分が増えるこの部分をRで表し，一般に脂肪酸をR·COOHで表す

コレステロール

HO

22

図 2-7　脂肪酸の種類

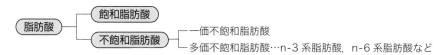

脂肪酸
- 飽和脂肪酸
- 不飽和脂肪酸
  - 一価不飽和脂肪酸
  - 多価不飽和脂肪酸…n-3 系脂肪酸，n-6 系脂肪酸など

表 2-5　食品に含まれる脂肪酸

食品名	食品100gあたり脂質(g)	飽和脂肪酸総量	酪酸 C4	ヘキサン酸 C6	デカン酸 C10	ラウリン酸 C12	ミリスチン酸 C14	パルミチン酸 C16	ステアリン酸 C18	一価不飽和脂肪酸総量	オレイン酸 C18・1	多価不飽和脂肪酸総量	n-6系 総量	リノール酸 C18・2	アラキドン酸 C20・4	n-3系 総量	α-リノレン酸 C18・3	EPA C20・5	DHA C22・6
植物油　なたね油	100	●				★	★	●	●	◎	◎	●	●	●		●	●		
植物油　大豆油	100	▲					★	●	▲	●	●	●	●	●		●	●		
植物油　とうもろこし油	100	▲					▲	●	▲	●	●	●	●	●		▲	▲		
植物油　オリーブ油	100	▲						●	●	◎	◎	●	●	●		▲	▲		
植物脂　パーム油	100	●				★	●	◎	●	●	●	●	●	●		★	★		
植物脂　やし油（ココナッツオイル）	100	◎		▲	●	◎	●	▲	▲	●	●	▲	▲	▲					
種実類　アーモンド	51.8	●					★	●	▲	●	●	▲	▲	▲		★	★		
種実類　くるみ	68.8	●						●	▲	▲	▲	◎	●	●		▲	▲		
種実類　ごま	53.8	●					★	●	●	●	●	●	●	●		▲	▲		
種実類　落花生（小粒種　乾）	47.5	●					★	●	●	●	●	●	●	●		▲	▲		
動物脂　牛脂	99.8	●				★	●	●	●	●	●	●	●	●		★	★		
動物脂　ラード	100	●			★	★	●	●	●	●	●	●	●	●		★	★		
動物脂　バター（有塩）	81.0	◎	●	●	●	●	●	●	●	●	●	▲	▲	▲		★	★		
獣肉類　牛肉（和牛リブロース脂身つき）	56.5	▲			★	★	●	●	●	▲	●	●	●	▲		★	★		
獣肉類　豚肉（大型種ロース脂身つき）	19.2	●			★	★	●	●	●	●	●	●	●	▲		★	★		★
獣肉類　鶏肉（若鶏皮つきもも）	14.2	●				★	●	●	●	●	●	●	●	▲		★	★	★	★
魚類　ぶり	17.6	●			★		▲	●	▲	●	●	●	●	▲	★	●	▲	●	●
魚類　まいわし	9.2	●			★	★	●	●	▲	▲	▲	▲	▲	★	★	●	★	●	●
魚類　さんま	25.6	●				★	▲	●	▲	◎	●	●	▲	★	★	●	▲	●	●
魚類　さば	16.8	●			★	★	●	●	●	●	●	●	▲	★	★	●	▲	●	●
乳製品　生クリーム（乳脂肪）	43.0	◎	●	▲	●	●	●	●	●	●	▲	▲	▲	▲		★	★		
乳製品　チェダーチーズ	33.8	●	●	▲	●	●	●	●	●	●	●	▲	▲	▲		★	★		
その他　マーガリン（ソフト）	83.1	●		★	●	●	●	●	●	●	●	●	●	▲		●	▲		
その他　ショートニング	99.9	●		★	●	●	●	●	●	●	●	●	●	▲		●	▲		
その他　マヨネーズ（全卵型）	76.0	●				★	●	●	●	●	●	●	●	●		●	▲		

飽和脂肪酸（CnH2nO2）　不飽和脂肪酸（CnH(2n-2m)O2）

※可食部 100 g あたりの脂肪酸量が 50 g（50,000 mg）を超えるもの…◉
　〃　　　　　　　　　　20～50 g 未満（20,000～50,000 mg）のもの…●
　〃　　　　　　　　　　10～20 g 未満（10,000～20,000 mg）のもの…▲
　〃　　　　　　　　　　1～10 g 未満（1,000～10,000 mg）のもの…● 　　　C …………炭素
　〃　　　　　　　　　　0.5～1 g 未満（500～1,000 mg）のもの…▲ 　　　C4 ………炭素の数
　〃　　　　　　　　　　0.5 g（500 mg）未満…★ 　　　C18・1 ……二重結合の数

1 常温で液体を油といい，常温で固体を脂という．一般に不飽和脂肪酸が多い油は液体である．
2 パーム油はパームの果肉からとったもので常温で固体である．
3 バター（有塩）は約 16％の水分を含む．
4 ショートニングは，くだけやすいもろい性質（ショートニング性）と，空気を抱き込む性質（クリーミング性）をもっている．
　製パン，製菓に用いられる．

（日本食品標準成分表 2020 年版（八訂）より）

野菜類や海藻類は脂質の含量は少ないが，n-3系のα-リノレン酸を含む．食品に含まれる脂質量と，それを構成している脂肪酸を表2-5に示す．リン脂質，糖脂質は動植物界に広く分布する．リン脂質のレシチンは卵黄，だいず，酵母，肝臓に含まれる．

c 脂質の機能

● エネルギーの生産と体脂肪の合成

　脂肪は大切なエネルギー源である．脂肪は1gにつき9kcalのエネルギーを供給する．脂肪は，おもに皮下，腹腔，筋肉間結合組織などに貯蔵されており，食事中の糖質や脂肪から合成される．とくにエネルギーが過剰の場合，脂肪に合成して貯蔵される．蓄積されやすい場所は，とくに腹腔内で，これが内臓脂肪となる．

　脂肪からエネルギーが生産されるには（p.19図2-5参照），

① 血液中や細胞内の脂肪がグリセロールと脂肪酸に分解される．

② グリセロールはピルビン酸に，脂肪酸（おもに飽和脂肪酸）はアセチルCoAに分解される．

③ それぞれが糖質と同様に，TCAサイクルをはじめ一連の反応により，呼吸によって取り込まれた酸素と結合し，多量の高エネルギー物質（ATP）を生産する．脂肪酸の分解はピルビン酸を経ないので，ビタミンB_1が節約できる（図2-8）．

● 血液による脂質の運搬（図2-8）

　脂肪酸やコレステロール，リン脂質は細胞膜の主要な構成成分である．これらは水に溶けないため，たんぱく質と結合してリポたんぱく質粒子となり，血液を介して運ばれる．これらのリポたんぱく質粒子には，カイロミクロン（CM），超低比重リポたんぱく質（VLDL），低比重リポたんぱく質（LDL），高比重リポたんぱく質（HDL）などがある．これらの粒子を構成している脂肪，コレステロール，リン脂質，たんぱく質の割合は，そ

図2-8　脂質の代謝

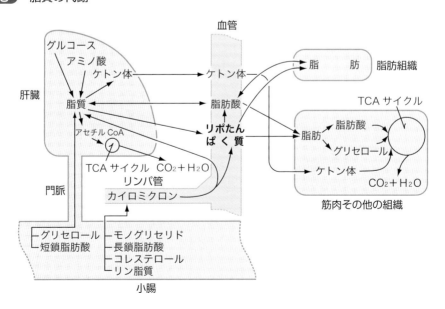

れぞれ異なり，生理機能も異なる．

① カイロミクロンは食事中の脂質が吸収された直後につくられる．この粒子中の脂肪は，血液中で脂肪酸とグリセロールに分解されてエネルギー源になる．残りのコレステロールやリン脂質などは肝臓に取り込まれる．

② VLDL は肝臓でつくられ血液中に送り出されるが，これには食事由来のコレステロールなどのほか，肝臓でつくられたコレステロールと脂肪などが含まれている．

③ LDL（VLDL からつくられる）にはコレステロールやリン脂質含量が多く，必要とする組織にこれらを運搬する役目を担っている．しかし酸化されたコレステロールは利用できず，動脈硬化の原因につながる．

④ HDL は肝臓や小腸でつくられるほか，カイロミクロン，VLDL からもつくられ，組織などから集めたコレステロールを VLDL や LDL に転送している．このため HDL 中のコレステロールは，とくに善玉コレステロールとよばれている．

このように，それぞれのリポたんぱく質粒子の機能の違いは，結合しているたんぱく質部分が担う性質の違いに由来する．カイロミクロンは食後 10 時間後には血液中から姿を消すため，中性脂肪量の血液検査は，食事からの影響を除いた食後 10 時間後が望ましい．

● 不飽和脂肪酸の役割

不飽和脂肪酸（リノール酸，α-リノレン酸，EPA，DHA など）は細胞膜の構成成分となり，これから多種類の生体にとって重要な生理活性物質（エイコサノイドという）が合成されている．これは一種のホルモン様物質であるが，リノール酸，α-リノレン酸，EPA，DHA など脂肪酸の種類によりつくられるエイコサノイドの作用が異なる．魚油を構成しているエイコサペンタエン酸（EPA，n-3 系）からは血小板凝集作用（血栓のもとをつくる）のほとんどないエイコサノイドが生産されるため，血栓症の予防につながる．

● コレステロールの役割

食物から摂取するコレステロールはおおよそ 0.3 ～ 0.5g であり，肝臓で合成される量の 1/3 ～ 1/7 にあたる．

① コレステロールはリン脂質とともに細胞膜の構成成分になる．

② 性ホルモンやステロイドホルモン（副腎皮質でつくられ，体液中のナトリウム，塩素，カリウムなどのミネラル量の調節を行う）の材料になる．

③ コレステロールは肝臓で胆汁酸に生成され，腸管に排泄されている．胆汁酸は脂質の消化吸収に欠かせない物質である．

④ ビタミン D の前駆物質（プロビタミン D）にもなっている．

● 体脂肪，内臓脂肪の役割と生活習慣病

体脂肪の割合は性，年齢をはじめ個人差が大きいが，おおよそ 13 ～ 20％を占めている．肥満の場合は増加する．

① 体脂肪はなくてはならない成分である．

② 効率のよいエネルギー源（9kcal/g）として重要である．

③ 外部からの衝撃から大切な内臓を守る．

④ 体温を保つ役割もある．

⑤ 内臓脂肪からは，重要な生理活性物質が分泌されている．しかし内臓脂肪が過剰になると，分泌される量が増減して本来のバランスがくずれ，代謝に異常が起こる．たとえばインスリン抵抗性，高血圧，動脈硬化など生活習慣病とかかわりがある．

d 脂質の食事摂取基準と摂り方 (表2-6)

(1) 脂質の食事摂取基準

● 目標量

1歳以上については，目標量として総エネルギー摂取量に占める割合，すなわちエネルギー比率（％エネルギー）で示した．国民健康・栄養調査による日本人の脂質摂取量をもとにして算出された．目標量の下限は必須脂肪酸の目安量を下回らないように20％エネルギーとした．また上限は飽和脂肪酸の目標量の上限を超えない脂質摂取量の上限として30％エネルギーとした．

● 飽和脂肪酸

生活習慣病予防の観点から目標量を定め，エネルギー比率（％エネルギー）で示した．飽和脂肪酸は重要なエネルギー源の一つであるが，肥満の要因でもある．また飽和脂肪酸摂取量と血中総コレステロール濃度とのあいだに関連があることは古くから知られており，目標量の算出が必要となる．

表2-6 脂質の食事摂取基準

性 別	脂 質 (％エネルギー)		飽和脂肪酸 (％エネルギー)[2, 3]		n-6系脂肪酸 (g/日)		n-3系脂肪酸 (g/日)	
	男性/女性		男 性	女 性	男 性	女 性	男 性	女 性
年齢等	目安量	目標量[1]	目標量	目標量	目安量	目安量	目安量	目安量
0〜5 (月)	50	−	−	−	4	4	0.9	0.9
6〜11 (月)	40	−	−	−	4	4	0.8	0.8
1〜2 (歳)	−	20〜30	−	−	4	4	0.7	0.8
3〜5 (歳)	−	20〜30	10以下	10以下	6	6	1.1	1.0
6〜7 (歳)	−	20〜30	10以下	10以下	8	7	1.5	1.3
8〜9 (歳)	−	20〜30	10以下	10以下	8	7	1.5	1.3
10〜11 (歳)	−	20〜30	10以下	10以下	10	8	1.6	1.6
12〜14 (歳)	−	20〜30	10以下	10以下	11	9	1.9	1.6
15〜17 (歳)	−	20〜30	8以下	8以下	13	9	2.1	1.6
18〜29 (歳)	−	20〜30	7以下	7以下	11	8	2.0	1.6
30〜49 (歳)	−	20〜30	7以下	7以下	10	8	2.0	1.6
50〜64 (歳)	−	20〜30	7以下	7以下	10	8	2.2	1.9
65〜74 (歳)	−	20〜30	7以下	7以下	9	8	2.2	2.0
75以上 (歳)	−	20〜30	7以下	7以下	8	7	2.1	1.8
妊 婦		20〜30		7以下		9		1.6
授乳婦		20〜30		7以下		10		1.8

[1] 範囲に関しては，おおむねの値を示したものである．
[2] 飽和脂肪酸と同じく，脂質異常症および循環器疾患に関与する栄養素としてコレステロールがある．コレステロールに目標量は設定しないが，これは許容される摂取量に上限が存在しないことを保証するものではない．また，脂質異常症の重症化予防の目的からは，200mg/日未満に留めることが望ましい．
[3] 飽和脂肪酸と同じく，冠動脈疾患に関与する栄養素としてトランス脂肪酸がある．日本人の大多数は，トランス脂肪酸に関する世界保健機関（WHO）の目標（1％エネルギー未満）を下回っており，トランス脂肪酸の摂取による健康への影響は，飽和脂肪酸の摂取によるものと比べて小さいと考えられる．ただし，脂質に偏った食事をしている者では，留意する必要がある．トランス脂肪酸は，人体にとって不可欠な栄養素ではなく，健康の保持・増進を図る上で積極的な摂取は勧められないことから，その摂取量は1％エネルギー未満に留めることが望ましく，1％エネルギー未満でもできるだけ低く留めることが望ましい．

● 必須脂肪酸（n-6 系，n-3 系）

1 歳以上は両者とも現在の日本人の摂取量の中央値を用いて，目安量（必須脂肪酸としての量）を算出した．

n-6 系脂肪酸にはリノール酸，γ-リノレン酸，アラキドン酸などがあるが，日本人が摂取している n-6 系脂肪酸の 98％はリノール酸である．n-3 系脂肪酸はα-リノレン酸，EPA，DHA などで，日本人にとって最も摂取量の多いのはα-リノレン酸である．

(2) 脂質の摂り方

◎摂取している脂質の大部分が脂肪であり，重要なエネルギー源である．総エネルギー摂取量に占める脂質の割合，すなわち％エネルギーの目標量は 3 歳以上では 20 ～ 30％である．一日の食事はこの割合で摂取するとエネルギーバランスのよい食事となる．

◎脂肪は構成されている脂肪酸の種類により，バター，植物油，獣鳥肉類の脂肪，魚介類の油などいろいろな油脂になる．それぞれの脂肪酸には，異なる役割があり，いろいろな脂肪酸を摂取するためには食品が偏らないようにする．

◎脂溶性ビタミンは，油脂とともに摂取すると吸収がよくなる．

◎低出生体重児用粉乳や胆汁の分泌障害の場合には，消化吸収に負担の少ない中鎖脂肪酸（MCT）が用いられている．

◎多価脂肪酸は酸化されやすく，酸素，光，熱，紫外線などにより過酸化物を生じる．抗酸化作用のあるビタミン C，ビタミン E，カロテノイドなどの多い食品といっしょに摂るようにする．

◎摂取したコレステロールがそのまま血液中コレステロール濃度を増減させるのではなく，摂取エネルギー量，コレステロールの体内での合成量，胆汁酸の腸からの排泄量，内因性の代謝因子（LDL レセプターほか）の影響により左右される．

3 たんぱく質

a たんぱく質とは

ヒトのたんぱく質は 20 種類のアミノ酸が結合してできている（表 2-7）．炭素，酸素，

表 2-7 アミノ酸の種類

必須アミノ酸（不可欠アミノ酸）	非必須アミノ酸（可欠アミノ酸）
バリン	グリシン
ロイシン	アラニン
イソロイシン	セリン
メチオニン	システイン
トレオニン	グルタミン酸
リジン	アスパラギン酸
ヒスチジン	グルタミン
フェニールアラニン	アスパラギン
トリプトファン	アルギニン
	チロシン
	プロリン

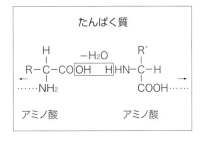

水素のほか，炭水化物や脂質にはない窒素（約16%）を含む栄養素である．アミノ酸のうち9種類を必須アミノ酸といい，体内で合成することができない．残りのアミノ酸は代謝（合成や分解）過程でもつくられるが，体内で必要なアミノ酸の総量は食事から直接摂取する必要がある．たんぱく質はほかの栄養素では代替できない重要な栄養素である．

　アミノ酸にはアミノ基（アルカリ性を示す部分）とカルボキシル基（酸性を示す部分）があるため，水溶液は酸にもアルカリにも対応する重要な性質（両性電解質という）である．たんぱく質は多数のアミノ酸が結合した高分子化合物である．

　たんぱく質の種類は多く，アミノ酸のみからできている単純たんぱく質（アルブミン，

表2-8　たんぱく質を多く含む食品

豆類およびその製品		豆類の乾燥品の，たんぱく質含有量はだいずで約34%，そのほかの豆類約20%である．必須アミノ酸に富み，良質なたんぱく質である．だいずは脂質も20%と多く，カルシウム，鉄，ビタミンB_1，B_2，食物繊維に富む．あずき，そらまめ，えんどうなど，そのほかの豆類は脂質が少なく，約半分以上が炭水化物である．
	だいず	芽が出始めのものは，もやしとして用いられ，未成熟のえだまめ，完熟の丸大豆がある．大豆油は必須脂肪酸，レシチン，サポニンに富む．大豆イソフラボンは女性ホルモン様のはたらきをするため，骨粗しょう症の予防に役立つといわれている．脱脂大豆は蓄肉様食品，水産練り製品に利用されている．
	豆腐	木綿豆腐は豆乳に凝固剤を加えてたんぱく質を凝固させ，型箱に入れて圧縮して固めたもの．絹ごし豆腐は濃い豆乳を使い凝固剤で固めたもの．凍り豆腐は凍結乾燥させたもの．がんもどき，生揚げ，油揚げなど，豆腐を素材に油で揚げたものは脂質も多い．
	豆乳	水に浸しやわらかくしただいずをすりつぶし，沸騰させ，布でこしたもの．
	ゆば	豆乳を煮詰めた液の表面にできる皮膜である．乾燥ゆばはたんぱく質を50.4%含み，消化されやすい．
	納豆	煮大豆に納豆菌を加え，繁殖させたもの．消化がよく，ビタミンK，ナットウキナーゼを含む．
	きな粉	だいずを炒って粉末にしたもの．消化がよく保存しやすい．
魚類およびその製品		海水魚，淡水魚，軟体魚，甲殻類，貝類があり，非常に種類が多い．また，それらの加工品も多い．たんぱく質含量は干物で50%前後，生魚で12～25%，必須アミノ酸のバランスもよく，良質である．脂質含量は種類，とれた場所，部位，季節，魚の年齢などにより差異があるが，成分表では0.2～24%である．種類として脂質の多い魚はうなぎ，いわし，さんま，かつお，さば，ぶりなどがある．これらの魚はビタミンD，EPA，DHAも多く含む．脂質が変敗しやすいため鮮度に気をつける．いか，えび，貝類はタウリンが多い．血合い肉，肝臓，かきなどには鉄が多く，小魚にはカルシウムが多い．魚一般にはリン，カリウム，ヨウ素，ビタミンB群が含まれる．水産練り製品にはかまぼこ，ちくわ，はんぺん，さつま揚げなどがある．
肉類およびその製品		牛，豚，鶏が一般的に用いられるが，地方により加工食品の原料として馬，羊，かも，うずら，兎，鹿，鯨などが使用される．肉の部位により成分，質が異なるため，調理をするときには適した素材を選ぶ．肉類のエネルギーや成分は種類や部位により非常に差がある．肉類はビタミン類も豊富である．肉類のたんぱく質は良質でおよそ100g中20%含む．鶏肉は獣肉に比べ線維質がやわらかいため消化されやすい．鶏肉はサルモネラ菌に汚染されていることがあるため，よく加熱することが大切である．ラードや鶏脂にはオレイン酸，リノール酸が多くやわらかいが，牛脂，羊脂は飽和脂肪酸が多く常温で溶けにくいため，冷めてから食べる料理には適さない．肝臓（レバー）には鉄やビタミン類が多く，組織もやわらかい．加工品には多種類のハム，ソーセージなどがある．
卵類		鶏卵，うずら卵，あひるの卵などがあるが，いずれも多種類の栄養素を含み，総合的に栄養価の高い食品である．たんぱく質は約12%含み，卵1個中，鶏卵では約6g，うずら卵では約1.3g含む．
	鶏卵	約75%が水分で，たんぱく質は卵黄，卵白にあるが，ミネラル，ビタミン類，脂質は卵黄に多い．脂質はレシチンを含み乳化されているため消化がよい．半熟卵，生卵，固ゆで卵の順に消化率が下がる．しかし生卵，半熟卵を与えると腸の機能の未発達な乳児期にアレルギーを起こし，湿疹や下痢の原因になることがある．最初に与えるときは固ゆでの卵黄からペースト状にして与える．加工品として，鶏卵を乾燥させフレーク状にした乾燥卵がある．
	うずら卵	鶏卵より小さいが，100g中のビタミンA，B_1，B_2，鉄は鶏卵よりも多い．

（作表　桜井）

グロブリンなど），核酸，色素，糖，リン酸，脂質などと結合している複合たんぱく質などがある．たとえば，ヘモグロビン（色素たんぱく質），ムチン（糖たんぱく質），核たんぱく質，リポたんぱく質などである．

b たんぱく質を多く含む食品

たんぱく質を多く含む食品を表 2-8 に示した．

c たんぱく質の機能

● 身体組織をつくる（体たんぱく質の合成と分解）

たんぱく質は，細胞，臓器，組織，筋肉，皮膚，髪の毛など，身体組織の構成成分であり，発育には欠かせないものである．

一方，体内の組織（体たんぱく質）は，絶えず一定の速度でつくり変えられている（代謝回転）．組織の種類により合成と分解速度は異なる．たとえば赤血球の寿命は 100 ～ 120 日である．体たんぱく質はアミノ酸に分解される．さらにアミノ基に由来する窒素部分は分解して尿素，尿酸，クレアチニン，アンモニアなどにつくり変えられ，これらは腎臓から尿中に排泄される．非窒素部分は糖質や脂質の代謝に合流してエネルギーを生産する（図 2-9）．

● 血液・組織中の役割

血液や組織中に含まれているたんぱく質（アルブミンなど）は，浸透圧の作用により細

図 2-9 たんぱく質の代謝 ─────────────

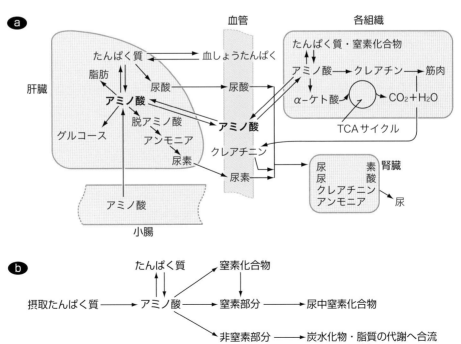

胞の容積を一定に保ち，体液の移動などの調節を行っている．またミネラルとともに，代謝によってできる物質と反応して体液が酸性にならないように調節（ph7.35 〜 7.45 範囲に）している（緩衝作用という）．

また，酵素，ホルモンとして代謝の調節を行うほか，免疫物質（γ–グロブリンなど）として生体の防御に当たっている．

● 窒素化合物の合成

アミノ酸は体たんぱくの合成だけでなく，ヘモグロビン，核酸類，神経伝達物質（ドーパミン，セロトニン），ホルモン（アドレナリン，チロキシン），ヒスタミン，メラニンなど，生体にとって重要な物質の原料となっている．

● 生体内の成分の輸送や貯蔵

ヘモグロビンは酸素を，トランスフェリンは鉄を，リポたんぱく質は脂質などの物質輸送に関与している．フェリチンは鉄を貯蔵している．

細胞膜のたんぱく質はミネラル類などの物質（電解質）の取り込みを調節している．

● エネルギーの生産

アミノ酸から窒素が除かれた部分は，糖（グルコース）新生やエネルギー代謝に組み込まれて，エネルギーを生産している（p.19 図 2-5 参照）．たんぱく質は 1g につき 4 kcal のエネルギーを供給する．

d たんぱく質の食事摂取基準と摂り方

（1）たんぱく質の食事摂取基準 （表 2-9）

乳児には目安量，その他の年齢区分に推定平均必要量，推奨量および目標量が定められた〔推定平均必要量および推奨量の求め方は，日本人の食事摂取基準（2020 年版）の各論を参照〕．

たんぱく質は生命維持にとって最も基本的な栄養素である．たんぱく質摂取量は少なすぎても多すぎても，発育や生活習慣病に影響を与える．高齢者（65 歳以上）では，とくにフレイルやサルコペニアの発症予防を目的とした場合，少なくとも 1.0 g/kg 体重 / 日以上のたんぱく質を摂取することが望ましいといわれる．したがって目標量は範囲として定められた．目標量の下限は推奨量以上にあたり，上限については耐容上限量を考慮する必要がある．目標量については両者の範囲内でそれぞれの目的に合わせて選択する必要がある．

◎乳児の目安量については次式を使用して算出され，0 〜 5（月）9.8 g/ 日，6 〜 8（月）12.5 g/ 日，9 〜 12（月）22.0 g/ 日とした．

目安量＝（母乳中のたんぱく質濃度）×（哺乳量）＋（離乳食からのたんぱく質摂取量）

◎妊婦・授乳婦の目標量は，身体活動レベル I では，中期では 13％エネルギー，後期と授乳婦では 15％エネルギーとした（％エネルギーについては p.20 参照）．

（2）たんぱく質の摂り方

◎たんぱく質は適量を摂取することが必要で，発育期および高齢者においてはとくに不足

表2-9 たんぱく質の食事摂取基準（推定平均必要量，推奨量，目安量：g/日，目標量：%エネルギー）

年　齢	男　性				女　性			
	推定平均 必要量	推奨量	目安量	目標量[1]	推定平均 必要量	推奨量	目安量	目標量[1]
0〜 5（月）	—	—	10	—	—	—	10	—
6〜 8（月）	—	—	15	—	—	—	15	—
9〜11（月）	—	—	25	—	—	—	25	—
1〜 2（歳）	15	20	—	13〜20	15	20	—	13〜20
3〜 5（歳）	20	25	—	13〜20	20	25	—	13〜20
6〜 7（歳）	25	30	—	13〜20	25	30	—	13〜20
8〜 9（歳）	30	40	—	13〜20	30	40	—	13〜20
10〜11（歳）	40	45	—	13〜20	40	50	—	13〜20
12〜14（歳）	50	60	—	13〜20	45	55	—	13〜20
15〜17（歳）	50	65	—	13〜20	45	55	—	13〜20
18〜29（歳）	50	65	—	13〜20	40	50	—	13〜20
30〜49（歳）	50	65	—	13〜20	40	50	—	13〜20
50〜64（歳）	50	65	—	14〜20	40	50	—	14〜20
65〜74（歳）[2]	50	60	—	15〜20	40	50	—	15〜20
75以上（歳）[2]	50	60	—	15〜20	40	50	—	15〜20
妊婦（付加量）初期					＋ 0	＋ 0	—	13〜20
中期					＋ 5	＋ 5	—	13〜20
後期					＋20	＋25	—	15〜20
授乳婦（付加量）					＋15	＋20	—	15〜20

1 範囲に関しては，おおむねの値を示したものであり，弾力的に運用すること．
2 65歳以上の高齢者について，フレイル予防を目的とした量を定めることは難しいが，身長・体重が参照体位に比べて小さい者や，とくに75歳以上であって加齢に伴い身体活動量が大きく低下した者など，必要エネルギー摂取量が低い者では，下限が推奨量を下回る場合があり得る．この場合でも，下限は推奨量以上とすることが望ましい．

に気をつける必要がある．

◎たんぱく質の栄養価は食品により異なり，体たんぱくの合成に必要なアミノ酸がそろった食品（卵，肉，魚，大豆製品など）を選ぶことが大切である．しかし，アミノ酸には単独で重要な作用があるため，いろいろな食品を食べることにより必要なアミノ酸が摂取できる．日常の食事では1種類の料理ではなく，いくつかの料理を組み合わせて食べることによりたんぱく質の栄養価を高めることができる．

◎卵1個，牛乳1本（180 mL），豆腐100 g中のたんぱく質含量の目安はほぼ同量（およそ6 g）として，また魚や肉については，脂肪含量によるが，ほぼ重量の20％がたんぱく質と捉えると理解しやすい．また主食として食べるご飯（150 g×3回）からは約11 gのたんぱく質が摂れる．主食も重要なたんぱく質給源である．

◎エネルギー摂取量が不足した状態では，摂取したたんぱく質の一部がエネルギー生産に使われるため，たんぱく質としての機能を十分果たすことができなくなる．そのためエネルギーの摂取不足にならないように気をつける．

◎耐容上限範囲は設定されていないが，必要以上多量を摂取しても，余分なものは尿素などになり排泄されるため．過不足のない摂取が望まれる．しかし，外傷，急性感染症，手術，発熱，ストレス，極端な環境の変化など，体内でたんぱく質を多量に必要とされる場合には，摂取量の増加が必要である．

4 ミネラル

a ミネラルの種類

　炭素，水素，酸素，窒素を除く元素の総称をいう．ヒトのからだの元素を体重に対する比率からみると，炭素，水素，酸素，窒素で約97％を占め，ミネラルは残りの3％にすぎない．ミネラルは欠乏すると欠乏症になり，過剰の場合は有害となる．

　ヒトのからだのミネラルの大部分は，ナトリウム，カリウム，カルシウム，マグネシウム，リン，塩素で占められている．これらを多量ミネラルという．それ以外のわずかなミネラルを微量ミネラルという．微量ながら人体を正常に保つために必要なもので，鉄，亜鉛，銅，マンガン，ヨウ素，セレン，クロム，モリブデン，コバルトなどがある（表2-10）．

　現代の食生活においては，精白，精製の過程で失われるミネラルや，加工の過程で加えられるミネラルがあり，ミネラルのバランスをくずしやすく，注意したい栄養素である．

b ミネラルを多く含む食品

　ミネラルを多く含む食品を表2-11〜13に示した．

c ミネラルの機能

● 骨や歯などの硬い組織をつくる成分となる

　体内に多量にあるカルシウムやマグネシウムは，リンと結合して骨や歯などをつくる．

● 脂質，たんぱく質などと結合して重要な生理機能を営む

　核酸，リン脂質，高エネルギー物質（ATP）などにはリンが結合している．そのほかにヘモグロビンは鉄が，アミノ酸のメチオニンにはイオウが，甲状腺ホルモンにはヨウ素が，インスリンには亜鉛が，ビタミンB_{12}にはコバルトが結合している．

● 酵素反応に必要である

　銅，亜鉛，マンガン，鉄，セレン，モリブデン，ヨウ素などは酵素反応にかかわっている．

● 体液中に溶けてイオンとなっている

　神経の刺激伝導，筋肉の収縮・弛緩，体液を弱アルカリ性に保つほか，浸透圧の調節を行っている．おもなものにカルシウム，カリウム，ナトリウム，リン，マグネシウム，塩素などがある．これらの作用には多くのイオンが関与し，相互濃度のバランスにより総合的に機能を発揮している．

d ミネラルの生理作用

　おのおののミネラルの生理作用については表2-10を参照．

表2-10 ミネラルの種類・給源と生理作用

	ミネラル	人体内の分布	生理作用	欠乏症	過剰症	おもな給源
多量ミネラル	ナトリウム (Na)	体内に約110g含む 骨格に約1/3 細胞外液，血液 筋肉，神経	酸，アルカリの平衡 浸透圧の調和 筋肉，神経の興奮性を弱める	腸液・膵液の分泌減少 血圧降下 けいれん	胃がん，高血圧	食塩，みそなど調味料，漬物，ハム，つくだ煮，バター
	カリウム (K)	体内に約120〜160g含む 筋肉，臓器，血液 細胞内液	酸，アルカリの平衡 浸透圧の調節 神経・筋肉の興奮伝導	筋肉の脱力感 心臓・中枢神経の機能低下		野菜類 いも類 豆類 果物類
	カルシウム (Ca)	体重の1〜2%を占める 骨格に99% 体液・組織・血液に1%	骨や歯の成分 血液凝固 筋肉の収縮	骨や歯がもろくなる 成長が遅くなる	泌尿器系結石，ミルクアルカリ症候群	表2-12参照
	マグネシウム (Mg)	体内に約25g含む 骨格（約50〜60%） 筋肉，血液，脳神経 体液，細胞内液	骨格生成，神経，筋肉の興奮性にCaと拮抗作用あり	筋肉のけいれん 心臓血管系の疾患 低カルシウム血症	下痢	緑黄色野菜 穀類 落花生
	リン (P)	体内に最大850g存在 骨，歯（85%），軟組織（14%），細胞内・外液，細胞膜（1%）	骨，歯の生成，リン脂質，核酸，補酵素の成分 体液の緩衝作用	骨や歯がもろくなる	副甲状腺機能亢進	卵黄，肉類 小魚，穀類 牛乳
	塩素 (Cl)	ナトリウムと結合 血液，胃液，脳脊髄液	酸，アルカリの平衡 胃酸生成 浸透圧の調節	胃液酸度低下 食欲不振		食塩など Naと同じ
微量ミネラル	鉄 (Fe)	体内に4〜5g含む 血液に約2/3 臓器，骨髄	血液のヘモグロビンの成分 酵素作用	貧血 疲れやすい 運動・認知機能低下	バンツー鉄沈着症	表2-13参照
	亜鉛 (Zn)	体内に約2,000mg含む 皮膚（約20%），骨，歯 筋肉，臓器，爪，毛髪	酵素の構成成分 細胞の発育修復	味覚異常，免疫異常 発育不全，皮膚疾患 褥瘡	銅欠乏，貧血，胃不快感	肝臓（レバー） 肉類，卵 わかめ，牛乳 穀類
	銅 (Cu)	体内に約80mg含む 筋肉（約50%），骨格 肝臓，赤血球	ヘモグロビン合成 鉄の吸収を助ける 各種酵素の生成 活性酸素除去	貧血，骨格異常 毛髪・色素脱落 神経鞘形成不全	ウイルソン病（肝機能障害，神経精神障害）	貝類 肝臓（レバー） 種実類 穀類
	マンガン (Mn)	体内に12〜20mg 肝臓，腎臓	さまざまな酵素の活性化	生殖機能低下 発育遅延 骨の形成不全，皮膚炎	パーキンソン病様の症状	穀類，野菜 果物，種実類 豆類
	ヨウ素 (I)	血液，甲状腺	甲状腺ホルモンの生成	甲状腺機能障害 甲状腺腫	甲状腺機能亢進症	海藻類 海産魚介類
	セレン (Se)	腎臓，膵臓，肝臓	発育と生殖に必要 細胞膜の保護	心筋障害，骨関節症 下肢の筋肉痛，皮膚乾燥	毛髪・爪の脆弱化，胃腸障害，皮膚症状	魚介類，卵類 乳類，肉類
	クロム (Cr)	体内に6mg以下	インスリンの活性化	糖質・脂質代謝異常 運動失調	肝障害，腎炎	魚介類，肉類 チーズ
	モリブデン (Mo)	肝臓，腎臓	酸化酵素の構成成分	神経過敏症		豆類 落花生
	コバルト (Co)	体内に1.1mg含む 酵素として各組織にあり	B_{12}の生成 造血に関与	貧血		肝臓（レバー）
	フッ素 (F)	骨，歯	むし歯予防	むし歯		飲料水 緑茶

注）それぞれの食事摂取基準は資料編p.224〜225参照.

表2-11		ミネラルを多く含む食品

	牛乳	液状乳類には生乳，普通牛乳，加工乳（濃厚，低脂肪），脱脂乳，乳飲料などがある．水分が約90％である． カルシウムに富むが鉄は少ない．たんぱく質約3.5％（乳飲料を除く）で大部分はカゼインである．脂質は乳化脂肪で消化されやすい．飽和脂肪酸が多く，なかでも短鎖脂肪酸は腸を刺激しやすい．糖質のおもなものは乳糖である．人により乳糖を分解する消化酵素が乏しいため下痢を起こす．生乳の殺菌方法には，低温保持殺菌，高温短時間殺菌，超高温加熱殺菌などがある．
牛乳および乳製品	ヨーグルト	牛乳の栄養価に準じる．牛乳または脱脂乳に乳酸菌を加え発酵させた発酵乳で，たんぱく質は凝乳し，部分的に分解されているため，消化吸収率がよく，乳糖の一部は乳酸に変化し整腸作用をもつ． 腸内細菌の良質な環境を保持し，免疫機能を向上させるといわれている．
	チーズ	牛乳に凝乳酵素または乳酸菌を作用させ凝固したものを熱処理または加圧処理し，さらに細菌，酵母またはかびにより熟成させたもの．世界では800種以上の種類があり，水分の少ない順に硬質チーズ（チェダー，ゴーダ，エメンタールなど），半硬質チーズ（ブルー，ブリックなど），軟質チーズ（カマンベール，カッテージ，クリームなど）に分けられる． たんぱく質は4〜44％，脂質も約20〜34％（カッテージ，リコッタを除く）でカルシウムも多く消化されやすい．

小魚類	骨ごと食べられる魚は，カルシウム，リン，カリウム，鉄，ビタミンB群を多く含む．わかさぎ，しらうお，いわしなどがある．いわしを素材としたものに，しらす干し，ちりめんじゃこ，たたみいわし，ごまめ，丸干し，めざしなどがある． これらの乾燥品，半乾燥品は食塩を3〜6％含む．調理品として甘露煮，から揚げ，つみれ，南蛮漬けなどがある．

海藻類	こんぶ，わかめ，ひじき，のりなどがある．鉄，カルシウム，ヨウ素，銅，亜鉛などを含む．食物繊維が多く，消化が悪い． 海藻を原料とした製品には寒天，アルギン酸，カラギーナンなどがある．寒天を利用したものに，ところてん，ようかん，ゼリーなどがある．アルギン酸はアイスクリーム，ジャム，トマトケチャップなどに，カラギーナンはゼリー類，プディング，ハム，ソーセージなどに安定剤，増粘剤として使用される．

		多くの野菜は水分を90％前後含む．カルシウム，カリウム，鉄などのミネラル，カロテン（緑黄色野菜に多い），ビタミンCなどビタミン類に富む．またポリフェノールなどさまざまな生理活性物質を含み，健康を保つための機能性に富む． 食物繊維が多く含まれ，腸内で良質腸内細菌の繁殖を促す．
野菜類	緑黄色野菜	ほうれんそう，こまつな，だいこん葉，パセリ，ふだんそう，ブロッコリーなど緑の濃い野菜や，黄橙色のにんじん，かぼちゃなどカロテン含量が100gあたり600μg以上ある野菜を有色野菜というが，カロテン含量が600μg未満でも摂取量や摂取頻度が多いトマト，ピーマン，さやいんげんなどの野菜を含めて緑黄色野菜という． 成人では1日少なくとも120gの摂取が望まれる．
	淡色野菜	緑黄色野菜以外の野菜をいう．栄養素的にはカロテン以外は緑黄色野菜とほとんど変わりがない． 生で食べられる野菜が多く，ビタミンCのよい給源となる．しかしビタミンCを破壊する酵素を含むもの（きゅうりなど）もあるため，取り合わせに注意する．香りのある野菜は薬味や香辛料として用いられる． あくのあるものは水にさらしたり，ゆでこぼしてあく抜き*をする．1日の摂取量は230gが望まれる． *ごぼうやなすなどにはポリフェノールが含まれるため，水さらしが不要のこともある．

調味料類	料理をおいしくつくるには調味料は欠かせない．食材の発酵や，熟成などでうま味を得るものが多い．ミネラルも多いが，摂りすぎも害になる．おもな調味料の食塩相当量を示す． 〈100g中の食塩相当量〉 うすくちしょうゆ ······16.0g　　ウスターソース ·········8.5g　　マヨネーズ（全卵型）···· 1.9g こいくちしょうゆ ······14.5g　　中濃ソース ·············5.8g　　赤色辛みそ ·············13.0g めんつゆ（ストレート）·· 3.3g　　トマトケチャップ ·······3.1g　　淡色辛みそ ·············12.4g オイスターソース ······11.4g　　フレンチドレッシング ···6.4g　　甘みそ ················· 6.1g

〔日本食品標準成分表2020年版（八訂）より〕

（作表　桜井）

表2-12 カルシウムを多く含む食品

食品名	mg/100g	1回使用量 (g)	1回使用量 Ca(mg)	食品名	mg/100g	1回使用量 (g)	1回使用量 Ca(mg)
動物性食品 干しえび	7,100	10	710	植物性食品 ほしひじき	1,000	5	50
煮干し（いわし）	2,200	10	220	ごま（いり）	1,200	9	108
さくらえび（素干し）	2,000	10	200	わかめ（素干し）	780	1	8
エメンタールチーズ	1,200	20	240	凍り豆腐	630	20	126
脱脂粉乳（国産）	1,100	20	220	切干しだいこん	500	20	100
プロセスチーズ	630	20	126	油揚げ	310	20	62
しらす干し（半乾燥品）	520	10	52	焼きのり	280	1	3
しじみ（生）	240	30	72	がんもどき	270	130	351
ヨーグルト（全脂無糖）	120	100	120	モロヘイヤ	260	30	78
				だいず（乾，国産）	180	20	36
普通牛乳	110	200	220	こまつな（生）	170	50	85
菓子類 ミルクチョコレート	240	50	120	豆腐（木綿）	93	150	140
ホットケーキ	110	100	110	もずく（塩抜き）	22	50	11

注）このほか，菓子類，コーンフレーク，飲料などに，カルシウム，鉄の強化食品がある．

〔日本食品標準成分表 2020 年版（八訂）より〕

表2-13 鉄を多く含む食品

食品名	mg/100g	1回使用量 (g)	1回使用量 Fe(mg)	食品名	mg/100g	1回使用量 (g)	1回使用量 Fe(mg)
動物性食品 あさり（水煮缶詰）	30.0	10	3.0	植物性食品 ピュアココア	14.0	6	0.8
煮干し（いわし）	18.0	10	1.8	焼きのり	11.0	1	0.1
肝臓（レバー） 豚	13.0	50	6.5	ごま（いり）	9.9	9	0.9
肝臓（レバー） 鶏	9.0	50	4.5	切干しだいこん	3.1	20	0.6
肝臓（レバー） 牛	4.0	50	2.0	だいず（乾，国産）	6.8	10	0.7
鶏卵（卵黄）	4.8	18	0.9	凍り豆腐	7.5	20	1.5
かき（くん製油漬缶詰）	4.5	30	1.4	いんげんまめ（豆類）	5.9	20	1.2
かつお缶詰（フレーク味つけ）	2.6	50	1.3	アーモンド（乾）	3.6	10	0.4
				油揚げ	3.2	20	0.6
そうだがつお（生）	2.6	80	2.1	こまつな（生）	2.8	50	1.4
				ほうれんそう（生）	2.0	50	1.0

〔日本食品標準成分表 2020 年版（八訂）より〕

e ミネラルの食事摂取基準と摂り方

（1）ミネラルの食事摂取基準（資料編 p.224 〜 225 付表７参照）

　ミネラルのうち，体内に多く存在するナトリウム，カリウム，カルシウム，マグネシウム，リンの５種類を多量ミネラルという．このうち過不足がないように推奨量と耐容上限量が決められているのはカルシウム，マグネシウムである．生活習慣病予防のための目標量が，食塩相当量（摂取食品中のナトリウム量を食塩に換算した値）とカリウムで定められている．

　一方，体内含量は少ないが重要なミネラルを微量ミネラルといい，鉄，亜鉛，銅，マンガン，ヨウ素，セレン，クロム，モリブデンがある．マンガンとクロムは目安量，それ以外は推奨量が定められている．また，すべての微量ミネラルに耐容上限量が示されている．

(2) ミネラルの摂り方

多種類のミネラルを過不足なく摂取するには食事の内容を工夫する．

ミネラルやビタミンの給源のひとつである野菜類は重要で，一般に1日350g（緑黄色野菜120g，その他の野菜230g）の摂取が望まれる．

◎カルシウムの吸収は，同時に摂取するリン（リン酸），脂肪，シュウ酸，食物繊維などにより阻害されやすく，乳糖，たんぱく質，ビタミンDなどは吸収を助ける．一方，カルシウムの必要量には栄養状態，健康状態，年齢などの因子がかかわっている．

◎鉄は，含まれる食品に偏りがあるため摂取しにくい．鉄のなかでもヘム鉄（レバー，赤身肉などに含有）は非ヘム鉄（植物性食品など）より吸収率がよい．またビタミンCと一緒に摂ると吸収がよい．緑黄色野菜，卵黄，豆腐，海藻類など（鉄を微量に含む食材）多品目を毎日摂ることが不足の予防につながる．

◎ナトリウムと塩素が結合したものが食塩である．塩蔵品，加工食品に頼りすぎると食塩の過剰摂取になりやすい．食塩相当量としての1日の目標量は，成人男子7.5g未満，成人女子6.5g未満である．高血圧予防および慢性腎臓病の重症化予防のための食塩相当量は，男女とも6.0g未満である．高血圧予防のためには減塩が重要であるが，食欲の低下した高齢者では極端な制限によりエネルギーやたんぱく質，その他の栄養素の摂取量が減少し，フレイルなどにつながることも考えられる．とくに高齢者では健康状態や食事の全体量を見ながら減塩をすすめていく．

乳児の1日の目安量は0〜5か月で0.3g，6〜11か月で1.5gである．味つけは小児期から薄味を習慣にすることが大切である．

◎カリウムは，ナトリウムの排泄を助けるために十分摂取することが必要である．野菜や果物に含まれるカリウムは水に溶けやすく，煮ると煮汁に移行するため，多く摂りたい場合は生で食べるか，煮汁も食べるようにする．腎機能が低下すると，高カリウム血症が生じやすくなるため，制限が必要となる．

◎既成の食品には調味料や保存料などがいろいろ入っているので，食品中の含有成分と量の確認が必要である．これらの食品を重ねて摂取すると，ときには耐容上限量に達することになるので注意する．

5 ビタミン

a ビタミンの種類

ビタミンは，炭水化物，脂質，たんぱく質などと異なり，きわめて微量で重要な生理機能をはたす栄養素であり，成長や健康維持に欠くことができないものである．

ビタミンには脂溶性のものと水溶性のものとがある（図2-10）．

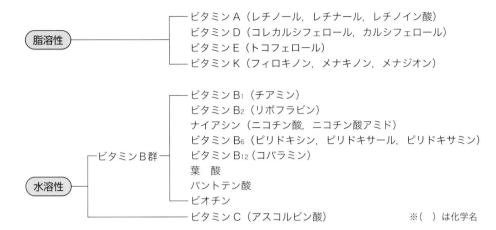

図 2-10 ビタミンの種類

脂溶性
— ビタミン A（レチノール，レチナール，レチノイン酸）
— ビタミン D（コレカルシフェロール，カルシフェロール）
— ビタミン E（トコフェロール）
— ビタミン K（フィロキノン，メナキノン，メナジオン）

水溶性
ビタミン B 群
— ビタミン B₁（チアミン）
— ビタミン B₂（リボフラビン）
— ナイアシン（ニコチン酸，ニコチン酸アミド）
— ビタミン B₆（ピリドキシン，ピリドキサール，ピリドキサミン）
— ビタミン B₁₂（コバラミン）
— 葉酸
— パントテン酸
— ビオチン
— ビタミン C（アスコルビン酸）　　　　　※（　）は化学名

b　ビタミンを多く含む食品

　たんぱく質の多い食品はビタミン B₂ に富むものが多い．とくに卵，レバーはビタミンの宝庫である．魚肉の一部はビタミン D，緑黄色野菜はカロテン，葉酸，ビタミン C を多く含む．水溶性ビタミンは調理による損失も多いが，野菜類は調理後のかさ（容量）が小さくなるので，摂取量は多くなることもある．

　果実類は一般にビタミン C が多く，カロテンを含むものがあるが，種類によりその値の差異は大きい．カリウム含有量も多い．そのほか，ブドウ糖，果糖，ショ糖を含み，甘味があり，一般に 100 g 中のエネルギーは野菜より多い．クエン酸などの酸味や，食物繊維の一種であるペクチンに富むものもあり（りんごなど），ジャムなどの原料になる．アボカドは果物に分類されているが脂肪が多い．

　ビタミンを多く含む食品を表 2-14〜16 に示す．

表 2-14　脂溶性ビタミンを多く含む食品

	食 品 名	μg/100g	1回使用量			食 品 名	μg/100g	1回使用量	
			(g)	含量(μg)				(g)	含 量
ビタミンA（レチノール活性当量）	レバー（鶏）	14,000	50	7,000	ビタミンE（α-トコフェロール）		mg		mg
	うなぎかば焼	1,500	100 (1個)	1,500		とうもろこし油	17.0	5	0.9
	バター（有塩）	520	5	26		西洋かぼちゃ（生）	4.9	100	4.9
	鶏卵（全卵，生）	210	50 (1個)	105		ブロッコリー（生）	3.0	50	1.5
	牛 乳	38	200 (1本)	76		ほうれんそう（生）	2.1	50	1.1
	にんじん（皮つき）	720	30	216		鶏卵（全卵，生）	1.3	50 (1個)	0.7
	ほうれんそう（生）	350	50	175		しろさけ（生）	1.2	70 (1切)	0.8
	西洋かぼちゃ（生）	330	50	165		はいが精米（めし）	0.4	80	0.3
						牛 肉	0.1〜1.9	80	0.1〜1.5
ビタミンD	まいわし（丸干し）	50.0	20	10.0	ビタミンK	糸引き納豆	600	50	300
	しろさけ（生）	32.0	70	22.4		焼きのり	390	2	8
	まいわし（生）	32.0	40 (1匹)	12.8		ほうれんそう（生）	270	50	135
	さんま（生）	16.0	80 (1/2尾)	12.8		こまつな（生）	210	50	105
	ぶり（生）	8.0	70 (1切)	5.6		ブロッコリー（生）	210	50	105
	鶏卵（全卵，生）	3.8	50 (1個)	1.9		めキャベツ	150	50	75

〔日本食品標準成分表 2020 年版（八訂）より〕

表2-15 ビタミンB群を多く含む食品

食品名		mg/100g	1回使用量 (g)	含量(mg)	食品名		mg/100g	1回使用量 (g)	含量
ビタミンB1	豚肉（もも赤肉）	0.96	80	0.77	ビタミンB12	しじみ	68.0 μg	10	6.8 μg
	ボンレスハム	0.90	20(1枚)	0.18		レバー（牛）	53.0	50	26.5
	らっかせい（乾）	0.85	20	0.17		かき（貝）	23.0	80	18.4
	だいず（乾，国産）	0.71	5	0.04	葉酸	焼きのり	1,900 μg	1	19 μg
	ごま（いり）	0.49	3	0.01		レバー（鶏・牛・豚）	1,300〜810	50	650〜405
	あずき（乾）	0.46	10	0.05		なばな（花らい・茎，生）	340	50	170
	そば（乾）	0.37	50	0.18		えだまめ（生）	320	30(10さや)	96
	はいが米（めし）	0.08	140(女茶わん1杯)	0.11		モロヘイヤ（生）	250	50	125
ビタミンB2	レバー（豚）	3.60	50	1.80		ブロッコリー（生）	220	50	110
	レバー（鶏）	1.80	50	0.90		ほうれんそう（生）	210	50	105
	アーモンド（乾）	1.06	20	0.21		しゅんぎく（生）	190	50	95
	糸引き納豆	0.56	50	0.28		みずな（生）	140	30	42
	プロセスチーズ	0.38	20	0.08		糸引き納豆	120	50	60
	鶏卵（全卵，生）	0.37	50(1個)	0.19		いちご（生）	90	100	90
	まがれい（生）	0.35	70(1切)	0.25		さつまいも（生）	49	100(1/2本)	49
	まさば（生）	0.31	70(1切)	0.22	パントテン酸	レバー（牛）	6.40	50	3.2 mg
	牛乳	0.15	200(1本)	0.30		らっかせい（乾）	2.56	20	0.5
ナイアシン	かつお（春，生）	19.0	70(1切)	13.3		鶏肉（若鶏ささ身）	2.07	80	1.7
	まぐろ（きはだ，生）	18.0	70(1切)	12.6		だいず（乾，国産）	1.36	5	0.07
	らっかせい（乾）	17.0	20	3.4		しろさけ（生）	1.27	80	1.0
	鶏肉（若鶏ささ身）	12.0	80	9.6		牛肉（もも赤肉）	1.19	80	1.0
	さくらます（生）	8.8	70(1切)	6.2		鶏卵（全卵，生）	1.16	50	0.58
	豚肉（ロース赤肉）	8.6	80	6.9		豚肉（もも赤肉）	0.88	80	0.70
	牛肉（もも赤肉）	4.5	80	3.6		牛乳	0.55	200(1本)	1.10
	レバー（鶏）	4.5	50	2.3					
ビタミンB6	かつお（春，生）	0.76	70	0.53					
	しろさけ（生）	0.64	70	0.45					
	鶏肉（若鶏むね）	0.57	80	0.46					
	牛肉（もも赤肉）	0.38	80	0.30					
	ブロッコリー（生）	0.3	50	0.15					

〔日本食品標準成分表2020年版（八訂）より〕

表2-16 ビタミンCを多く含む食品

食品名	mg/100g	1回使用量 (g)	含量(mg)	食品名	mg/100g	1回使用量 (g)	含量(mg)
赤ピーマン（生）	170	30	51	こまつな（生）	39	50	20
ブロッコリー（生）	140	70	98	夏みかん（生）	38	100	38
かき（甘がき）	70	100	70	グレープフルーツ（生）	36	100	36
いちご（生）	62	100	62	うんしゅうみかん（生）	32	100	32
ほうれんそう（冬）	60	50	30	さつまいも（生）	29	100(1/2本)	29
レモン（果汁）	50	15(1/2個分)	8	じゃがいも（生）	28	100(2/3個)	28
キャベツ（グリーンボール）	47	50	24	赤色トマト	15	50	8
はっさく	40	100	40	きゅうり（生）	14	50(1/2本)	7

〔日本食品標準成分表2020年版（八訂）より〕

表2-17　脂溶性ビタミンの生理作用

ビタミンA	おもなはたらき ビタミンAには化学的構造が多少異なるレチノール，レチノイン酸，体内でビタミンA効力を現すカロテンがあるが，はたらきは異なる．レチノールは網膜中で光を感じるロドプシンの主成分．レチノイン酸は成長・発育に必須で，細胞の分化，増殖，発生などの生命機能を制御するほか，粘膜の形成や機能を正常に保ち上皮細胞を保護している． β-カロテンはビタミンAに変換されるほか，抗酸化作用物質として活性酸素を消去し，脂肪酸の酸化を防ぐ重要な作用を担っている． 不足，欠乏症 レチノールが不足すると弱い光を感じにくく暗いところで物が見えにくくなる（夜盲症）．レチノイン酸が不足すると粘膜の角化が起こり抵抗力が衰える．体内のカロテン濃度が低下すると肺がんの発がん率が高いことが見いだされている．
ビタミンD	おもなはたらき 食品から摂取されるビタミンD（D_2,D_3）と，皮膚に存在するプロビタミンDが紫外線により変化したビタミンD（D_3）は，肝臓ついで腎臓で活性化され，腸管でカルシウムとリンの吸収を，腎臓ではカルシウムの再吸収を促進し，骨にリン酸カルシウムを沈着（石灰化）させる作用に関わっている． 不足，欠乏症 不足すると低カルシウム血症となり骨粗しょう症や骨折のリスクとなる．欠乏すると骨の石灰化障害が起こり，小児ではくる病，成人では骨軟化症となる．
ビタミンE	おもなはたらき 非常に酸化されやすく，細胞膜を構成している不飽和脂肪酸の酸化を防ぐ抗酸化物質として重要な機能がある．脂質の過酸化防止，細胞膜の安定，動脈硬化の予防，筋肉の萎縮防止にかかわっている．カロテンやビタミンCと共同して抗酸化作用を行っている． ビタミンE作用については，とくにα-トコフェロールの効力が強い．
ビタミンK	おもなはたらき 肝臓においてプロトロンビンやそのほかの血液凝固因子の活性化に必要である．血液凝固は血中でプロトロンビンがカルシウムイオンによりトロンビンに変わり，これが可溶性たんぱく質のフィブリノーゲンを不溶性のフィブリンに変えて血液を凝固させる．そのほか，肝臓以外では骨に存在するたんぱく質を活性化して骨形成を調節している．さらに，動脈の石灰化を抑制する重要な作用もある． 不足，欠乏症 不足すると血液中のプロトロンビンが減少し血液の凝固に時間がかかり止血が遅れる．ビタミンKの吸収には胆汁が必要なため胆汁分泌障害時には欠乏する．乳児初期は腸内細菌による合成が不十分なことや，母乳中のビタミンK不足により，乳児ビタミンK欠乏性出血症が起こることがある．

（作表　飯塚）

c　ビタミンの機能

● 脂溶性ビタミンは表2-17，水溶性ビタミンは表2-18に示すような生理作用がある

● ビタミンB群は補酵素（酵素に結合していて酵素作用を助ける重要な成分）となる

　糖質，脂肪，たんぱく質の代謝に重要で，代謝経路で作用する特徴がある．

● 抗酸化作用としてはたらく

　ビタミンEとビタミンCのほか，β-カロテンは生体内で活性酸素などの酸化物質による障害を防止する役割（抗酸化作用）がある．脂溶性のビタミンEは，おもに細胞膜中の不飽和脂肪酸の酸化を防止している．ビタミンCは水溶性の抗酸化剤であるため細胞質部分，血液の水層で活性酸素の除去や酸化物質の消去にあたっている．カロテンは，と

表2-18 水溶性ビタミンの生理作用

ビ タ ミ ン B 群	ビタミンB₁	**おもなはたらき** 糖質からエネルギーを生産するときに作用する酵素の補酵素（酵素の作用を助ける成分）となり，ピルビン酸の分解に必要である．穀類，砂糖などを多量摂取する場合や，激しい運動時はビタミンB₁の消費が高まるので通常より多く摂取することが必要である． **不足，欠乏症** 神経炎や脳組織への障害が生じる．脚気，ウェルニッケ・コルサコフ症候群など．
	ビタミンB₂	**おもなはたらき** エネルギー代謝（TCAサイクル，電子伝達系，脂肪酸のβ-酸化など）にかかわる酵素の補酵素（FMN，FAD）として重要であり，細胞内で水素原子をもらい，これをほかへ運ぶはたらき（酸化還元反応）にかかわっている． **不足，欠乏症** 口内炎，口角炎，舌炎，脂漏性皮膚炎，不足すると成長抑制を引き起こす．
	ナイアシン	**おもなはたらき** 酸化還元反応の補酵素（NAD）の成分で，多くの反応にかかわっている．それらにはエネルギー生産，脂肪酸・ステロイドホルモンの生合成，DNAの修復・合成・細胞分化，ビタミンC，ビタミンEを介する抗酸化作用などがある． **不足，欠乏症** 顔面，首，手，足などの日光に当たりやすい部分に対称的に赤い斑点を伴う皮膚炎や口内炎，舌炎，消化器，神経に異常が現れる．ペラグラという．
	ビタミンB₆	**おもなはたらき** たんぱく質代謝にかかわる酵素の補酵素としてはたらく．たとえば肝機能検査のAST,ALTなどアミノ基転移反応のほか，脂質の代謝，ヘモグロビンの合成，神経伝達物質の合成や，DNAの合成を助ける．また皮膚の抵抗力の増進など免疫系の維持にも重要である．たんぱく質摂取量が増加すればビタミンB₆を増加することが必要である．腸内細菌によっても合成される． **不足，欠乏症** 欠乏によりペラグラ様症候群，脂漏性皮膚炎，舌炎，口角症，リンパ球減少症が起こる．成人ではうつ状態，錯乱，痙攣発作などが起こるといわれる．
	ビタミンB₁₂	**おもなはたらき** 骨髄での赤血球の成熟に必要で抗悪性貧血因子である．核酸の合成に補酵素として関与している．成長発育に必要で，金属のコバルトを含むビタミンである． **不足，欠乏症** 脊髄および脳の白質障害，末梢神経障害が起こる．巨赤芽球貧血．胃でつくられる内因子と結合し吸収されるため，胃切除，胃萎縮者は注意．
	葉酸	**おもなはたらき** アミノ酸や核酸の合成にかかわる酵素の補酵素として重要である．赤血球の合成，細胞分裂や成熟を大きく左右する．とくに胎児には重要である． **不足，欠乏症** 巨赤芽球性貧血，神経管閉鎖障害（二分脊椎），動脈硬化の引き金になる．
	パントテン酸	**おもなはたらき** 補酵素A（CoA）の構成成分で，エネルギー生産，脂肪の合成，アミノ酸の代謝にかかわる重要なビタミンである．腸内細菌によっても合成される．広く食品に存在しており，ふつうに食事をしている人での欠乏症はまれである． **不足，欠乏症** 細胞内のCoAの濃度が低下するため，成長停止や副腎障害，手や足のしびれ，灼熱感，頭痛，疲労，不眠，食欲不振などが起こる．
	ビオチン	**おもなはたらき** 糖代謝に必要な酵素はいくつもあるが，その一つである酵素（ピルビン酸カルボキシラーゼ）の補酵素であるため重要である．また抗炎症性物質を生産してアレルギー症状を緩和する作用がある． **不足，欠乏症** リウマチ，シェーグレン症候群，クローン病など免疫不全症や，1型・2型糖尿病にも関与している．乳児期にはビオチン不足による脂漏性皮膚炎がみられる．生の卵白に含まれる糖たんぱく質の大量摂取は，ビオチンの吸収を妨げることがある．
ビタミンC		**おもなはたらき** 非常に酸化されやすく自身が酸化されるため抗酸化作用を発揮する．生体内ではビタミンEと協力して活性酸素を消去し，細胞を保護している．細胞と細胞とをつなぐセメント様物質であるコラーゲン（たんぱく質の一種）の合成に必要とされる．鉄の吸収利用率の向上，発がん物質の生成抑制（ニトロソアミン生成阻止），免疫グロブリンの機能の向上（免疫機能強化），抗ストレスホルモンの合成，血中コレステロール低下効果など多くの生理作用，薬理作用が認められている． **不足，欠乏症** 壊血病が起こる．症状としてはコラーゲンの合成が不十分なため皮下や歯ぐき，皮下粘膜，筋肉内の毛細血管からの出血，倦怠感，顔色が悪い，貧血，筋肉減少，心臓障害，呼吸困難などである．

（作表　飯塚）

くに生成した過酸化脂質と反応して脂質の連続酸化反応を断ち切り，酸化防止に役立っている．抗酸化作用は単独で行われるのではなく，これらのビタミン類をはじめ抗酸化酵素や，さまざまな生体内の物質（アルブミン，ポリフェノール類ほか）との共同作用により行われている．

d ビタミンの食事摂取基準と摂り方

（1）ビタミンの食事摂取基準 （資料編 p.222 〜 223 付表 6 参照）

摂取量の欠乏が健康の保持・増進に影響を与えるビタミンは，脂溶性ビタミンではビタミン A，D，E，K であり，水溶性ビタミンではビタミン B_1，B_2，B_6，B_{12}，葉酸，パントテン酸，ビオチンとビタミン C である．

また，ビタミンには推奨量および目安量が示されているが，サプリメントや強化食品が普及した現在，過剰摂取については各自注意を払わなければならず，耐容上限範囲に近づくと危険である．

（2）ビタミンの摂り方

◎脂溶性ビタミンは，油脂と一緒に摂取すると一般に吸収がよい．また体内に蓄積されやすいので適量を摂取するのが望ましい．

◎水溶性ビタミンは体内に蓄積されず，多い分は尿中に排泄されるため，体内で 1 日に必要とされる量を毎日摂取することが大切である．

◎ビタミン B_1 のように，含まれている食品が限られているものは，とくに不足しないように食品を選ぶ．糖質の摂取量が多い場合には不足に注意する．

◎ビタミン B_1 を除く B 群のビタミン含量は，たんぱく質に富む食品に多いため，肉，魚，牛乳，卵などの食品は重要である．

◎葉酸は，妊婦では神経管閉鎖障害のリスクを軽減させるため不足しないようにする．

◎葉酸やビタミン B_6 が不足すると動脈硬化の危険が増加することから問題視されている．

◎熱に弱いもの，酸化されやすいものがあるので，食品の鮮度に注意し，調理による損失率を考慮する．

◎たんぱく質や野菜の摂取量が少ない場合には，ビタミン類の潜在的欠乏に注意する．

6 水 分

　水は生命の維持に必要不可欠なものである．水分含量は成人で体重のおよそ60%であるが，若い人ほど多く，高齢になるに従って減少する（図2-11）．

　体内の水分は，細胞の中にある細胞内液と，血液中の水分（血漿），リンパ液や組織間など細胞の外にある細胞外液に分けられる．とくに細胞外液量は移動しやすいため，乳幼児や高齢者は，水分の摂取不足や下痢などにより脱水症状を起こしやすい（表2-19〜21）．

図2-11　身体構成

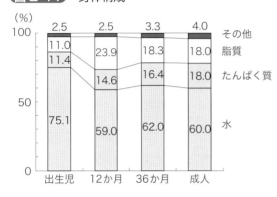

表2-19　体内水分量と体液（体重の%）

	全体液量	細胞外液	細胞内液
新生児	80	40	40
3か月乳児	70	30	40
1歳乳児	60	20	40
成　人	60	15	45
高齢者	50	20	30

表2-20　水分の生理的必要量（mL/kg/日）

	乳児	幼児	学童	成人
不感蒸泄量	50	40	30	20
尿量	90	50	40	30
発育・その他	10	10	10	
生理的必要量	150	100	80	50

〔清野佳紀，神崎晋，守分正：小児の栄養・代謝とその障害，NEW小児科学，（清野佳紀ほか編），p.134，南江堂，1999より許諾を得て転載〕

表2-21　成人の水分出納

水の摂取量（mL）		水の排泄量（mL）		
食物中の水分	1,200	尿		1,500
飲用水	1,000	不感蒸泄	呼吸	400
			皮膚	500
代謝水	300	糞，その他		100
合　計	2,500	合　計		2,500

表2-22　脱水時の水分補給

経口補水液 乳児用経口補水液	ウイルス性の感染性胃腸炎による発熱・下痢・嘔吐などで失われた水分・電解質補給に適している（第6章参照）
乳幼児用イオン飲料	外出後や入浴後の汗をかいたときなどの水分・電解質の補給に適した組成になっている
スポーツドリンク	経口補水液よりナトリウム，カリウム濃度が低く，糖濃度が高いため，脱水の補正には不向きである．日常生活における水分・電解質補給を目的として使用する．糖濃度，浸透圧が高いため，乳幼児は乳幼児用イオン飲料を使用することが望ましい
白湯・お茶類	日常の水分補給には適しているが，ナトリウム，カリウム，糖分を含まないため，脱水の補正には不向きである．とくにお茶類は利尿作用があり，脱水を助長するため注意が必要である
100%果汁	ナトリウムが少なく，また，糖濃度が高く浸透圧性の下痢を誘発するため，脱水の補正には不向きである

a 水分を多く含む食品

　食品としては，野菜，果物，牛乳，豆乳はおよそ90％の水分を含み，ミネラル，ビタミンも豊富である．清涼飲料としては，コーヒー飲料，茶系飲料，果実飲料，野菜飲料，乳性飲料，ミネラルウォーター，スポーツ飲料，炭酸飲料などがある．茶系飲料のように糖分を含まないものから，糖質，アミノ酸，ビタミン，ミネラルなどを含むものまで種類によって特徴はさまざまである．原材料や栄養成分表示を確認し，用途と状況に適した飲料を選択することが必要である．

b 水分の機能

● 消化吸収に必要である

　食物の消化・吸収は消化酵素による加水分解であるため，多くの水分が必要とされる．

● 栄養素や老廃物の運搬を行う

　栄養成分は水（体液）に溶けて組織に運ばれ，不要なもの（老廃物）は体液により集められ，腎臓から尿中に排泄される．

● 体内での化学反応（代謝）の場所となるほか，細胞が正常に機能する環境をつくる

　各栄養素は体液に溶けた状態で代謝（合成・分解）や体液の酸・アルカリ平衡の維持を行い，また体液の移動により浸透圧調節を行って，細胞が円滑に機能できるようにする．

● 体温の調節に役立つ

　水は比熱が大きいため，外気温の変化に対しても体温はすぐに変化せず，一定に保たれる．また，蒸発熱が大きいため，体内で発生した熱は血液循環を介し，発汗により放散される．

c 水分の摂り方

◎体内の水分量をほぼ一定に保つため，水の摂取量と排泄量の出納が調節されている（表2-21参照）.

◎水分必要量は，運動量，季節などにもよるが，若い人ほど多く，体重1kgあたり乳児期125〜150 mL，幼児期90〜125 mL，学童期50〜90 mL，思春期40〜50 mLが適量である．

◎食事後の水分（お茶や水）の適量な摂取は，便通を整えるうえでも必要である．

◎季節を問わず，日常の水分摂取不足には留意し，脱水症の予防につとめる（表2-22）.

◎飲料水の種類として，砂糖などの多い（甘い）ものの摂りすぎに注意する．

◎経口補水液は水，電解質を補給することに適しており，下痢，嘔吐，発熱，発汗などによる軽度から中等度の脱水状態に用いられる．病者用食品であり，平常時の水分補給には適さない．

C
食べ物の消化と吸収

1　食べ物の消化過程

　　摂取した食物は，消化管内で消化酵素のはたらきにより吸収されやすい小さな分子に加水分解される．この過程を消化という．消化器官には，口腔，胃，腸があり（図2-12），表2-23, 25に示すような消化液が分泌される．

a　口の中での消化

　　食物は咀しゃくにより砕かれ，唾液と混じり合う．唾液にはでんぷんを加水分解する唾液アミラーゼ（プチアリンという）が含まれている．口腔内に食物がとどまる時間が短いため，でんぷんはほとんど変化を受けないまま胃に送り込まれ，酸性の胃液と混じり合うまでは唾液アミラーゼの作用がつづく．新生児では唾液の分泌量，唾液アミラーゼは少ないが，次第に増加する．

図2-12　消化器官

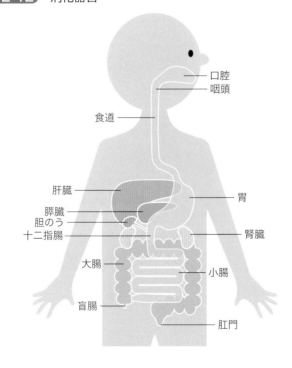

口腔
咽頭
食道
肝臓
膵臓
胆のう
十二指腸
大腸
盲腸
胃
腎臓
小腸
肛門

表2-23　消化液の分泌量（成人1日）

消化液	分泌量（mL）
唾　液	1,500
胃　液	2,500
胆　汁	500
膵　液	700
腸粘膜からの分泌液	3,000
計	8,200

表2-24　胃の容量の目安

年　齢	容　量（mL）
新生児	50
3か月児	170
1歳児	460
5歳児	830
成　人	1,300

表2-25 唾液，胃液，膵液中の消化酵素とその作用

消化液／最適pH〈分泌場所〉	消化酵素名	作用
唾液／pH6.8〈口腔〉	唾液アミラーゼ（プチアリン）	でんぷん　→　デキストリン，麦芽糖
胃液／pH1.5～2.0〈胃〉	ペプシン	たんぱく質　→　プロテオース，ペプトン
膵液／pH8.5〈十二指腸〉	トリプシン キモトリプシン カルボキシペプチダーゼ 膵アミラーゼ 膵リパーゼ（ステアプシン） コレステロールエステラーゼ	プロテオース ペプトン　→　ポリペプチド ポリペプチド　→　ジペプチド，アミノ酸 でんぷん　→　麦芽糖 脂肪　→　モノグリセリド，グリセロール　脂肪酸 コレステロールエステル　→　コレステロール 脂肪酸

b 胃内の消化

（1）胃液による変化

　胃に送られた食物は，胃粘膜から分泌される胃液と混じり合い酸性になる．胃液は胃酸である塩酸，たんぱく質分解酵素のペプシン，粘液などを含む．塩酸はペプシンの消化を助けるほか，カルシウムや鉄を吸収されやすいかたちに変化させたり，細菌の増殖防止に役立っている．粘液は胃粘膜が塩酸やペプシンにより冒されるのを防いでいる．食物中のたんぱく質はたんぱく質分解酵素ペプシンにより，プロテオース，ペプトンのような，たんぱく質より分子の小さな物質に分解される（表2-25）．

　新生児期の胃の形は細長い筒型をしている．噴門部（胃の入り口）の筋肉の発達が不十分であるため，授乳後すぐに横にすると溢乳（口から漏れ出る現象）が起こりやすい．発育するにつれ胃の形は膨らみを増す．

● 乳汁の消化

　乳汁中のカゼインは，一部を分解したのちカルシウムと結合して凝乳しカードを形成する．乳児は胃酸の分泌が少なく，胃内容物が成人ほど強酸性にならないため，カードの形成には適している．母乳および調製粉乳などはソフトカードを形成し，消化されやすい．

（2）胃液の分泌と胃内の停滞時間

　食物が胃にとどまる時間は，食物の量，成分，調理法によって異なり，炭水化物は比較的短いが，たんぱく質や脂質に富む食物は長いため，腹もちがよい．乳汁は，母乳の場合は2～2.5時間，牛乳は約3時間程度である．

　胃液の分泌は，肉汁，アルコール，コーヒー，茶，香辛料，酸や甘味の強い食物により促進される．また胃内の消化は自律神経の作用を受けるため，精神的なストレスがある場合には消化は抑制される．嫌いなものを無理に食べさせると停滞時間が長引くといわれる．

c 小腸内の消化

　食物が十二指腸に送られると，アルカリ性に富む膵液や胆汁と混じり中和される．小腸は長い消化管で，腸壁のひだ上には無数の絨毛（じゅうもう）が並び，さらにその表面は微絨毛で覆われているため，腸内面積は非常に広い．食物はこの小腸内を通過するあいだに消化される．

　膵液は膵臓で生産される消化液である．でんぷん，たんぱく質，脂質を分解する消化酵素が含まれていて，きわめて重要な消化液である．

　胆汁は肝臓で生産される消化液で，胆のうに一時貯えられ十二指腸に分泌される．消化酵素は含まれないが，胆汁中の胆汁酸は脂質を乳化させる．また脂質の吸収を助ける．

（1）たんぱく質の消化

　胃でペプシンや塩酸の作用を受けたたんぱく質（プロテオース）は，膵液中のトリプシン，キモトリプシンの作用によりポリペプチドに分解され，さらにカルボキシペプチダーゼの作用を受けてペプチドになる．ペプチドはアミノ酸が数個結合している物質である．これらは腸の粘膜細胞に取り込まれ，アミノペプチダーゼ，ジペプチダーゼによりアミノ酸に分解される．

（2）糖質の消化

　膵アミラーゼは，唾液アミラーゼよりはるかに強力で，でんぷんやデキストリンを麦芽糖に分解する（表2-25参照）．二糖類の麦芽糖，乳糖，ショ糖は，腸の粘膜表面の微絨毛に取り込まれ，ここに存在する消化酵素により分解される（表2-26）．すなわち麦芽糖はマルターゼにより2分子のグルコースに，ショ糖はシュクラーゼによりグルコースと果糖に，乳糖はラクターゼによりグルコースとガラクトースなどの単糖類に分解される．ラクターゼは胎生6〜7か月に現れ，満期出生時には最高に達するため，母乳中の乳糖の消化吸収は良好である．

　ペプチドや二糖類のように腸粘膜に取り込まれて行われる消化を膜消化という．

図2-13　糖質の構造

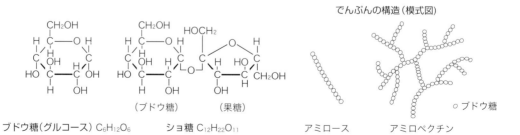

でんぷんの構造（模式図）

ブドウ糖（グルコース）$C_6H_{12}O_6$　　（ブドウ糖）　（果糖）　ショ糖 $C_{12}H_{22}O_{11}$　　アミロース　アミロペクチン　○ブドウ糖

（3）脂質の消化

　食物中の脂質は大部分が脂肪（トリグリセリド）で，このほか少量のリン脂質，コレステ

表2-26 小腸粘膜に存在する消化酵素とその作用

消化酵素名	消化作用
マルターゼ	麦芽糖 → グルコース
シュクラーゼ	ショ糖 → グルコース，果糖
ラクターゼ	乳糖 → グルコース，ガラクトース
アミノペプチダーゼ	ペプチド → ジペプチド，アミノ酸
ジペプチダーゼ*	ジペプチド → アミノ酸

*小腸粘膜内に存在する.

ロールなどがある．脂肪分解酵素リパーゼは乳化した脂肪を分解するが，脂肪の構成単位であるグリセロールと脂肪酸にすべて加水分解されるのではなく大部分はグリセロールに脂肪酸が1つ結合したモノグリセリドにとどまる．一部（乳汁やバターなど）がグリセロールと脂肪酸に分解される．低出生体重児はリパーゼ活性や胆汁の乳化作用が弱いため，低出生体重児用粉乳では原料の牛乳中の脂肪量を減らして消化吸収しやすくしてある．

2　栄養素の吸収と未消化物などの排泄

a 小腸での吸収

(1) 単糖類，アミノ酸の吸収

消化により生成したグルコース，果糖，ガラクトース，アミノ酸類，グリセロール，炭素数の少ない脂肪酸，ミネラル，水溶性ビタミンなどは，腸粘膜上の絨毛中の毛細血管に吸収される．毛細血管が集まり小腸を取り巻く腸静脈となり，吸収した栄養素を肝臓に運ぶ．肝臓へ通じる部分の血管を，とくに門脈とよんでいる．

特別な場合を除き，アミノ酸まで分解されないペプチド類がもし吸収された場合，アレルギーの抗原となる可能性が高い．

(2) 脂肪の吸収

モノグリセリド，脂肪酸，コレステロールは胆汁酸のはたらきによって絨毛中のリンパ管に取り込まれ，モノグリセリドと脂肪酸はただちに脂肪に再合成される．この脂肪，リン脂質，コレステロールなどは水に溶けにくいため，たんぱく質で覆われリポたんぱく質となり，リンパ管に吸収されたあと，左鎖骨下静脈から血液循環に合流して肝臓に運ばれる．

(3) 免疫体の吸収

通常は未消化のたんぱく質が吸収されることはないが，特殊な例として母乳中の免疫体（たんぱく質の一種）は吸収され，乳児の血清中に移行していくことが知られている．しかし卵たんぱく質などが未消化のまま吸収されると，アレルギーなどの過敏症状を起こす恐れがあるので，離乳前半では注意を要する．よく加熱して与える．

b 大腸における変化

（1）未消化物の分解

　大腸内には乳酸菌をはじめ各種の腸内細菌が生息し，未消化物を分解していろいろな分解産物を生産する．食物繊維のセルロースなどが分解される（発酵）と，メタン，二酸化炭素などのガス類や，乳酸，酪酸などの酸類ができる．たんぱく質が分解される（腐敗発酵）と，アミン，フェノール，インドール，スカトールや硫化水素などが生産される．たんぱく質の分解物には有害物質が多いので，これらをすみやかに排泄させるために，便秘を予防することが大切である．

　食物繊維は便の容積を増し，腸の蠕動運動を促進して便通を整え，また有害な物質を吸着する作用などもあるため，適量摂取する必要がある．

　出生直後の新生児の大腸内は無菌であるが，生後数日で早くも便中に腸内細菌が検出されるようになる．離乳が開始されると腸内細菌叢が変化し，おとなと同じものに近づいていく．

（2）便の形成

　大腸では次第に水分が吸収され糞便になる．糞便には，食物中の未消化物，消化管からの分泌物，胆汁色素などの排泄物，消化管粘膜の剥離した細胞類，および腸内細菌や大腸内生産物などが含まれている．糞便の色は胆汁色素に由来するが，食物の種類によっても異なる．小児では，にんじんやほうれんそうも便の色に影響を与える．

腸内フローラと免疫機能

　腸内フローラとは腸内細菌叢のことで，腸内細菌は菌種ごとに塊となって腸壁にびっしり張り付いているので，あたかもお花畑（フローラ）のようだという．大腸に共生している腸内細菌は 100 兆個にもおよび，その種類は 1,000 種類ともいわれる．その分類には，善玉菌（乳酸菌，ビフィズス菌など），悪玉菌（毒性大腸菌，ブドウ球菌，ウェルシュ菌など），日和見菌（大腸菌，嫌気性連鎖球菌など）があり，食事，生活環境，年齢により変化する．

・腸内細菌は難消化性糖質（食物繊維，オリゴ糖，糖アルコール）を分解し，乳酸，短鎖脂肪酸（酢酸，酪酸，プロピオン酸）など生体にとって重要な物質を生産しており，その95%は吸収され，体内で使用される．

・乳酸には整腸作用，免疫調整作用，動脈硬化予防，抗腫瘍作用がある．ビフィズス菌は腸の蠕動運動を活発にし，酪酸菌とともに短鎖脂肪酸の生産を促し，腸粘膜を保護する粘液の生産や免疫機能を活性化している．

・腸は体内への病原菌の侵入を防いでおり，免疫細胞の6割は腸内に存在する．腸は人体にとって最大の免疫器官である．

・腸内細菌の餌となる食物繊維は，豆，いも，野菜，胚芽米，麦飯，海藻，果物，こんにゃくなどに多く，不足しないように摂取することが必要である．

D 献立作成と調理の基本

1 献立作成の基本

（1）食生活指針

　日本は世界でも有数の長寿国であるが，近年食生活のあり方が大きく変化しており，がん，心臓病，糖尿病などの生活習慣病が増加している．このため，食習慣および生活習慣を見直して病気を予防する「一次予防」に重点が置かれている．

　「食生活指針」は，国民一人ひとりが健全な食生活の実践を図り，健康寿命を延ばすことをめざして，2016（平成28）年，文部科学省，厚生労働省，農林水産省の連携により策定された．これには「何をどれだけどのように食べたらよいのか」を実践するための目標が示されており，2000（平成12）年の内容が現状に合わせて一部改正されている（表2-27）．

（2）食事バランスガイド

　「食事バランスガイド」は，食生活指針で示された項目が実践できるように，2005（平成7）年に作成された（厚生労働省，農林水産省）．一般の人にもわかりやすいよう，1日に「何を」「どれだけ」食べたらよいかが「料理レベル」と「単位；○つ，SV（サービング）」で示されている．イラストは「コマ」をイメージしており，食事のバランスが悪いとコマが倒れてしまうことを表していて，主食，副菜，主菜，牛乳・乳製品，果物の5区分を偏りなく摂取することが重要である（図2-14）．また，コマが安定して回転するには，十分な水分を軸として，適度な運動が必要であることを表している．

　料理例を参考に，5区分の各サービング数で料理や食品を組み合わせると，適度な運動をしている成人女性の適量（2,200±200 kcal）を摂取することができる．

（3）献立作成

　献立とは，食卓に供する料理の種類や組み合わせ，順序などを計画することである．食品には栄養素摂取，楽しみ，健康維持の3つの機能がある．各食品の機能を知り，消化しやすく調理した食事をおいしく食べることは，心身の健康の基本である．また，おいしさは食べる人の状況や食事環境にも関与しており，これらを総合しておいしいと感じるような献立を立てることが大切である．

● 献立作成の留意点
　　①対象となる人にとって必要な栄養量をみたしている
　　②多様な食品を選択し，料理の組み合わせに配慮する
　　③季節感をもたせ，食文化の伝承も心がける
　　④対象となる人の嗜好を考慮する

表2-27 食生活指針

★食事を楽しみましょう
・毎日の食事で，健康寿命をのばしましょう．
・おいしい食事を，味わいながらゆっくりよくかんで食べましょう．
・家族の団らんや人との交流を大切に，また，食事づくりに参加しましょう．

★1日の食事のリズムから，健やかな生活リズムを
・朝食で，いきいきした1日を始めましょう．
・夜食や間食はとりすぎないようにしましょう．
・飲酒はほどほどにしましょう．

★適度な運動とバランスのよい食事で，適正体重の維持を
・普段から体重を量り，食事量に気をつけましょう．
・普段から意識して身体を動かすようにしましょう．
・無理な減量はやめましょう．
・とくに若年女性のやせ，高齢者の低栄養にも気をつけましょう．

★主食，主菜，副菜を基本に，食事のバランスを
・多様な食品を組み合わせましょう．
・調理方法が偏らないようにしましょう．
・手作りと外食や加工食品・調理食品を上手に組み合わせましょう．

★ごはんなどの穀類をしっかりと
・穀類を毎食とって，糖質からのエネルギー摂取を適正に保ちましょう．
・日本の気候・風土に適している米などの穀類を利用しましょう．

★野菜・果物，牛乳・乳製品，豆類，魚なども組み合わせて
・たっぷり野菜と毎日の果物で，ビタミン，ミネラル，食物繊維をとりましょう．
・牛乳・乳製品，緑黄色野菜，豆類，小魚などで，カルシウムを十分にとりましょう．

★食塩は控えめに，脂肪は質と量を考えて
・食塩の多い食品や料理を控えめにしましょう．食塩摂取量の目標値は，男性で1日8g未満，
　女性で7g未満とされています．
・動物，植物，魚由来の脂肪をバランスよくとりましょう．
・栄養成分表示を見て，食品や外食を選ぶ習慣を身につけましょう．

★日本の食文化や地域の産物を活かし，郷土の味の継承を
・「和食」をはじめとした日本の食文化を大切にして，日々の食生活に活かしましょう．
・地域の産物や旬の素材を使うとともに，行事食を取り入れながら，自然の恵みや四季の変化を楽
　しみましょう．
・食材に関する知識や調理技術を身につけましょう．
・地域や家庭で受け継がれてきた料理や作法を伝えていきましょう．

★食料資源を大切に，無駄や廃棄の少ない食生活を
・まだ食べられるのに廃棄されている食品ロスを減らしましょう．
・調理や保存を上手にして，食べ残しのない適量を心がけましょう．
・賞味期限や消費期限を考えて利用しましょう．

★「食」に関する理解を深め，食生活を見直してみましょう
・子供のころから，食生活を大切にしましょう．
・家庭や学校，地域で，食品の安全性を含めた「食」に関する知識や理解を深め，望ましい習慣を
　身につけましょう．
・家族や仲間と，食生活を考えたり，話し合ったりしてみましょう．
・自分たちの健康目標をつくり，よりよい食生活を目指しましょう．

（平成28年6月一部改正　文部科学省, 厚生労働省, 農林水産省）

図 2-14 食事バランスガイド（基本形・成人）

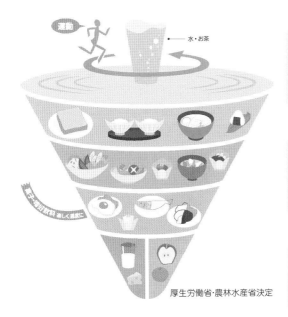

← 水・お茶

日本で古くから親しまれている「コマ」をイメージして描き，食事のバランスが悪くなると倒れてしまうということ，回転（運動）することによって初めて安定するということを表しています．水・お茶といった水分を軸として，食事の中で欠かせない存在であることも強調しています．

コマの中では，1日分の料理・食品の例を示しています．これは，ほとんど1日座って仕事している運動習慣のない男性にとっての適量を示しています（このイラストの料理例を合わせると，おおよそ2200kcal）．まずは，自分の食事の内容とコマの中の料理を見くらべてみてください．

コマの中のイラストは，あくまで一例です．実際にとっている料理の数を数える場合には，下の『料理例』を参考に，いくつ（サービング，SV，料理の数え方の単位）とっているかを確かめることにより，1日にとる目安の数値と比べることができます．

厚生労働省・農林水産省決定

1日分 | SV（数え方）の料理例

5～7 つ(SV) 主食（ごはん、パン、麺）
ごはん（中盛り）だったら4杯程度

- **1つ分** ＝ ごはん小盛り1杯 ＝ おにぎり1個 ＝ 食パン1枚 ＝ ロールパン2個
- **1.5つ分** ＝ ごはん中盛り1杯　**2つ分** ＝ うどん1杯 ＝ もりそば1杯 ＝ スパゲッティー

5～6 つ(SV) 副菜（野菜、きのこ、いも、海藻料理）
野菜料理5皿程度

- **1つ分** ＝ 野菜サラダ ＝ きゅうりとわかめの酢の物 ＝ 具たくさん味噌汁 ＝ ほうれん草のお浸し ＝ ひじきの煮物 ＝ 煮豆 ＝ きのこソテー
- **2つ分** ＝ 野菜の煮物 ＝ 野菜炒め ＝ 芋の煮っころがし

3～5 つ(SV) 主菜（肉、魚、卵、大豆料理）
肉・魚・卵・大豆料理から3皿程度

- **1つ分** ＝ 冷奴 ＝ 納豆 ＝ 目玉焼き一皿　**2つ分** ＝ 焼き魚 ＝ 魚の天ぷら ＝ まぐろとイカの刺身
- **3つ分** ＝ ハンバーグステーキ ＝ 豚肉のしょうが焼き ＝ 鶏肉のから揚げ

2 つ(SV) 牛乳・乳製品
牛乳だったら1本程度

- **1つ分** ＝ 牛乳コップ半分 ＝ チーズ1かけ ＝ スライスチーズ1枚 ＝ ヨーグルト1パック　**2つ分** ＝ 牛乳瓶1本分

2 つ(SV) 果物
みかんだったら2個程度

- **1つ分** ＝ みかん1個 ＝ りんご半分 ＝ かき1個 ＝ 梨半分 ＝ ぶどう半房 ＝ 桃1個

※SVとはサービング（食事の提供量の単位）の略

注）妊産婦のための食事バランスガイドは p.88，幼児の食事バランスガイドは p.129 を参照

図2-15 1回に食べる量の例

1～2歳	ごはん	＋	肉・魚 （30gくらい）	＋	野菜 （50～70g）	＋	汁
3～5歳	ごはん	＋	肉・魚 （40～50gくらい）	＋	野菜 （80～100g）	＋	汁
学童期	ごはん	＋	肉・魚 （70gくらい）	＋	野菜 （100～150g）	＋	汁
成人	ごはん	＋	肉・魚 （60gくらい）	＋	野菜 （100～150g）	＋	汁

（上田玲子編著：子どもの食生活第3版, p.63, ななみ書房, 2018）

図2-16 6つの基礎食品

⑤食品の安全性を考慮する

⑥食費や調理技術，調理時間にも配慮する

● 献立作成の手順

　① 1日に必要な摂取量とその配分を決める

　食事は，食べる人に必要な栄養素を満たすことのできる内容とする．食品群や食品構成，食事バランスガイドなどを参考に，1日分の食品または料理の適量を知り，3回の食事に配分する．子どもは食事以外に1～2回の間食が必要になる（p.129 間食の意義を参照）．3回の食事はほぼ同じ配分であることが望ましく，朝食の欠食や，昼食や夕食が極端に多くならないように注意する（図2-15）．

◎ **食品群**：食品は含有する栄養素の特徴によって分類され，食品群として示される．一般には6つの基礎食品群（図2-16）や3色の食品群（p.169 コラム参照）という，分類数の少ないものが用いられる．

◎ **食品構成**：各食品群の1日または1食当たりの摂取目標量が示されており，栄養のバランスだけでなく，使用食材の偏りを防ぐことができる（p.126 表3-33 参照）．

　②料理の内容を決定する

　日常の食事では，料理を組み合わせる際に和食の一汁三菜を基本にすると，栄養的にも優れた充実した内容になる．主食と主菜，副菜が同時に摂取できる丼もののような料理は，一汁三菜の主食と主菜を兼ねた応用パターンとしてとらえると，献立に変化がつけやすい（図2-17）．献立のパターンに合わせて主食を決め，それに合わせて主菜，副菜を1～2菜，汁物を決める．食材や調理法，味つけが重ならないように工夫し，料理のタイプを和風，洋風，中華風と変えると，変化のある献立となる．また，デザートを加えると，食事の楽しみが増し満足感につながる（表2-28）．

図 2-17　一汁三菜の応用

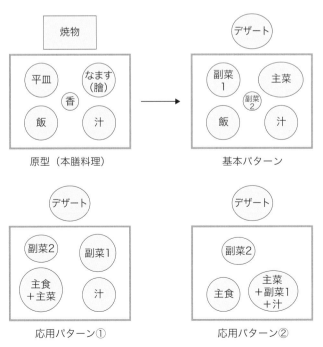

（香西みどり，綾部園子 編著：流れと要点がわかる調理学実習 第2版，光生館，2017 より一部改変）

表 2-28 献立づくりの手順と調理法

手　順	食　材	調理法	留意点
主食を決める	穀類（ご飯，パン，麺類など）	＊参照	主食と主菜が同時に摂取できるものを選ぶと，献立に変化がつく（＊）
主菜を決める	主食に合わせ主材料を選ぶ（肉，魚，卵，大豆製品）	煮る，蒸す，焼く，炒める，揚げる	たんぱく質の多い食品を使用する
副菜を決める	主菜に合った材料を選ぶ（野菜，いも，海藻，きのこ，大豆製品，乳製品）	主菜と異なる調理法を選ぶ（煮る，蒸す，焼く，炒める，ゆでる，生食）	季節の食品を取り入れる（野菜は 1/3 以上を緑黄色野菜にする）
汁物・スープ	主菜，副菜とはできるだけ材料が重ならないようにする	吸物，みそ汁，けんちん汁スープ，シチューなど	主菜，副菜との調和を考え，汁の種類・実に変化を持たせる

＊ ごはん物：炊き込みご飯，炒めご飯（炒飯，ピラフ），すし（にぎりずし，五目ずし）丼もの，かけご飯（カレーライス，ハヤシライス）
　麺　類：うどん，そば，パスタ，ビーフン
　パ ン 類：サンドイッチ

表 2-29 主菜となる調理例（材料，調理法別）

	魚介類	肉　類	卵	豆製品
煮　る	煮魚，鍋物，野菜とのたき合せ，みそ煮，ブイヤベース，甘露煮	ポトフ，すき焼き，カレー，ロールキャベツ，シチュー，角煮，筑前煮，トマト煮	卵とじ，ゆで卵	煮やっこ，鍋物，信太袋，凍り豆腐含め煮，煮豆
蒸　す	かぶら蒸し，酒蒸し	しゅうまい，重ね蒸し	卵豆腐，小田巻蒸し	重ね蒸し，空也蒸し
焼　く	塩焼き，香味焼き，ムニエル，ホイル焼き	ステーキ，焼豚，バター焼き，生姜焼き，バーベキュー，ハンバーグ，ギョーザ，鉄板焼き	卵焼き，う巻き卵，オムレツ	田楽，豆腐ステーキ
炒める	中華風炒め	五目炒め，甘酢あん，酢豚	スクランブルエッグ，かに玉	麻婆豆腐
揚げる	フライ，天ぷら，竜田揚げ，マリネ，南蛮漬	カツレツ，はさみ揚げ，から揚げ，コロッケ，肉団子，春巻	スコッチエッグ	揚出し豆腐
生　食	刺身，酢じめ，たたき		生卵	冷や奴
電子レンジ	短時間で調理ができ，こげめがつかないことを利用して，煮物・蒸し物など，それぞれの素材で献立を工夫することができる．			

表 2-30 穀類の栄養価（100 g 中）

栄養価 食品名	エネルギー（kcal）	たんぱく質（g）	脂質（g）	炭水化物（g）
ご飯（精白米）	157	3.5	0.3	36.1
角型食パン	248	8.9	4.1	46.4
うどん（ゆで）	95	2.6	0.4	21.6
スパゲティ（ゆで）	150	5.8	0.9	32.2

注）米の計量と炊飯については p.55 コラムを参照．

〔日本食品標準成分表 2020 年版（八訂）より〕

表 2-31 肉の部位による栄養価（100 g 中）

	エネルギー (kcal)	水 分 (g)	たんぱく質 (g)	脂 質 (g)	ビタミン	
					B₁ (mg)	B₂ (mg)
鶏肉（若鶏ささみ）	98	75.0	23.9	0.8	0.09	0.11
鶏肉（親鶏皮つきもも）	234	62.9	17.3	19.1	0.07	0.23
豚肉（大型種もも赤肉）	119	73.0	22.1	3.6	0.96	0.23
豚肉（大型種ロース赤肉）	140	70.3	22.7	5.6	0.80	0.18

〔日本食品標準成分表 2020 年版（八訂）より〕

図 2-18 鶏肉，牛肉，豚肉の部位名

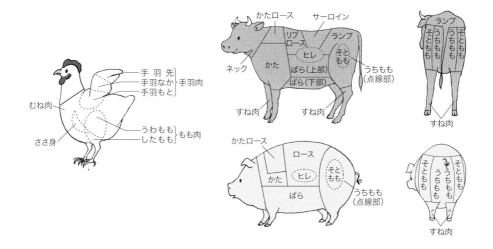

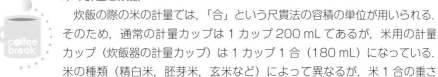

米の計量と炊飯

　炊飯の際の米の計量では，「合」という尺貫法の容積の単位が用いられる.そのため，通常の計量カップは 1 カップ 200 mL であるが，米用の計量カップ（炊飯器の計量カップ）は 1 カップ 1 合（180 mL）になっている.

　米の種類（精白米，胚芽米，玄米など）によって異なるが，米 1 合の重さは約 140 ～ 150 g であり，一般家庭における炊飯の場合 2.2 ～ 2.3 倍に増えて，330 ～ 340 g 程度のご飯になる.ご飯茶碗 1 杯は 140 ～ 160 g なので，米 1 合からは茶碗 2 杯強のご飯ができる.米 1 合分のご飯は 520 ～ 540 kcal 程度のエネルギーである（ご飯 100 g は 156 kcal）.

2 調理の基本

　調理とは，食品を衛生的で安全なものとし，消化しやすく，おいしく食べるようにすることである．食品を洗う・切るなどの準備から，加熱し調味するといった調理の基本についての理解は，できばえだけでなく栄養価やおいしさにも影響する．

(1) 調理操作

● 非加熱操作と加熱操作

　調理方法は，加熱の有無によって，非加熱操作と加熱操作に分けられる．非加熱操作はおもに下ごしらえの手段として行われるが，あえる・冷やす・盛りつけるなど，料理の仕上げとして行うものもある．食品本来のうま味や歯ざわりを味わうさしみ，サラダなどのなま物調理以外では，ほとんどの食品は加熱によっておいしく安全で消化されやすくな

表2-32 おもな調理法

＜非加熱操作＞

調理法	操作の目的・留意点
計　る	重量，容積，体積，温度，時間などを計る
洗　う	食品に付着している菌類，土，農薬などを除く
浸　す	もどす，あく抜き，塩出し，水分の吸収，味つけ，成分の溶出
切　る	食べられない部分を除く，食べやすくする，形を整える，火の通りや調味料の浸透を均一にする
する，おろす，裏ごす	離乳期から用いられる調理法 器具（すり鉢，おろし金，裏ごし器）は洗浄後，完全に乾燥させる

＜加熱操作＞

加熱法		操作の目的・留意点
湿式加熱 （水を利用 する加熱）	ゆでる	やわらかくする．ほうれんそうなどあくがある葉物野菜は，たっぷりの熱湯でさっとゆで，水に浸す
	煮る	加熱と味つけを同時に行う．煮汁にビタミンやミネラルが溶け出すので，水分は少なめにし，煮汁も使用するとよい
	蒸す	形が崩れにくく，風味も保ちやすい．栄養素の損失も少ない．加熱中の調味はできないが，蒸し上がってから，かけ汁などで自由な調味が可能
乾式加熱 （水を利用 しない加熱）	焼く	直火焼き（食品を直接に火にかざす），間接焼き（フライパンなど鉄板の上で加熱する，オーブンなど放射熱と対流によって加熱する）
	揚げる	熱媒体は油脂．食品は脱水され代わりに油分が吸収される．歯ごたえも変化する．油の酸化によりつくられる過酸化脂質は健康に悪影響となるので，油脂類は空気を遮断し，冷暗所に保管する
	炒める	少量の油を用い，短時間・高温で加熱する
誘電加熱 （電子レンジ 加熱）	電子 レンジ	マイクロ波により食品中の水分を振動させ，その摩擦によって加熱する．通常，食品表面に焦げ目はつかず，水分が蒸発しやすい．食品の温度が不均一になりやすい

る．たとえば魚を調理する際でも，煮る・焼く・蒸すなどの調理法があり，それぞれ特徴ある仕上がりとなる．嗜好や食品に合わせて調理方法を選ぶようにする．おもな調理法を表2-32に示す．

（2）調味操作

調味は，調理過程のなかで，味や香りをさらにおいしくするための操作である．おもな調味料には，甘味を加える砂糖，塩味をつける食塩・しょうゆ・みそ，酸味をつける食酢がある．このほか，うま味調味料や風味調味料などがある．

● 味つけの基準

調理における食塩や砂糖の，おいしいとされる基準濃度を表2-33，2-34に示す．

離乳食での塩味は基準の1/4〜1/3程度を，幼児食は1/2程度の薄味にする．素材の風味を生かし，薄味でもおいしく調理する（表2-35）．

● 調味料の相互作用と味つけ以外の役割

砂糖に少量の塩を加えることで甘味を引き立てたり，酢に塩を加えることで酸味を抑えることができる．調味料には，味をつける以外にも表2-36に示すような調理上の性質があり，目的に応じて使用する．

表2-33 食塩の基準濃度

調　理	濃度（%）
汁　物	0.7〜1.2
ゆで物	1.0〜1.2
和え物	1.2〜1.5
酢の物	
ソース類	1.2〜1.5
煮物・野菜	1.5〜2.0
煮物・魚	1.5〜3.0

表2-34 砂糖の基準濃度

調　理	濃度（%）	調　理	濃度（%）
かくし味	1前後	飲み物	8〜10
和え物	2〜8	プリン，ゼリー	10〜15
酢の物	3〜5	アイスクリーム	
煮物　うす味	3〜4	菓子類	20〜50
普通	4〜5	ジャム	30〜70
含め煮	7〜10	煮　豆	60〜100
		防腐効果	50以上

（表2-33，34ともに山口和子ほか：調理学　理論と実習，樹村房，1987を一部改変）

表2-35 薄味でもおいしい調理の工夫（一般向け）

・うまみを含んだ食品やだしを上手に利用する（昆布，かつお節，きのこ類，干しえび，乳製品など）
・香りのよい素材を使う（香辛料や香味野菜）
・酸味を利用する（かんきつ類果汁，トマト，酢など）
・油脂を利用して香りとコクを出す（ナッツ類，油類）
・調理（焼く・揚げる）で香ばしい焦げの風味をつける
・材料の表面に味をつける
・献立のなかで料理の味にメリハリをつける（薄味1〜2品＋しっかり味1品）
・適温で料理を提供する（熱いものは熱く，冷たいものは冷たく）

表2-36 味つけ以外の調味料の役割

食　塩	防腐作用，褐変防止，たんぱく質の熱凝固促進　など
砂　糖	なめらかさやつやを出す，でんぷんの老化防止，防腐作用　など
酢	たんぱく質の変性・凝固，褐変防止　など

(3) 調理の実際

● 身じたくと衛生

調理では，清潔なエプロン・三角巾をつけ，石けんでこまめに手を洗う．指や手に化膿している傷があると化膿創に存在する黄色ブドウ球菌（p.65 表2-43 参照）による食中毒の可能性があるので，調理用の手袋などを使用し，素手で調理をすることはひかえる．

● 計　量

調理において，材料や調味料の分量を計量することは，料理をおいしくするうえで重要である．味つけの際に計量スプーンを使用すると，簡単で正確に計量することができる．おいしいとされる調味料の配合や濃度（p.57 表2-33，34 参照）に整えやすく，料理に再現性をもたせることができる．計量スプーンで計った場合の調味料の重量（概量）を覚えておくと便利である（表2-37）．

表2-37　調味料の容量と重量（g）

食　品	小さじ1（5mL）	大さじ1（15mL）
水・酒・酢	5	15
食塩（精製塩）	6	18
砂糖	3	9
しょうゆ・みそ	6	18
油・バター	4	12
マヨネーズ	4	12
トマトケチャップ	5	15
ソース	6	18
小麦粉	3	9

＊計量スプーンのはかり方
隙間がないように山盛りに入れ，へらで水平にすりきる．液体の場合は，盛り上がる状態まで入れる．

3　食品の購入と食品表示

食品を購入する際には，安全性にも十分配慮して選択する必要がある．その指標の一つとなるのが食品表示である．食品の生産・加工技術が発達し，使用されている材料・添加物や生産方法も多様化している．そのため消費者は，表示された内容から正しい情報を得て，食品を選択することが大切である．2015（平成27）年に公布された食品表示法では，それまで食品衛生法，JAS法，健康増進法の3法に分かれていたものが一元化され，3つの事項（品質事項，衛生事項，保健事項）について表示基準が策定されている．新しい食品表示法は，5年の猶予期間を経て，2020（令和2）年4月には新表示に完全移行された．

(1) 生鮮食品の表示

市販の生鮮食品（農産物，水産物，畜産物）には，名称と原産地の表示が義務付けられている．また，有機農産物や有機農産物加工品は，JAS規格に基づいて生育，生産されたものについてのみ「有機」「オーガニック」の表示がされている．

図 2-19 食品表示法の概要

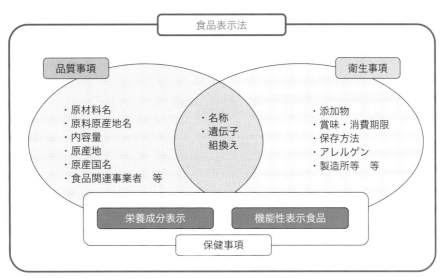

（食品衛生の窓，東京都福祉保健局ホームページより）

表 2-38 食品表示の種類

	表示の種類	表示の対象	表示内容
品質事項・衛生事項	生鮮食品	農産物・畜産物・水産物	名称，原産地
	有機食品の表示	有機農産物・有機農産物加工品	「有機」「オーガニック」の表示
	アレルギー関連	・必ず表示（特定原材料 7 品目） ・表示が推奨される（21 品目）	アレルギーの原因となる原材料の表示
	遺伝子組換え食品	使用が認められている遺伝子組換え農産物 7 品目およびこれらを主原料とする加工品	・遺伝子組換え食品：遺伝子組換え食品を使用している ・遺伝子組換え不分別：分別生産流通管理がされていない
	品質表示	あらかじめ容器包装された一般用加工食品および一般用添加物	①名称：内容物を表す一般的名称 ②原材料名：食品添加物以外の原材料と食品添加物を使用量の多い順に表示 ③内容量：重量 g，体積 mL を数値で表示 ④期限：消費期限，賞味期限 ⑤保存方法　⑥製造者
保健事項	栄養成分表示	あらかじめ容器包装された一般用加工食品及び一般用添加物	5 つの栄養成分，またその他の栄養成分について基準に定められた方法で表示
	保健機能食品表示 ・機能性表示食品 ・栄養機能食品 ・特定保健用食品	本文参照	本文参照

（2）加工食品の表示

　加工食品には品質表示（名称，原材料名，内容量，保存期間，保存方法，製造者）が義務付けられている．購入する際は表示内容をよく確認することが必要である（表 2-38，39）．

表 2-39 加工食品の品質表示例

名　　称：ベーコン
原材料名：豚ばら肉（国産）, 砂糖, 食塩, 卵たん白, 植物性たん白, 香辛料／リン酸塩（Na）, 調味料（アミノ酸）,
　　　　　酸化防止剤（ビタミン C）, 発色剤（亜硝酸 Na）, コチニール色素,（一部に豚肉・卵・大豆を含む）
内 容 量：300 グラム
賞味期限：××.××.××
保存方法：10℃以下で保存してください.
製 造 者：×× 株式会社　　×× 県 ×× 市 ×× 町 x-x

（早わかり食品表示ガイド〈事業者向け〉, 消費者庁ホームページ）

表 2-40 食品添加物のおもな用途と種類

甘味料, 着色料, 保存料, 増粘剤, 酸化防止剤, 発色剤, 漂白剤, 防かび剤・防ばい剤, 乳化剤, 膨張剤, 調味料,
酸味料, 苦味料, 光沢剤, ガムベース, 栄養強化剤, 製造用材, 香料など

表 2-41 栄養成分表示（例）

栄養成分表示 〔1 包装（○ g）当たり〕	
熱量	○ kcal
たんぱく質	○ g
脂質	○ g
炭水化物	○ g
食塩相当量	○ g

ポリフェノール　　△△ mg

当社従来品に比べて
ポリフェノール 2 倍

● **原材料名**

　原材料名は, 内容量の多い順に表示される. アレルギー物質を含む場合は, その特定原材料等の名称が表示される. 遺伝子組換え農産物使用の場合は, 基準に基づき表示される. また, 食品添加物は, 原材料と区分して, 添加物の重量割合の多い順に表示される.

◎ **食品添加物**：食品添加物とは, 食品の製造の過程においてまたは食品の加工もしくは保存の目的で, 食品に添加, 混和, 浸潤そのほかの方法によって使用されるものと定義されている（食品衛生法）. 豆腐を製造する際の「にがり」のように, 加工上必要不可欠なものや, 着色料のように必要性の低い添加物もある. その食品における食品添加物の必要性を考え, 食品を選ぶようにする. 1～2歳くらいまでは, 食品添加物「無添加」が望ましい（表2-40）.

● **期限表示（保存期間）**

◎ **消費期限**：品質が劣化しやすい商品に適用され,「期限を過ぎたら食べないほうがよい」ことを示す（弁当, 調理パン, 惣菜など）.

◎ **賞味期限**：品質が比較的劣化しにくい食品に適用され,「おいしく食べることができる期限」を示す（調味料, 即席めん類, 冷凍食品, 缶詰など）.

● **栄養成分表示**

　2015年4月に施行された食品表示法により, 5つの栄養成分（エネルギー, たんぱく質, 脂質, 炭水化物, 食塩相当量）の表示が義務化された（表2-41）. また, そのほかの栄養成分については表示基準に定められた方法で表示される.

図 2-20 保健機能食品の分類 — **図 2-21** 特定保健用食品許可証票

（3）保健機能食品（図2-20）

　保健機能食品とは，健康の維持および増進に役立つという，食品の機能性を表示することのできる食品をいう．保健機能食品は，特定保健用食品，栄養機能食品，機能性表示食品に分けられる．

● 特定保健用食品（トクホ）

　健康の維持増進に役立つことが科学的根拠に基づいて認められ，「コレステロールの吸収を抑える」などの表示が許可されている食品である．表示されている効果や安全性については国が審査を行い，食品ごとに消費者庁長官が許可している．許可を受けた食品には，許可マークが表示される（図2-21）．

● 栄養機能食品

　一日に必要な栄養成分（ビタミン，ミネラルなど）が不足しがちな場合，その補給・補完のために利用できる食品である．すでに科学的根拠が確認された栄養成分を一定の基準量含む食品であれば，とくに届出などをしなくても，国が定めた表現によって機能性を表示することができる．

　表示例；「栄養機能食品（カルシウム）；カルシウムは骨や歯の形成に必要な栄養素です」

● 機能性表示食品

　事業者の責任において，科学的根拠に基づいた機能性を表示した食品である．販売前に安全性および機能性の根拠に関する情報などが消費者庁長官へ届け出られたものであるが，特定保健用食品とは異なり，消費者庁長官の個別の許可を受けたものではない．消費者が正しく商品を選択できるよう，適正な表示などによる情報提供が行われる．

（4）特別用途食品

　乳児，幼児，妊産婦，病者等を対象に，発育，健康の保持・回復等の特別の用途に適する旨を表示して販売される食品で，健康増進法第26条に規定されている．その表示は，国から許可を受けたものについて，許可マークがつけられる．

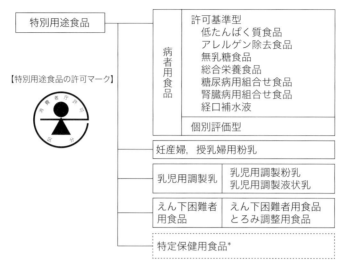

図 2-22 特別用途食品

特別用途食品

【特別用途食品の許可マーク】

病者用食品
- 許可基準型
  - 低たんぱく質食品
  - アレルゲン除去食品
  - 無乳糖食品
  - 総合栄養食品
  - 糖尿病用組合せ食品
  - 腎臓病用組合せ食品
  - 経口補水液
- 個別評価型

妊産婦,授乳婦用粉乳

乳児用調製乳
- 乳児用調製粉乳
- 乳児用調製液状乳

えん下困難者用食品
- えん下困難者用食品
- とろみ調整用食品

特定保健用食品*

備考：区分欄には，乳児用食品にあっては「乳児用食品」と，幼児用食品にあっては「幼児用食品」と，妊産婦用食品にあっては「妊産婦用食品」と，病者用食品にあっては「病者用食品」と，その他の特別の用途に適する食品にあっては，当該特別の用途を記載すること.
*健康増進法に基づく「特別の用途に適する旨の表示」の許可には，特定保健用食品も含まれる

　特別用途食品には，病者用食品，妊産婦・授乳婦用粉乳，乳児用調製乳，えん下困難者用食品がある．乳児用調製乳の許可範囲については，母乳代替品として医学的・栄養学的に適していることや，成分組成などが定められている（図2-22）.

4　衛生管理

a　食中毒と予防

　食中毒は，飲食物を汚染した有害微生物や有毒物質が体内に入り，その作用によって，おもに急性胃腸障害（嘔吐，下痢，腹痛，発熱など）を起こす病気である．食中毒の原因となる菌は身のまわりのあらゆるところに生息しているため，不適切な食品の取り扱いは食品の細菌汚染を招き，食中毒の原因となる．とくに乳幼児は抵抗力が弱いので，おとなより少ない細菌数で食中毒を発症しやすい．また短時間で症状が悪化しやすいので，食品の取り扱いには十分な注意が必要である．

　食中毒予防の3原則は"食品に細菌をつけない（清潔にする）"，"細菌を増やさない（食品を早く冷やし，早く供食する）"，"細菌をやっつける（加熱する）"である．調理に携わる者はこの原則を守ることが大切である．具体的な予防法として家庭でできる食中毒予防の6つのポイントが厚生労働省から提示されている（表2-42）．また，調理前や調理中の正しい手洗いは有効である（図2-23）.

表 2-42 家庭でできる食中毒予防の6つのポイント

❶ 食品の購入
・生鮮食品は新鮮なものを買物の最後に購入.
・肉汁や,魚の水分が漏れないよう,それぞれ分けて早めに持ち帰る.
・表示のあるものは消費期限などを確認して購入.

❷ 家庭での保存
・冷蔵・冷凍の必要な食品はできるだけ早く冷蔵庫や冷凍庫に入れる.
・瓶や缶は拭いて,温かいものは冷ましてから入れる.
・肉や魚は肉汁などがほかの食品にかからないようにビニール袋や容器に入れる.
・冷蔵庫に入れる食品は,7割程度を目標に詰めすぎないようにし,早く使い切る.
・冷蔵庫は10℃以下,冷凍庫は−15℃以下に維持する〔10℃以下(魚介類4℃以下)で増殖緩やか,−15℃で増殖停止〕.
・肉,魚,卵を取り扱う前後には必ず手を洗う.

❸ 下準備
・調理する場所を整理整頓し清潔に保つ.
・こまめに手洗いをする.
・生の肉や魚の汁がそのまま食べる食品にかからな

いようにする.
・生の肉や魚を切った包丁,まな板はすぐに洗い,熱湯消毒する.洗わずにほかの食品を切ることは絶対にさけ,できれば肉,魚,野菜用と分けて使う.
・冷凍食品は使う分だけ解凍し,再凍結はさける.解凍時の水分をほかの食品につけないようにする.
・器具は使用後すぐに洗剤と流水で洗う.包丁,まな板,ふきん,たわし,スポンジは熱湯や漂白剤で消毒し,乾燥させることが大切.

❹ 調理
・加熱は十分に行う(中心温度75℃,ノロウイルスの危険がある場合は85〜90℃で90秒間以上).
・調理を途中で止めるときは冷蔵庫に入れる.

❺ 食事
・食事前には手を洗う.
・温かい料理は65℃以上,冷たい料理は10℃以下で供食.
・調理の前後で食品を室温に長く放置しない.

❻ 残った食品
・残った食品は早く冷えるよう,小分けにして清潔な容器に保存する.
・保存したものを食べるときは必ず再加熱する.

(厚生労働省:家庭でできる食中毒予防の6つのポイント,1997を一部改変)

図 2-23 手洗いの方法

❶ まず手指を流水でぬらす

❷ 石けん液を適量手のひらに取り出す

❸ 手のひらと手のひらをすり合わせよく泡立てる

❹ 手の甲をもう片方の手のひらでもみ洗う(両手)

❺ 指を組んで両手の指の間をもみ洗う

❻ 親指をもう片方の手で包みもみ洗う(両手)

❼ 指先をもう片方の手のひらでもみ洗う(両手)

❽ 両手首までていねいにもみ洗う

❾ 流水でよくすすぐ

❿ ペーパータオルでよく水気を拭き取る

図 2-24 食中毒発生件数および患者数（原因物質別・月別，2022 年）

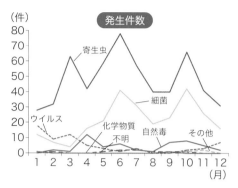
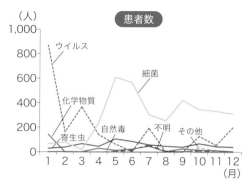

2022（令和4）年における細菌性食中毒件数は，カンピロバクター・ジェジュニ／コリ（185件），ウェルシュ菌（22件），ブドウ球菌（15件）の順に多かった．ウイルス性では，ほとんどがノロウイルスによるものであった．患者数でみると，ノロウイルスが多く（2,175人），ついでウェルシュ菌（1,467人），カンピロバクター・ジェジュニ／コリ（822人）となっている．細菌性食中毒は6～7月，ウイルス性食中毒は1～3月に多く発生している．

（厚生労働省：2022年食中毒統計調査）

b 食中毒の発生状況

食中毒の原因となる物質には，①細菌，②ウイルス，③食品自体に含まれる自然毒（ふぐ，貝，きのこ，野草など），④食品に含まれる化学物質などがある（**表2-43**）．わが国では食品や包装容器，器具などに付着したサルモネラ菌や腸炎ビブリオ菌などを原因とする細菌性食中毒が多いが，近年はノロウイルスによる食中毒も増加している（**図2-24**）．

また，食物を介して感染する寄生虫による食中毒（クドア，アニサキスなど）も件数が増えており，これらの感染症に対しても予防できる知識が必要である．

おもな食中毒細菌
左：腸管出血性大腸菌O157
中：黄色ブドウ球菌
右：腸炎ビブリオ

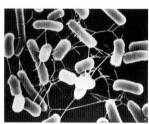
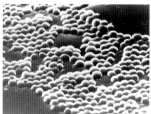
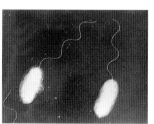

（東京都健康局提供）

表2-43 食中毒の種類と特徴

	食中毒細菌	原因食品	特　徴	予防法，その他
細菌性食中毒（感染型）	サルモネラ	加熱不十分な食肉や卵，その加工品など	・生肉（とくに鶏肉），卵を汚染することが多い ・熱に弱い	・肉・卵は十分に加熱（75℃，1分以上）する ・卵の生食は新鮮なものに限る ・低温保存は有効だが過信しない ・二次汚染に注意する
	カンピロバクター	加熱不十分な食肉（鶏肉），飲料水，生野菜	・空気中では増殖しにくい ・乾燥・熱に弱く，通常の加熱調理で死滅する ・少ない菌量でも腸管内で増殖し発症する	・調理器具を熱湯消毒し，よく乾燥させる ・肉とほかの食品と接触させない ・食肉の適切な加熱（75℃，1分以上）
	ウェルシュ菌	大量に調理したカレー，シチュー，麺のつけ汁など	・酸素のないところで耐熱性の芽胞を形成（嫌気性芽胞菌）する ・100℃，1～3時間の加熱でも芽胞は生息する ・腸管で毒素を産生し，食中毒を起こす	・調理後は，すみやかに食べる ・加熱後の冷却は，すみやかに行う ・保存は10℃以下または65℃以上 ・再加熱する場合は十分に加熱する
	病原性大腸菌	生肉，加熱不十分なハンバーグなど，井戸水	・牛の腸内に常在する大腸菌の1種で，腸管出血性大腸菌など5種類ある ・腸管出血性大腸菌（O-111，O-157など）は強力な毒素（ベロ毒素）を産生し，溶血性尿毒症候群や脳症の原因となる ・熱に弱い	・食肉は生食を避け，よく加熱する（75℃，1分以上） ・食肉を扱う際は二次汚染に注意する ・野菜類はよく洗浄する ・低温保存の徹底
	腸炎ビブリオ	海産魚介類（刺身，寿司，魚介加工品）二次汚染による漬物，塩辛	・3～5％食塩濃度で増殖が促進，増殖速度速い（海水細菌） ・室温でもすみやかに増殖する ・真水，酸に弱い ・熱に弱い	・魚介類は真水でよく洗う ・短時間でも冷蔵庫に保存する ・60℃，10分間の加熱で死滅する ・二次汚染にも注意する
細菌性食中毒（毒素型）	黄色ブドウ球菌	おにぎり，弁当，ちくわ，かまぼこ和洋菓子	・毒素（エンテロトキシン）は熱に強く，100℃，30分の加熱でも無毒化されない ・菌をつけない，増やさないことが重要	・手指，調理器具の洗浄・消毒 ・化膿性疾患のある者は調理しない ・低温保存は有効 ・防虫，防鼠対策は効果的
	セレウス菌（嘔吐型）	米飯，ピラフ，スパゲッティ	・好気性耐熱芽胞菌で毒素を産生する ・芽胞は100℃，30分でも死滅しない ・家庭用消毒薬は無効 ・下痢型は感染型に分類される（原因食品:食肉，野菜，スープ，弁当）	・米飯や麺類をつくりおきしない ・穀類の食品を室温放置せず，調理後は冷蔵庫に保管する（10℃以下） ・増殖温度帯（4～55℃）を早く通過させる
	ボツリヌス	いずし，ハム肉類，野菜の加工品	・嫌気性耐熱芽胞菌で毒性の強い神経毒を産生する ・80℃，20分以上の加熱で毒素は無害化するが，芽胞は高温に耐える ・発生は少ないが，発生すると重篤になる	・容器が膨張している缶詰や真空パック食品は食べない ・1歳未満の乳児にはちみつは与えない（乳児ボツリヌス症*）
ウイルス性食中毒	ノロウイルス	感染したヒトや動物の汚物，貝類（カキなど）	・熱に弱い ・少量のウイルスでも発症する ・感染者からの二次汚染が多い	・手洗いの徹底，器具の消毒 ・生鮮食品は十分に洗浄する ・適切な加熱（85～90℃，90秒以上） ・発症者の吐しゃ物，糞便の処理に注意する

*乳児ボツリヌス症
　1歳未満の乳児がボツリヌス菌の混入しているはちみつを食べると，便秘などの消化器症状につづき，全身脱力が起こり，首のすわりが悪くなることがある．芽胞は高温に耐えるため，一般的な加熱調理でははちみつ中の芽胞の除去は困難である．芽胞は乳児の体内で発芽し，ボツリヌス毒素をつくり出す．乳児は成人に比べ腸内細菌叢が未発達であることや，消化管が短いことから，成人では消化管で殺菌されるボツリヌス菌が，乳児では腸管まで届いてしまうために起こる．

（作表　瀬尾）

3章

子どもの発育・発達
と食生活

A
子どもの発育・発達の基本

1　発育・発達の特徴

a　発育・発達に影響を与えるおもな要因

　発育とは，体重や身長の増加のような大きさが増えることであり，発達とは，精神的,社会的機能や生理の面での成熟に向かう変化をさしている．発育は乳児期や幼児期といった生涯の早い時期での増加を表しているのに対し，学童期から成人にかけての増加は成長という．

　発育・発達には，次に示すような5原則があてはまる．

● 順序性

　一定の順序があり，飛び越えて先に行くことはない．たとえば身体機能では，首がすわってからひとり座りするようになり，這う，つかまり立ち，ひとり歩きと進む．

● 速度の多様性

　からだ全体で同じ速度で進むわけではなく，スキャモンの発育曲線（図3-1）に示されるように，臓器・器官により異なる．

● 臨界期

　一定の時期に刺激を受けないと，その後能力を獲得することができなくなる時期があり，臨界期（感受性期）とよばれている．言語能力や絶対音感，社会性の獲得などに臨界期があることが知られている．一般に，臨界期は発達の早い時期にある．

図3-1　スキャモンの発育曲線

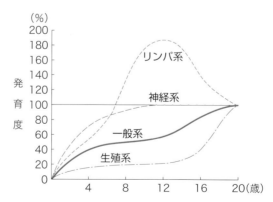

発育を4つの型に分け，20歳（成熟）のときを100%として各年齢の発育の様子を示したもの.
一 般 系：身長，体重，呼吸器，消化器，腎臓，心臓，血管など（頭囲は除く）
神 経 系：脳，脊髄，頭囲など
リンパ系：胸腺，リンパ腺，扁桃腺など
生 殖 系：卵巣，子宮，精巣など

表3-1	発育に影響を与える要因	
遺伝要因	**環境要因**
人　　種	栄養状態
性　　別	妊娠中の危険要因…母親の年齢や生活習慣，低栄養　など
遺伝子疾患	病気…とくに慢性疾患
染色体異常	心理的要因…精神的影響
内分泌疾患　など	社会環境…気候，社会情勢，衛生状態
	家庭環境…経済状態，養育態度

● **方向性**

　全身的な運動から指先の細かい動きへ，頭部から下半身に向かうなど方向性がある．

● **相互作用**（表3-1）

　発育・発達は持って生まれた遺伝的要素と環境要素の相互作用により進む．また，臓器の重量のような形態的な発育がある程度進むに伴い，機能も相互に発達する．

b　発育の様子

(1) 身体的な発育

　体重と身長は発育を判断するのに用いられることが多い．体重は短期の栄養状態を反映するのに対し，身長は比較的長期の栄養状態を反映している．

● **体　重**

　出生時の平均体重は約3kgである．新生児期には，生後3〜5日目ころに一時的に5〜8％ほど出生時の体重に比べて少なくなる．これを生理的体重減少という．原因は，尿や胎便（新生児がはじめて排泄する便）の排泄，呼吸による水分の蒸発，母乳の分泌が少ないことや，吸う力が弱く十分な量を哺乳できないことなどによる．7〜10日くらいで出生時の体重まで回復する．3か月後には出生時の約2倍になり，1歳を迎えるころには約3倍になる．

　幼児期は，乳児期に比べて増加の速度が遅くなり，年齢が小さい時期のほうが増加量は大きい．2歳までに出生時の約4倍になり，その後6歳までに約6倍になる．

● **身　長**

　出生時の身長は，約50 cmである．1歳までに約1.5倍（75 cm）になるが，その後の伸びはゆるやかになり，乳児期1年間で伸びた長さを，幼児期のほぼ3年間で伸びる(4歳で100 cm)．乳児期には丸みを帯びた体形であるが，幼児期になるとほっそりとした体形になってくる．

● **歯の発育**

　乳歯は生後8か月ころに生え始め，2歳6か月ころまでには20本が生えそろう．生える順序はほぼ決まっている（図3-2）．その後，永久歯に生え変わる．

(2) 咀しゃく機能の発達

● **哺乳反射**

　乳児が乳を吸うのは，哺乳反射という原始反射によるものである．胎児期に発達がはじ

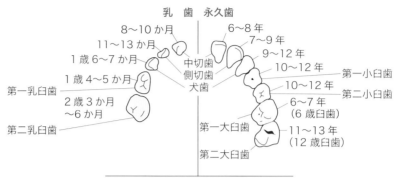

図3-2 歯の萌出時期

注）第三大臼歯（親知らず）を入れると32本．ただし第三大臼歯は生えてこないことがある．

まり，生まれたときにはすでに備わっている．

哺乳反射は，次の4つの反射からなる．

・探索反射：唇に乳首が触れると，首を回してくわえようとする

・捕捉反射：乳首などが口に入ると，唇と舌でくわえる

・吸啜反射：口に入った乳首を吸う

・えん下反射：口のなかにたまった乳汁を飲み込む

● 反射から随意的な哺乳，咀しゃくへ

　生後4〜5か月になると哺乳反射が弱まり，スプーンを口のなかに入れても舌で押しもどさなくなってくる．生後6〜7か月ころには，自分の意志で哺乳するようになる．反射が少なくなる5〜6か月ころに離乳を開始する．

　咀しゃくは口のなかに入った食物を細かく砕き，えん下しやすくする動きである．また，唾液と混ぜることにより消化しやすくする．乳児の咀しゃくはあごの運動，舌，歯ぐきにより行われる．乳歯が生えてくれば，ただちに嚙み砕けるようになるわけではなく，訓練が必要である．歯を使うようになるのは，離乳が完了する生後12〜18か月のころからである．

（3）精神・運動機能の発達

　乳児期から幼児期は，言語の発達や運動機能の発達が進む時期である．この時期は基本的な生活習慣，社会性を身につける時期でもある．心身の成長発達の時期について**表3-2**に示す．

表 3-2　心身の成長発達と食行動の変化

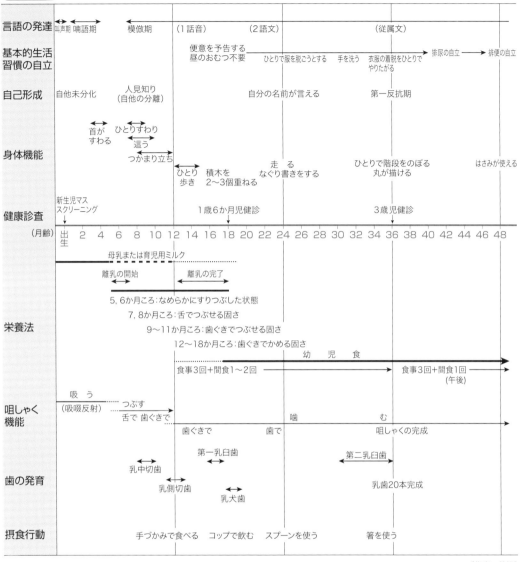

言語の発達	叫声期　喃語期　　模倣期　　（1話音）　　（2語文）　　（従属文）
基本的生活習慣の自立	便意を予告する　昼のおむつ不要　ひとりで服を脱ごうとする　手を洗う　衣服の着脱をひとりでやりたがる　排尿の自立　排便の自立
自己形成	自他未分化　人見知り（自他の分離）　自分の名前が言える　第一反抗期
身体機能	首がすわる　ひとりすわり　這う　つかまり立ち　ひとり歩き　積木を2〜3個重ねる　走る　なぐり書きをする　ひとりで階段をのぼる　丸が描ける　はさみが使える
健康診査	新生児マススクリーニング　1歳6か月児健診　3歳児健診
（月齢）	出生　2　4　6　8　10　12　14　16　18　20　22　24　26　28　30　32　34　36　38　40　42　44　46　48
栄養法	母乳または育児用ミルク　離乳の開始　離乳の完了　5, 6か月ころ：なめらかにすりつぶした状態　7, 8か月ころ：舌でつぶせる固さ　9〜11か月ころ：歯ぐきでつぶせる固さ　12〜18か月ころ：歯ぐきでかめる固さ　幼児食　食事3回＋間食1〜2回　食事3回＋間食1回（午後）
咀しゃく機能	吸う（吸啜反射）　つぶす　舌で　歯ぐきで　歯ぐきで　歯で　噛む　咀しゃくの完成
歯の発育	乳中切歯　乳側切歯　第一乳臼歯　乳犬歯　第二乳臼歯　乳歯20本完成
摂食行動	手づかみで食べる　コップで飲む　スプーンを使う　箸を使う

（作表　曽根）

2　栄養状態による発育・発達の評価

　子どもの成長の過程では，病気がなく健康か，月年齢に見合った体格で順調に発育しているかなどの確認が必要である．栄養状態を評価するには，身体計測や，血液検査，尿検査などの生化学的方法が用いられる．

a　発育値

　小児期の発育の様子を評価するには，次のような方法が用いられる．

(1) 乳幼児期

　厚生労働省では乳幼児を対象に，乳幼児身体発育調査を10年ごとに行っている．身長，体重，胸囲，頭囲を計測するとともに，栄養方法，運動・言語発達，子どもの成長，発達に影響を与える母親の生活習慣，身体計測値，妊娠中の異常，在胎週数，出生順位などについて調査を行っている．計測結果は性別・月齢・年齢別に示されている（表3-3）．

　身体発育曲線は，月齢・年齢における3パーセンタイルから97パーセンタイルの範囲の値を示している（図3-3）．94％の子どもはこの範囲に入る．2000年の調査結果は身体発育や栄養状態の評価，医学的診断に用いられ，2010年の調査の結果は直近の数字として，母子健康手帳に使用されている．

(2) 学童期

　文部科学省では，幼児，児童および生徒の発育と健康の状態に関する調査として，学校保健統計調査を毎年実施している．発育に関しては，体重と身長が調べられている（表3-4）．健康状態に関しては，栄養状態，脊柱・胸郭・四肢の状態，裸眼視力，眼の疾病・異常，難聴，耳鼻咽頭疾患，結核に関する検診，結核，心電図異常，心臓，蛋白検出，尿糖検出，その他の疾病・異常，歯・口腔，永久歯のう歯数などが調べられている．

b　栄養状態の評価

(1) 幼児の身長体重曲線

　厚生労働省による乳幼児身体発育調査（2000年）の結果を使用し，身長に対する体重の値をグラフにしたのが身長体重曲線である．各身長に対する体重の標準値と－20％～＋30％の体重が示され，肥満度の判定に使用される（図3-4）．

(2) 身長と体重の発育曲線作成基準図

　2000（平成12）年乳幼児身体発育調査報告書と2000（平成12）年度学校保健統計調査報告書をもとに作成された，身長と体重の発育曲線作成基準図（0～17.5歳）は，パーセンタイル値により7本の基準線が描かれており，発育のほか，栄養状態の判定にも用いられる（図3-5）．図中で示されているように，色線が複数の体重基準線を横切るような変化が認められるときには，異常を示している可能性がある．

表3-3　乳幼児身体発育値

年・月・日齢	体　重　(kg)						身　長　(cm)					
	男　子			女　子			男　子			女　子		
	3パーセンタイル	50パーセンタイル中央値	97パーセンタイル	3パーセンタイル	50パーセンタイル中央値	97パーセンタイル	3パーセンタイル	50パーセンタイル中央値	97パーセンタイル	3パーセンタイル	50パーセンタイル中央値	97パーセンタイル
出生時	2.10	3.00	3.76	2.13	2.94	3.67	44.0	49.0	52.6	44.0	48.5	52.0
1日	2.06	2.89	3.63	2.07	2.81	3.53						
2日	2.01	2.84	3.56	2.04	2.76	3.46						
3日	2.00	2.84	3.59	2.03	2.76	3.47						
4日	2.03	2.88	3.62	2.05	2.79	3.50						
5日	2.04	2.90	3.65	2.03	2.81	3.54						
30日	3.00	4.13	5.17	2.90	3.89	4.84	48.7	53.5	57.4	48.1	52.7	56.4
0年1～2月未満	3.53	4.79	5.96	3.39	4.47	5.54	50.9	55.6	59.6	50.0	54.6	58.4
2～3	4.41	5.84	7.18	4.19	5.42	6.67	54.5	59.1	63.2	53.3	57.9	61.7
3～4	5.12	6.63	8.07	4.84	6.15	7.53	57.5	62.0	66.1	56.0	60.7	64.5
4～5	5.67	7.22	8.72	5.35	6.71	8.18	59.9	64.3	68.5	58.2	63.0	66.8
5～6	6.10	7.66	9.20	5.74	7.14	8.67	61.9	66.2	70.4	60.1	64.9	68.7
6～7	6.44	8.00	9.57	6.06	7.47	9.05	63.6	67.9	72.1	61.7	66.5	70.4
7～8	6.73	8.27	9.87	6.32	7.75	9.37	65.0	69.3	73.6	63.1	67.9	71.9
8～9	6.96	8.50	10.14	6.53	7.97	9.63	66.3	70.6	75.0	64.4	69.2	73.2
9～10	7.16	8.70	10.37	6.71	8.17	9.85	67.4	71.8	76.2	65.5	70.4	74.5
10～11	7.34	8.88	10.59	6.86	8.34	10.06	68.4	72.8	77.4	66.5	71.4	75.6
11～12	7.51	9.06	10.82	7.02	8.51	10.27	69.4	73.8	78.5	67.4	72.4	76.7
1年0～1月未満	7.68	9.24	11.04	7.16	8.68	10.48	70.3	74.8	79.6	68.3	73.4	77.8
1～2	7.85	9.42	11.28	7.31	8.85	10.69	71.2	75.8	80.6	69.3	74.4	78.9
2～3	8.02	9.60	11.51	7.46	9.03	10.90	72.1	76.8	81.7	70.2	75.3	79.9
3～4	8.19	9.79	11.75	7.61	9.20	11.12	73.0	77.7	82.8	71.1	76.3	81.0
4～5	8.36	9.97	11.98	7.75	9.38	11.33	73.9	78.7	83.8	72.1	77.3	82.1
5～6	8.53	10.16	12.23	7.90	9.55	11.55	74.8	79.7	84.8	73.0	78.2	83.2
6～7	8.70	10.35	12.47	8.05	9.73	11.77	75.6	80.6	85.9	73.9	79.2	84.2
7～8	8.86	10.53	12.71	8.20	9.91	11.99	76.5	81.5	86.9	74.8	80.1	85.3
8～9	9.03	10.72	12.96	8.34	10.09	12.21	77.3	82.4	87.9	75.7	81.1	86.3
9～10	9.19	10.91	13.20	8.49	10.27	12.44	78.1	83.3	88.8	76.6	82.0	87.4
10～11	9.36	11.09	13.45	8.64	10.46	12.67	78.9	84.2	89.8	77.5	82.9	88.4
11～12	9.52	11.28	13.69	8.78	10.64	12.90	79.7	85.1	90.7	78.3	83.8	89.4
2年0～6月未満	10.06	11.93	14.55	9.30	11.29	13.73	81.1	86.7	92.5	79.8	85.3	91.2
6～12	10.94	12.99	16.01	10.18	12.43	15.23	85.2	91.1	97.4	84.1	89.8	96.3
3年0～6月未満	11.72	13.99	17.43	11.04	13.53	16.76	88.8	95.1	101.8	87.7	93.8	100.6
6～12	12.42	14.90	18.82	11.83	14.56	18.27	92.0	98.6	105.8	90.9	97.4	104.5
4年0～6月未満	13.07	15.76	20.24	12.56	15.51	19.73	95.0	101.8	109.5	93.8	100.8	108.1
6～12	13.71	16.62	21.72	13.27	16.41	21.20	97.8	104.9	113.0	96.5	104.1	111.4
5年0～6月未満	14.37	17.56	23.15	14.01	17.32	22.69	100.5	108.0	116.5	99.1	107.3	114.8
6～12	15.03	18.63	24.33	14.81	18.27	24.22	103.3	111.3	119.9	101.6	110.6	118.2
6年0～6月未満	15.55	19.91	25.25	15.71	19.31	25.77	106.2	114.9	123.6	104.2	114.0	121.7

（厚生労働省：乳幼児身体発育調査, 2010）

図 3-3　乳児身体発育曲線と幼児身体発育曲線（平成 22 年調査）

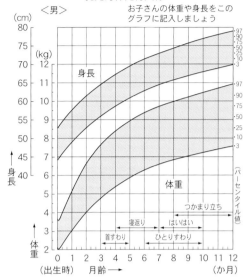

乳児身体発育曲線
＜男＞
お子さんの体重や身長をこのグラフに記入しましょう

首すわり，寝返り，ひとりすわり，つかまり立ち，はいはい及びひとり歩きの矢印は，約半数の子どもができるようになる月・年齢から，約9割の子どもができるようになる月・年齢までの期間を表したものです．
お子さんができるようになったときを矢印で記入しましょう．

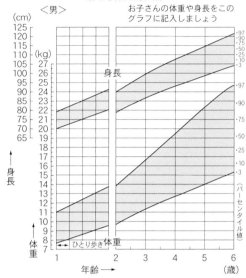

幼児身体発育曲線
＜男＞
お子さんの体重や身長をこのグラフに記入しましょう

身長と体重のグラフ：線の中には，各月・年齢の94パーセントの子どもの値が入ります．乳幼児の発育は個人差が大きいですが，このグラフを一応の目安としてください．なお，2歳未満の身長は寝かせて測り，2歳以上の身長は立たせて測ったものです．

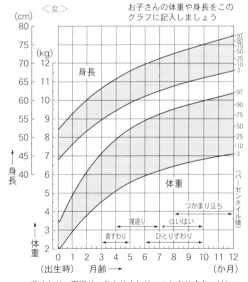

乳児身体発育曲線
＜女＞
お子さんの体重や身長をこのグラフに記入しましょう

首すわり，寝返り，ひとりすわり，つかまり立ち，はいはい及びひとり歩きの矢印は，約半数の子どもができるようになる月・年齢から，約9割の子どもができるようになる月・年齢までの期間を表したものです．
お子さんができるようになったときを矢印で記入しましょう．

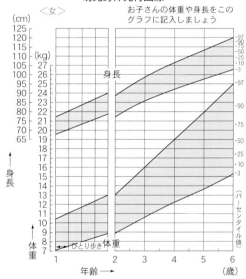

幼児身体発育曲線
＜女＞
お子さんの体重や身長をこのグラフに記入しましょう

身長と体重のグラフ：線の中には，各月・年齢の94パーセントの子どもの値が入ります．乳幼児の発育は個人差が大きいですが，このグラフを一応の目安としてください．なお，2歳未満の身長は寝かせて測り，2歳以上の身長は立たせて測ったものです．

（厚生労働省：乳幼児身体発育調査，2010）

表 3-4 年齢別身長・体重の平均値および標準偏差（2022年）

区　　分		身　長（cm）		体　重（kg）	
		平均値	標準偏差	平均値	標準偏差
男	幼稚園 5歳	111.1	4.88	19.3	2.85
	小学校 6歳	117.0	4.94	21.8	3.57
	7	122.9	5.27	24.6	4.39
	8	128.5	5.42	28.0	5.60
	9	133.9	5.77	31.5	6.85
	10	139.7	6.37	35.7	8.12
	11	146.1	7.37	40.0	9.22
	中学校 12歳	154.0	7.93	45.7	10.31
	13	160.9	7.32	50.6	10.60
	14	165.8	6.43	55.0	10.57
	高等学校 15歳	168.6	5.96	59.1	11.35
	16	169.9	5.82	60.7	10.98
	17	170.7	5.80	62.5	10.88
女	幼稚園 5歳	110.2	4.84	19.0	2.75
	小学校 6歳	116.0	4.96	21.3	3.45
	7	122.0	5.24	24.0	4.19
	8	128.1	5.68	27.3	5.18
	9	134.5	6.44	31.1	6.32
	10	141.4	6.86	35.5	7.41
	11	147.9	6.41	40.5	8.06
	中学校 12歳	152.2	5.73	44.5	8.04
	13	154.9	5.43	47.7	7.84
	14	156.5	5.32	49.9	7.69
	高等学校 15歳	157.2	5.37	51.2	7.92
	16	157.7	5.45	52.1	7.82
	17	158.0	5.42	52.5	7.93

注 1）年齢は，2022（令和4）年4月1日現在の満年齢である．
　 2）全国平均の5歳から17歳の標準誤差は，身長0.04〜0.07cm, 体重0.03〜0.11kg である．
　 3）幼稚園には幼保連携型認定こども園，小学校には義務教育学校の第1〜6学年，中学校には中等教育学校の前期課程及び義務教育学校の第7〜9学年，高等学校には中等教育学校の後期課程を含む．

（文部科学省：令和4年度学校保健統計調査，確定値）

図 3-4 幼児の身長体重曲線

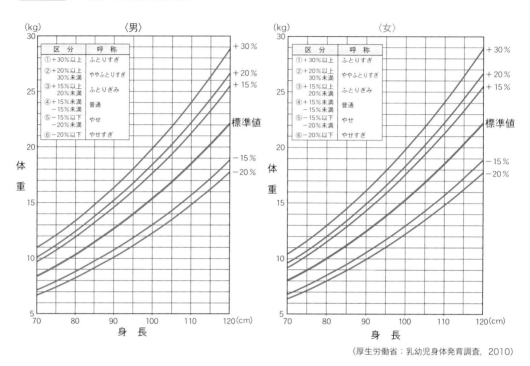

（厚生労働省：乳幼児身体発育調査，2010）

図 3-5 身長と体重の発育曲線作成基準図

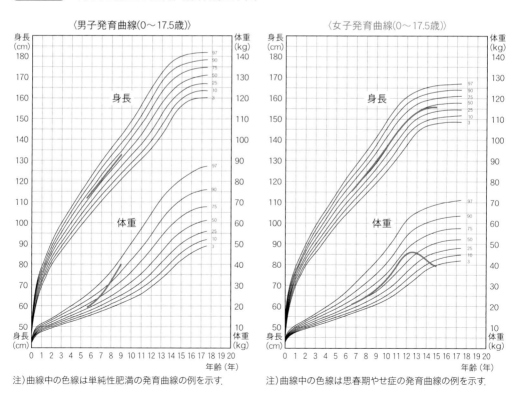

注）曲線中の色線は単純性肥満の発育曲線の例を示す．   注）曲線中の色線は思春期やせ症の発育曲線の例を示す．

図 3-6　カウプ指数による発育状況の判定

（カウプ指数）	13	14	15	16	17	18	19	20	21
乳児（3か月以後）	やせすぎ		やせぎみ		ふつう		太りぎみ		太りすぎ
満1歳									
1歳6か月									
満2歳									
満3歳									
満4歳									
満5歳									

（今村榮一：新・育児栄養学―乳幼児栄養の実際― 第2版, p.156, 日本小児医事出版社, 2005）

（3）カウプ指数とローレル指数

　肥満ややせを判断するのに，3か月以降の乳幼児ではカウプ指数が用いられ，学童期の子どもには，ローレル指数が用いられる.

● カウプ指数

　体重 (kg) / 身長 (m)^{2}で計算する．計算式は，成人の肥満度の判定に使われるBMI（体格指数）と同じである．乳幼児期には，身長と体重の割合が月齢・年齢により変化するので，肥満度の判定に一定の判断基準を用いるのはむずかしい．年齢ごとの判断基準を用いることが多い（図3-6）．標準の体格は，おおむね15〜19となっている.

● ローレル指数

　体重（kg）/ 身長（m）^{3}×10で計算する．判定は，160以上は肥満，100以下はやせとされる.

B
胎児期（妊娠期）の食生活

1　胎児期（妊娠期）の栄養の意義

　胎児期（妊娠期）の栄養は，生命のスタートにおいて子どもの生涯を決定づける非常に重要なものである．受胎前後から妊娠中の栄養の摂り方によっては，胎児の器官分化や代謝系などが影響を受け，ときに先天性の形態異常や障害の原因となったり，将来の生活習慣病発症との関連性が報告されている．保育者は，出生後の子どもとかかわることになるが，成熟児（胎外で生きることが可能な状態に発育してから出生した新生児）が，健やかに成長するためには，胎児期（妊娠期）の適切な栄養が不可欠であることを認識する必要がある．

a　妊娠期の母体の変化

（1）妊娠とは

　妊娠とは受精卵の着床に始まり，胎芽または胎児およびその付属物（卵膜，羊水，さい帯，胎盤）の排出を終了するまでの状態をいう（日本産科婦人科学会）．

　卵巣から排卵された卵子が卵管内で精子と受精してできた受精卵（直径約0.1mm）は，細胞分裂を繰り返しながら約1週間で子宮に移動し，子宮内膜に着床する．この時点を妊娠の成立という．

　最終月経の初日を0日として起算し，40週0日目が分娩予定日である．妊娠期間は妊娠初期（16週未満），妊娠中期（16週〜28週未満），妊娠後期（28週以降）に分けられる．妊娠初期には着床した胚（受精卵）から原始器官が発生し，母体との物質交換をする胎盤もほぼできあがる．妊娠中期にはヒトとしての基本構造ができ，妊娠後期にはからだの各器官の機能が発達し充実する．

（2）母体の変化

● 身体的変化

① 子宮の増大

　非妊娠時の子宮は重さ約50gで，鶏卵程度の大きさである．妊娠が進むと子宮は増大し，妊娠後期には約1kgとなり，子宮の容積が非妊娠時の約500倍になる．

② 乳腺の発達と乳房の増大

　妊娠により胎盤などから分泌されるホルモンの作用によって，乳腺は約2倍になる．乳腺の周囲に脂肪が沈着するため，乳房は増大する．

③ 血液量の増加

　妊娠により造血機能が盛んになり，循環血液量が増加する．妊娠後期には非妊娠時の約35〜50%増となる．

④ 体重増加

体重の増加は，子宮内での胎児の発育と胎盤や羊水の増加，母体の血液や貯蔵脂肪の増加などによる．妊娠期の栄養不足は，胎児の発育に影響する．妊娠中は適切な体重管理が必要で，妊娠中の推奨体重増加量が示されている（図3-7）．

● 精神的変化

出産2〜3日後から3週間くらいの間，ホルモンの作用や疲労，育児への不安などにより，精神的に不安定な状態になることがあり，これをマタニティブルーという．妊娠中にも起こることがあり，多くは一時的なものでしだいに回復するが，長引いてうつ病になる場合もある．経過に注意するとともに，母親にとって育児が心身の負担にならないように，家族や周囲の応援や理解が必要である．

図 3-7　妊娠中の体重増加指導の目安

妊娠中の体重増加はお母さんと赤ちゃんにとって望ましい量に

・体重の増え方は順調ですか

・望ましい増加量は，妊娠前の体形によっても異なります

妊娠前の体型（BMI）を知っていますか？

BMI＝体重 _____（kg）÷身長 . _____（m）÷身長 . _____（m）

> BMIとは？
> BMI（Body Mass Index）とは肥満の判定に用いられる指標でBMI22を標準としています．

18.5未満	低体重（やせ）
18.5以上25.0未満	ふつう
25.0以上30.0未満	肥満（1度）
30.0以上	肥満（2度以上）

例）身長160cm，体重50kgの人のBMIは？

50（kg）÷1.6（m）÷1.6（m）＝19.5

妊娠中の体重増加指導の目安

妊娠前の体格	体重増加指導の目安
低体重（やせ）	12〜15kg
ふつう	10〜13kg
肥満（1度）	7〜10kg
肥満（2度以上）	個別対応（上限5kg）

（厚生労働省：妊娠前からはじめる妊産婦のための食生活指針，2021）

（3）妊娠期にみられるトラブルと食生活の留意点

● つわり

　つわりは，妊娠初期に妊婦の多くが経験する，吐き気，嘔吐，食欲不振，嗜好の変化などの症状をいう．症状は起床時や空腹時に強くなることが多い．妊娠4〜8週くらいからみられるが，多くは15〜19週くらいで症状は治まり，食欲が出てくる．つわりの期間は水分を補給し，食べたいときに食べたいものを少しずつ食べるようにする．

　つわりが病的にまでひどくなり，重症化した状態を妊娠悪阻（おそ）という．嘔吐を繰り返して水分も受けつけなくなり，体重が減少するほか，脱水症状や電解質異常などをおこす．さらに悪化すると，肝機能障害や脳神経系の障害がみられるようになり，母子ともに危険な状態になるため，入院治療が必要である．

● 妊娠性貧血

　妊娠していることによる貧血を妊娠性貧血といい，わが国では「ヘモグロビン値11g/dL未満，ヘマトクリット33.0％未満のもの」を基準値としている（日本産科婦人科学会）．妊娠性貧血の多くは鉄欠乏性貧血である．胎児の発育や母体の循環血液量の増加により，鉄の必要量が高まっていることにより起こる．また，葉酸やビタミンB_{12}の欠乏による貧血もまれにみられるので注意する．貧血は，胎児の発育に影響を与えるだけでなく，出産の際に陣痛が弱い（微弱陣痛），陣痛が長引く（遷延分娩），異常出血などが起きやすくなる．

　妊娠前から貧血を予防するとともに，鉄を多く含む食品（p.35表2-13参照）を積極的に摂るようにする．ヘム鉄（レバー，肉，魚）は非ヘム鉄（穀類，大豆，卵，野菜，海藻）に比べて吸収率が高く，鉄の吸収に必要なたんぱく質も不足しないようにする．

● 妊娠高血圧症候群

　妊娠時に高血圧（140/90mmHg以上）を認めた場合に，妊娠高血圧症候群と定義されている（日本妊娠高血圧学会，日本産科婦人科学会）．高血圧は母子への影響が大きいため注意が必要である．胎盤の機能を低下させることから，胎児への栄養が不十分になり，子宮内胎児発育不全や胎児死亡の原因になる．また子癇（しかん）（妊娠，分娩，産褥中に起こる全身のけいれん発作や意識障害の状態）や，母体の脳出血，早産などの異常を起こすこともある．

　妊娠性高血圧症候群の原因は不明であるが，ストレスをさけ，適度な運動と規則正しい生活を心がける．食事ではビタミン，ミネラルを十分に摂り，動物性脂肪や糖質の摂りすぎにも注意して，適切な体重増加が得られるようにする．厳しい減塩（6g/日未満）は推奨されていないが，7〜8g/日を心がける（高血圧治療ガイドライン2019）．

● 妊娠糖尿病

　妊娠糖尿病は，「妊娠中にはじめて発見または発症した糖尿病に至っていない糖代謝異常である」と定義されている．妊娠中は体重増加や妊娠に伴うホルモンの変化により，血糖値が上昇しやすい状態になる．適切な血糖値管理が行われないと，胎児は過成長して巨大児になりやすく，形態異常児の出産リスクや出産時障害など多くの合併症が起こることが知られている．妊娠糖尿病は，将来糖尿病に進展する可能性が高いため，糖代謝が落ち

着いてくる分娩後6〜12週に，耐糖能検査を行うことが勧められている．

妊娠前から糖尿病と診断されている女性が妊娠した場合を，糖尿病合併妊娠という．妊娠により糖尿病の病状や合併症が悪化する可能性がある．また妊娠糖尿病と同様に，妊娠初期の高血糖は胎児の形態異常や流産，妊娠中期の高血糖は胎児死亡や巨大児の発生につながるため，糖尿病の女性が妊娠を希望する際は医師との相談が必要である．

b 胎児の発育

（1）胎　盤

胎盤は，子宮内膜と胎児の間にある円盤型の器官で，胎児とさい帯（へその緒）でつながっている．着床後に形成され，妊娠の経過とともに発育し妊娠15週ころに完成する．その後厚みを増して，妊娠後期では直径約20cm，厚さ約3cm，重さ約500gほどになる．さい帯の血管は胎盤のなかで枝分かれし，絨毛内で毛細血管となる．胎盤で母体血液と胎児血液が混ざり合うことはない．胎盤は，中を流れる母体血液から胎児血液に栄養素や酸素を与え，胎児が代謝してできた二酸化炭素や排泄物を母体血液が受け取ることで，胎児の栄養・呼吸・排泄の機能を果たしている．また，妊娠の維持や母乳分泌に必要なホルモン（プロゲステロン，エストロゲンなど）を合成・分泌している．

胎児は，胎盤を通過できる母体血中の低分子物質（グルコース，脂肪酸，アミノ酸，ビタミン，ミネラルなど）からエネルギーや栄養を得て発育する．胎盤が完成すると胎児の発育が盛んになるが，胎盤の機能が低下すると胎児の発育に影響を与える．

（2）胎児の発育

胎児の発育の様子と母体の変化を表3-5に示した．胎児の体重増加は，妊娠20週ころから38週にかけて急激になる．この時期の増加は胎児の体重の約90％に相当する．

（3）母体が胎児に与える好ましくない影響

● 妊娠前・妊娠中の低栄養

近年，日本では，低出生体重児の割合が，他国と比べて多いことが問題視されている．最大の要因は栄養不足で，女性の「やせ」志向による妊婦の低栄養が原因と考えられる．20歳代女性に‘低体重(やせ)’と判定される者の割合は増加しており，妊娠前の体格は‘低体重’か‘ふつう’となっている．

妊娠中の低体重は，低出生体重児出産や子宮内胎児発育遅延，切迫流産，貧血などのリスクが高いことが知られている．また体格に関わらず，妊娠期の母体が低栄養状態の場合は貧血，早産，低出生体重児出産のリスクが増えるとともに，出生後の子どもに内分泌などの異常を引き起こし，中年以降の糖尿病などの発症とも関係のあることが報告されている．これは成人病胎児期発症説（胎児プログラミング仮説）とよばれ，1986年，イギリスのDavid Barkerらによって提唱された．臓器や代謝系が形成される時期に胎児が低栄養状態におかれると，少ない栄養でも生きていける節約型にプログラミングされてしまい，出生後にからだが必要とされる以上の栄養が与えられると，節約型のからだが対応で

表3-5 胎児の成長と母体の変化

胎児	身長(cm)	体重(g)	期	妊娠月	週	妊娠区分	分娩区分	母体(妊婦)
				第1月	0	妊娠初期	流産	最終月経第1日目を妊娠満0週1日目とする
			胎芽期		1			
受精 ←					2			
着床 ←					3			妊娠したことにまったく気がつかない
	およその			2	4			基礎体温があがり, 神経的に不安定となり, 乳首の色が変わり自覚症状が現れる
超音波検査で心臓の拍動が確認される	身長 (cm)	体重 (g)			5			つわりの症状が出る
					6			食欲不振や食物の好みが変わることがある. 好みのものを少量ずつ食べ空腹をさける
手足もでき, 顔も人間らしくなる	2.5	4 ←			7			
二頭身. 各器官の分化				3	8	初		
					9	期		
					10			
三頭身	9	15 ←			11			
					12			
胎児の性別判定ができる				4	13			風疹や危険な薬物(サリドマイド, キニーネ, 抗がん剤, 抗精神剤, 抗凝固剤)などを飲むと奇形を生じやすい
					14			
胎児の耳がきこえるようになる	18	120 ←			15			流産しないように注意する
心臓の音が外からきこえる					16		産	
				5	17			つわりの症状がとれ, 安定期に入る
					18	妊娠		胎児の成長も著しく, 血液量が増えるため, とくにたんぱく質, カルシウム, 鉄, ビタミンの摂取を心がける
手足を自由に動かす	25	300 ←	胎		19			
毛髪や爪が生え始める					20	娠		
神経, 骨, 筋肉が発達				6	21			
					22	中		
					23			
骨もしっかりしてくる	30	650 ←			24	期		足がむくみやすく, 背中, 腰の痛みを伴うことがある
			児	7	25		早	
					26			早期産の可能性があるため心身の安定につとめる
					27			
脳が発達し, からだの動きが自由になる	35	1,000 ←			28			肥満傾向にあるものはエネルギーを控え, 良質のたんぱく質をとるようにする
				8	29		期	
					30	妊		
			期		31			
聴覚が発達し, 外の音に敏感. しわがへり, 頭部が下を向く	40	1,500 ←			32	娠	産	胎児が大きくなるため内臓が圧迫され, 食事が一度に多くとれない. 回数を増やし, 少量ずつとるとよい
				9	33			
					34			
からだのしわが伸び, 丸味をおびる	45	2,000 ←			35	後		
					36			胎児が下降するので, 今までよりは食が進むが, 反対に膀胱などが圧迫され頻尿となる
				10	37	期	正	
					38			
胎盤をとおして免疫体を得る	50	3,000* ←			39		期	⋯⋯ 分娩予定日
					40			
四頭身となり, 頭を下にして外に出る準備をする					41		産	
					42		過	
					43		産期	

* 2010(平成22)年の出生児の平均体重は, 男子 2,980 g, 女子 2,910 g であった(乳幼児身体発育調査結果, 2010 より).

きなくなり，成人してから肥満やメタボリックシンドロームにかかりやすくなるとする説である．さらに近年では，胎児期から乳児期に低栄養環境におかれた子どもは，その後に過剰なエネルギーや栄養素を与えられると，肥満，高血圧，糖尿病などの生活習慣病だけでなく，発達障害や統合失調症にかかる頻度も高くなると考えられている（コラム参照）．

● 飲　酒

妊娠中の飲酒は，生まれてくる子どもにさまざまな影響をおよぼすことがある．胎児性アルコール症候群（FAS：Fetal Alcohol Syndrome）とよばれ，当初は出生時の低体重や特徴的な顔つき，発育や知能障害が問題となっていたが，現在では発達障害（ADHD）や成人後のアルコール依存症などへの影響もみられることがわかっている．胎児性アルコール症候群は飲酒量に比例してリスクが増え，1日に純アルコール（エタノール換算）60g（ビール1.5L相当）以上摂取すると，その頻度は高まるといわれている．

胎児性アルコール症候群には治療法はなく，また少量の飲酒でも，妊娠のどの時期でも生じる可能性があることから，妊娠中の飲酒は控えるのが原則である．近年，若い女性の飲酒率は増加傾向にあり，妊娠可能年代の女性はほかの年代に比べ飲酒率が高い傾向にあるため，注意が必要である．

● 喫　煙

喫煙は健康にさまざまな影響をおよぼすが，妊娠中の喫煙は，胎盤異常や早産などの原因となる（表3-6）．また，胎児の成長が制限されることによって低出生体重児が生まれる可能性や，出生後に乳幼児突然死症候群（SIDS: Sudden Infant Death Syndrome）を引き起こす可能性が増すことが報告されている．

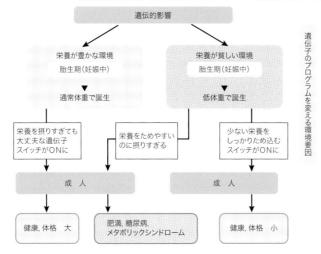

DOHaD（ドーハッド）説（Development Origins of Health and Disease）
最近の遺伝子研究により，生活習慣病の発症に，遺伝子の機能の変化が関わっていることがわかってきた．遺伝子の機能を調節するシステムは「エピジェネティクス」とよばれる．胎児や新生児の環境が悪かった場合，生活習慣病に関連するエピジェネティクス変化が起きて，成人後に病気になるリスクが高くなると考えられている．このように，受精時から胎児期，出生後の発達期の低栄養状態や強いストレスなどの環境要因が，成長後の健康や病気の発症リスクを決めているという学説を「DOHaD（ドーハッド）説」といい，世界的に注目されている．

表3-6	妊娠期の喫煙の影響
低出生体重児が生まれる頻度………	約2倍
自然流産の発生率………………………	約2倍
早産率………………………………	約1.5倍
周産期死亡率………………………	約1.4倍

（妊産婦のための食生活指針「健やか親子21」－推進検討会報告書より作成）

原因としては次のことがあげられる.

① ニコチンが毛細血管を収縮させて胎盤内の血行を阻害する.

② 胎児の血液中のヘモグロビンが一酸化炭素（CO）と結合し，胎児への酸素供給量が低下する.

③ 喫煙そのものにより母親の食欲が減退する.

妊娠前から喫煙している場合は禁煙を心がけるとともに，受動喫煙（間接喫煙）をさけるため，妊婦の周囲でも禁煙が原則である.

● 服　薬

胎芽期（妊娠8週未満）は胎児のからだの原器が作られる器官形成期である．器官分化が起こる時期の服薬は，胎児死亡や奇形など，深刻な影響を与える．胎児への影響は薬の種類や服薬の時期によって異なるので，服薬については自分で判断せずに，医師の指示に従う．また，厚生労働省では事業の一環として「妊婦と薬情報センター」を設置し，日常的に服薬する機会の多い薬なども含めて，妊婦と胎児に対する服薬の影響について相談を受け付けている.

● 感染症

微生物（細菌，ウイルスなど）が母体から子どもに感染することを「母子感染」という．「母子感染」には，妊娠中の胎内感染，出産時の産道感染，出生後の経母乳感染がある．妊娠中の女性が感染症にかかると胎児に影響（流早産や先天疾患，発育遅延など）を及ぼすことがある.

なかでも深刻な影響を及ぼす可能性がある病原体として，トキソプラズマ（Toxoplasma），梅毒など（Others），風疹（Rubella），サイトメガロ（Cytomegalo），ヘルペス（Herpes）がある．これらの頭文字をとって TORCH（トーチ）症候群とよばれている．妊娠中にこれらに感染すると，流・早産の原因や，頭，眼，聴力に障害を持った先天異常児が生まれる可能性が高くなる．HIV（Human Immunodeficiency Virus：ヒト免疫不全ウイルス）に感染している場合は，妊娠期や分娩時に完全予防措置を行わないと，胎児への胎内感染や産道感染の危険性が生じる．また，成人T細胞白血病（ATL）に感染している場合は，産後母乳感染のおそれがあるため，妊娠30週までに HTLV-1 抗体の検査をすることが推奨されている（p.86 コラム参照）.

胎児への感染を防ぐとともに母親自身の健康管理のために，感染症検査（抗体検査）をすることが望ましい．また日ごろから感染症の理解を深めるとともに，手洗いやうがいなどの感染予防に努めるようにする.

● 放射線被ばく

妊娠中に大量の放射線被ばくをした場合には，妊娠の時期によって，流産や胎児の奇

非妊娠時 （Ⅱ）	エネルギー kcal	たんぱく質 g	脂質 %E	カルシウム mg	鉄* mg	ビタミンA μg RAE	葉酸 μg	食塩相当量 g	食物繊維 g
18～29歳	2,000	50	20～30	650	6.5	650	240	6.5未満	18以上
30～49歳	2,050	50	20～30	650	6.5	700	240	6.5未満	18以上
妊娠初期	+50	+0	20～30	+0	+2.5	+0	+240	6.5未満	18以上
妊娠中期	+250	+5			+9.5				
妊娠後期	+450	+25				+80			
授乳期	+350	+20	20～30	+0	+2.5	+450	+100	6.5未満	18以上

表3-7 妊婦・授乳婦の食事摂取基準 ※数値は推奨量および目標量

*鉄：月経なしの場合 〔厚生労働省：日本人の食事摂取基準（2020年版），2019〕

形，知能障害などが発生する．最も放射線の影響を受ける可能性があるのは妊娠初期であるが，危険をさけるために，妊娠期間中を通して，不用意なレントゲン撮影はさけるようにする．

c 妊娠期の栄養と食生活

（1）妊娠期の食生活

● 妊娠期の食事摂取基準

「日本人の食事摂取基準（2020年版）」における妊婦の付加量は，非妊娠時の年齢階級別における食事摂取基準をふまえたうえで，胎児発育と妊娠の経過に必要なエネルギーおよび栄養素を考慮して策定されている（表3-7）．

① 推定エネルギー必要量

妊娠中に適切な栄養状態を維持し正常な分娩をするために，妊娠前と比べて余分に摂取すべきと考えられるエネルギー量（付加量）は，初期＋50 kcal/日，中期＋250 kcal/日，後期＋450 kcal/日である．

② たんぱく質

妊娠期のたんぱく質蓄積量から算出された妊娠各期における推奨量の付加量は，初期＋0 g/日，中期＋5 g/日，後期＋25 g/日となっている（p.31 表2-9 参照）．

③ 脂　質

妊娠期の脂肪エネルギー比率（目標量）は，非妊娠時の場合と同じである．脂質の内容では，アラキドン酸（n-6系）やDHA（n-3系）は神経組織の構成脂質であり，とくにDHAは神経シナプスや網膜の光受容体に多く存在する．妊娠中は胎児のこれら器官生成のため，より多くのn-3系脂肪酸の摂取が必要とされる．妊娠中の目安量は，n-6系脂肪酸は9 g/日，n-3系脂肪酸は1.6 g/日である．

④ カルシウム

妊娠中は非妊娠時よりもカルシウムの吸収率が上昇する．カルシウムは胎児に蓄積されると同時に，通常より多く母体に取り込まれるが，母体の尿中に排泄されるカルシウム量を増加させるとして，カルシウムの付加量は必要ないとされた．しかし，カルシウムは不足しがちな栄養素であるため，非妊娠時の推奨量650 mg/日を摂取する必要がある．

⑤ 鉄

　妊娠中は，胎児の成長，胎盤やさい帯への鉄貯蔵，循環血液量に伴う赤血球の増加などで，鉄の需要量が増す．妊娠中の必要量は，"月経なし"の推奨量に，初期＋2.5 mg/日，中期・後期＋9.5 mg/日を付加した量とされている．

⑥ ビタミンA

　ビタミンAの付加量は，初期ならびに中期は0（ゼロ），後期における付加量（推奨量）は80 μg RAE/日である．なお，ビタミンA（レチノール）は，妊娠3か月以内に継続して過剰摂取すると，奇形発生の危険性が高くなることが報告されているため，上限量は2,700 μg RAE/日とされている．妊娠を計画する女性および妊娠3か月以内の女性は，レバーなどビタミンA含有量の多い食品，ビタミンAを含む栄養機能食品やサプリメントなどの継続的な大量摂取を避けることが大切である．

⑦ 葉　酸

　葉酸は，ビタミンB群の1つで，造血や細胞分化に関与するビタミンである．妊娠によって葉酸の必要量が増加するため，付加量（推奨）は＋240 μg/日である．

　妊娠前や妊娠初期の葉酸摂取不足により，胎児に神経管閉鎖障害の発症リスクが高まるといわれている．神経管は妊娠初期につくられるため，妊娠がわかってからの対応では遅い場合がある．妊娠の1か月以上前から妊娠3か月までは，食事からの葉酸摂取に加えて，サプリメントなどから400 μg/日の葉酸摂取が勧められている．サプリメントによる栄養素の摂取は，摂り過ぎによるリスクもあるので，安易に頼るのではなく，ふだんの食事から摂取することが大切である．

　　　HTLV-1（human T-cell leukemia virus type 1）の母子感染
　　　HTLV-1は，ATL（成人T細胞白血病）やHAM（HTLV-1関連脊髄症）という重篤な疾病の原因となるウイルスで，おもな感染経路は母乳による母子感染と性行為感染である．日本での感染者数は約100万人以上と推定されており，その2〜5％がATLを発症するとされる（潜伏期間40〜60年）．産院では，これまでも感染者に対して，母乳の扱いの指導が行われていたが，感染が全国に広がっていること，感染経路の6割以上が母乳を介した母子感染であることから，2010（平成22）年12月，国は，感染予防対策，医療体制の整備，研究開発の推進などHTLV-1総合対策を取りまとめ，HTLV-1抗体検査を妊婦の健康診査項目として追加し，2011（平成23）年から公費助成対象とした．妊婦が感染者であった場合，乳児への感染を完全に予防するためには母乳を遮断する必要があり，原則として完全人工栄養が勧められている（厚生労働省）．なお，完全人工栄養であっても母乳以外の感染経路で約3％が母子感染するとされている．

表3-8 妊娠前からはじめる妊産婦のための食生活指針

★妊娠前から，バランスのよい食事をしっかりとりましょう
　　若い女性では「やせ」の割合が高く，エネルギーや栄養素の摂取不足が心配されます．主食・主菜・副菜を組み合わせた食事がバランスのよい食事の目安となります．1日2回以上，主食・主菜・副菜の3つをそろえてしっかり食べられるよう，妊娠前から自分の食生活を見直し，健康なからだづくりを意識してみましょう．

★「主食」を中心に，エネルギーをしっかりと
　　炭水化物の供給源であるごはんやパン，めん類などを主材料とする料理を主食といいます．妊娠中，授乳中には必要なエネルギーも増加するため，炭水化物の豊富な主食をしっかり摂りましょう．

★不足しがちなビタミン・ミネラルを，「副菜」でたっぷりと
　　各種ビタミン，ミネラルおよび食物繊維の供給源となる野菜，いも，豆類（大豆を除く），きのこ，海藻などを主材料とする料理を副菜といいます．妊娠前から，野菜をたっぷり使った副菜でビタミン・ミネラルを摂る習慣を身につけましょう．

★「主菜」を組み合わせてたんぱく質を十分に
　　たんぱく質は，からだの構成に必要な栄養素です．主要なたんぱく質の供給源の肉，魚，卵，大豆および大豆製品などを主材料とする料理を主菜といいます．多様な主菜を組み合わせて，たんぱく質を十分に摂取するようにしましょう．

★乳製品，緑黄色野菜，豆類，小魚などでカルシウムを十分に
　　日本人女性のカルシウム摂取量は不足しがちであるため，妊娠前から乳製品，緑黄色野菜，豆類，小魚などでカルシウムを摂るよう心がけましょう．

★妊娠中の体重増加はお母さんと赤ちゃんにとって望ましい量に
　　妊娠中の適切な体重増加は，健康な赤ちゃんの出産のために必要です．不足すると，早産やSGA（妊娠週数に対して赤ちゃんの体重が少ない状態）のリスクが高まります．不安な場合は医師に相談してください．日本産科婦人科学会が提示する「妊娠中の体重増加指導の目安」を参考に適切な体重増加量をチェックしてみましょう．

★母乳育児もバランスのよい食生活のなかで
　　授乳中に，特にたくさん食べなければならない食品はありません．逆に，お酒以外は，食べてはいけない食品もありません．必要な栄養素を摂取できるように，バランスよく，しっかり食事をとりましょう．

★無理なくからだを動かしましょう
　　妊娠中に，ウォーキング，妊娠水泳，マタニティビクスなどの軽い運動をおこなっても赤ちゃんの発育に問題はありません．新しく運動を始める場合や体調に不安がある場合は，必ず医師に相談してください．

★たばことお酒の害から赤ちゃんを守りましょう
　　妊娠・授乳中の喫煙，受動喫煙，飲酒は，胎児や乳児の発育，母乳分泌に影響を与えます．お母さん自身が禁煙，禁酒に努めるだけでなく，周囲の人にも協力を求めましょう．

★お母さんと赤ちゃんのからだと心のゆとりは，周囲のあたたかいサポートから
　　お母さんと赤ちゃんのからだと心のゆとりは，家族や地域の方など周りの人々の支えから生まれます．不安や負担感を感じたときは一人で悩まず，家族や友人，地域の保健師など専門職に相談しましょう．

（厚生労働省，2021）

（2）妊娠前からはじめる妊産婦のための食生活指針

　　妊娠期・授乳期における望ましい食生活の実現に向けて，「妊娠前からはじめる妊産婦のための食生活指針」〔2021（令和3）年 厚生労働省〕が公表され，このなかで，「妊娠前からはじめる妊産婦のための食生活指針」（表3-8），「妊産婦のための食事バランスガイド」（図3-8），「妊娠中の体重増加指導の目安」（p.79図3-7参照）が示されている．

図 3-8 妊産婦のための食事バランスガイド

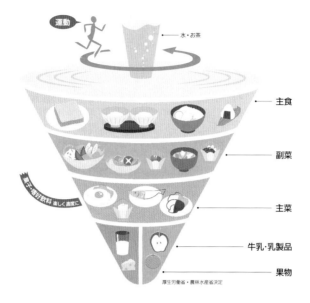

このイラストの料理例を組み合わせるとおおよそ2,200kcal.
非妊娠時・妊娠初期（20〜49歳女性）の身体活動レベル「ふつう
（Ⅱ）」以上の1日分の適量を示しています.

非妊娠時	1日分付加量			料理例
	妊娠初期	妊娠中期	妊娠後期 授乳期	
5〜7 つ(SV)	—	—	+1	
5〜6 つ(SV)	—	+1	+1	
3〜5 つ(SV)	—	+1	+1	
2 つ(SV)	—	—	+1	
2 つ(SV)	—	+1	+1	

非妊娠時・妊娠初期の1日分を基本とし,妊娠中期,妊娠後期・授乳期の方はそれぞれの枠内の付加量を補うことが必要です.

 食塩・油脂については料理の中に使用されているものであり,「コマ」のイラストとして表
現されていませんが,実際の食事選択の場面で表示される際には食塩相当量や脂質も合わ
せて情報提供されることが望まれます.

厚生労働省及び農林水産省が食生活指針を具体的な行動に結びつけるものとして作成・公表した
「食事バランスガイド」（2005年）に,食事摂取基準の妊娠期・授乳期の付加量を参考に一部加筆

注）基本形（成人）の食事バランスガイドは p.51，幼児の食事バランスガイドは p.129 を参照.

表3-9　妊娠期に不足しがちな栄養素を含む利用しやすい食材

・赤身肉（たんぱく質，鉄）

・納豆（葉酸，食物繊維，たんぱく質，カルシウム）

・高野豆腐（たんぱく質，鉄，カルシウム，食物繊維）

・牛乳（体重管理が必要な場合は低脂肪牛乳にする）

・小魚（間食にも利用できる．味つきの場合は塩分・糖分に注意）

・ブロッコリー（葉酸，鉄，カロテン）

・にんじん（カロテン）

・モロヘイヤ（カルシウム，カロテン）

・こまつな（カルシウム，鉄，食物繊維，カロテン）

・かぼちゃ（皮にはカロテンがとくに豊富）

・切干大根（カルシウム，食物繊維）

＊カロテンは体内でビタミンAに変換される

〔「妊娠中・産後のママのための食事BOOK」（厚生労働省 平成29年度子ども・子育て支援推進調査研究事業）より作成〕

（3）食生活の留意点

① 食生活の見直しと適切な栄養摂取

　妊娠前に，朝食の欠食や食事内容が偏っていた場合は，まず「主食・主菜・副菜」をそろえる食事を心がけるようにする．そのうえで，いろいろな食材を偏りなく上手に組み合わせて，栄養的にバランスがとれるようにする．妊娠期の食事は，摂りすぎても少なすぎても妊娠の経過や胎児の発育に影響を与える．個人の健康状態や体重の変化を考慮して，適切な栄養摂取を心がける．

② 妊娠の経過に応じた付加量

　「妊娠前からはじめる妊産婦のための食事バランスガイド」には，「日本人の食事摂取基準」にある妊娠期の付加量を補うための食品や食事の目安が示されている．非妊娠時・妊娠初期の1日分を基本として，各妊娠期の付加量を補うようにする（図3-8）．

　　　　　食事づくりの工夫

・**食事づくりは 家族と協力**

　日ごろから周りの人の協力を得ながら食事を整えるようにする．

・**まずは食事を整える**

　全部手づくりで！と無理をせず，一品だけ市販品（唐揚げやサラダなど調理済み食品）を利用するなどして「主食・主菜・副菜」を整える．

・**ゆでおき野菜・冷凍野菜を利用する**

　ブロッコリー，キャベツ，こまつな，いんげんなどはさっとゆで，だいこん，にんじんは適当な大きさに切ってゆでるか電子レンジで加熱し，保存容器に入れる．冷蔵庫で2〜3日，冷凍庫なら約2週間保存できる．さっと火を通してサラダにしたり，そのままスープの具として入れるなど手軽に使える．市販のカット野菜を使えば切る手間も省ける．

・**だいこん，にんじんは，よく洗えば皮はむかなくてもOK！**

　時間の短縮だけでなく，皮に含まれる機能性成分も摂取できる．

〔「妊娠中・産後のママのための食事BOOK」（厚生労働省 平成29年度子ども・子育て支援推進調査研究事業）より作成〕

表3-10 妊娠期における魚摂取の目安

摂取量（筋肉）の目安*	魚介類
とくに注意を必要としないもの	キハダ，ビンナガ，メジマグロ，ツナ缶，サケ，アジ，サバ，イワシ，サンマ，ブリ，カツオ　など
週に2回まで （1週間あたり160g程度）	キダイ，マカジキ，ユメカサゴ，ミナミマグロ，ヨシキリザメ，イシイルカ，クロムツ
週に1回まで （1週間あたり80g程度）	キンメダイ，メカジキ，クロマグロ，メバチ（メバチマグロ），エッチュウバイガイ，ツチクジラ，マッコウクジラ
2週間に1回まで （1週間あたり40g程度）	コビレゴンドウ
2か月に1回まで （1週間あたり10g程度）	バンドウイルカ

*1回約80gとする　　　　　　　　　　（厚生労働省：妊婦への魚介類の摂取と水銀に関する注意事項 2010年改訂版）

③ 塩分は控えめに

成人女性の多くは，1日当たりの食塩摂取目標量6.5 g未満を超えて摂取している．ふだんから塩分を控えることを心がける．加工食品や調理済み食品は，塩分の多いものが少なくないため，商品に記載されている栄養表示をよくみて利用する．

④ 栄養機能食品の摂り方

栄養素は食事から摂取するのが基本であるが，摂取しにくいものについては栄養機能食品を利用してもよい．妊娠を計画している場合や妊娠初期には，葉酸摂取不足による神経管閉鎖障害発症のリスクを減らすために，緑黄色野菜を積極的に食べるとともに，葉酸の栄養機能食品を利用することも勧められている．ビタミン・ミネラル類については，耐容上限量を上回らないよう摂りすぎには十分注意する．

⑤ 妊娠期の魚の摂取について

大きい魚の一部には，食物連鎖によって水銀が多く含まれるものがある．妊娠中にこれらを偏って大量に食べると，胎児の発育に影響を与える可能性が指摘されている．一般に，魚は良質なたんぱく質が豊富であり，動脈硬化や血栓の予防に有効なDHAやEPAを多く含んでいる．健康な生活には不可欠であるが，妊娠期間中は，キンメダイやメカジキなどは週に80 g程度にとどめるなど，魚の種類と量との組み合わせを考えて食べる必要がある（表3-10）．

⑥ トキソプラズマ症の予防

妊娠中にはじめてトキソプラズマ（原虫の一種）に感染すると，ごくまれに胎盤を通して先天性感染症をおこし，胎児の脳や目などに障害を生じることがある．食生活では，生肉やその製品を食べない，調理の前後には手をよく洗うなどの注意が必要である．

⑦ リステリア菌感染予防

リステリア菌は塩分にも強く，低温でも増殖する食中毒菌である．妊娠中に感染すると，流産や早産の原因となる．冷蔵庫を過信せずに食品の賞味期限を守り，十分に加熱調理する．また，リステリア菌食中毒のおもな原因食品であるナチュラルチーズ（加熱殺菌していないもの），肉や魚のパテ，生ハム，スモークサーモンなどは妊娠中に食べるのを避ける．

<h1 style="text-align:center">C</h1>

乳児期の授乳・離乳の意義と食生活

　出生後，満1歳までを乳児期という．乳児期は身体発育が最も著しい時期で，この1年間に身長は約1.5倍，体重は約3倍になる．そのために多くの栄養素が必要であると同時に，消化・吸収の発達段階に合わせた栄養法や食事形態をとることが重要となる．この時期をとおして，乳児は乳汁を吸う能力（哺乳）から固形食を咀しゃく・えん下する能力を獲得していく．

　乳児期前半の乳汁期では，乳児は哺乳行動により母親との間に情緒的な絆を結び，将来自立していくための信頼関係の基礎を築く．また乳児期後半の離乳期では，はじめて食べものを体験することで乳児の五感が刺激され，精神発達が促される．

1　乳汁栄養

a　母乳栄養法

（1）母乳栄養の意義

　母乳は，乳児と母親にとって最も自然な栄養源である．母乳には，離乳を開始する生後5〜6か月くらいまでの発育に必要な栄養素がすべて含まれている．分泌量が十分であれば，乳児は母乳だけで健やかに成長できる．

　母乳栄養には次のような利点がある．

● 消化吸収がよく，代謝への負担が少ない

　母乳は乳児の未熟な消化能力に最適な成分組成であるため，ほぼ完全に消化・吸収・利用される．

● 感染防御因子を含む

　母乳は免疫グロブリン，ラクトフェリンなど多くの感染防御因子を含み，乳児の感染症の発症および重症化を防いでいる．とくに初乳に多く含まれる分泌型免疫グロブリンA（IgA）は，腸管の粘膜を覆い，細菌やウイルスの侵入を防ぐなど，新生児の感染防御に大きな役割をはたしている．

● 母子の愛着形成に役立つ

　授乳による肌の触れ合いは，母親と子どもに満足感と安心感を与える．この感覚的相互作用（母子相互作用）は，乳児の精神発達によい影響を与えるとともに，母親の育児への自信にもつながり，安定した母子関係の確立を容易にする．

● 産後の母体の回復を促進する

　乳児の吸啜によって分泌されるホルモン（オキシトシン）は子宮の筋肉収縮を促すはたらきがある．授乳は産後の母体の回復を早めるだけでなく，統計上，乳がんにかかりにくいという報告もある．

図 3-9　母乳分泌のしくみ

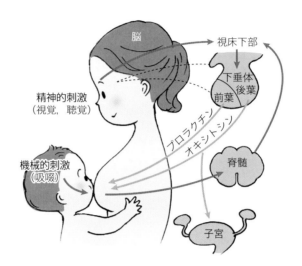

そのほか母乳は，味やにおい，温度も乳児にとって適切であり，必要なときすぐに授乳できる，経済的であるなどの利点がある．また母乳栄養児に乳幼児突然死症候群の発症が少ないことから，母乳栄養は乳幼児突然死症候群の予防の1つにあげられている（p.95コラム参照）．

(2) 母乳の分泌のしくみ

● 母乳の分泌（図3-9）

妊娠すると，胎盤や卵巣からエストロゲン（卵胞ホルモン）やプロゲステロン（黄体ホルモン）が分泌されて妊娠が維持される．また，乳房や乳腺が発達し，乳腺内の腺房では血液から母乳が合成される．出産前はこれらのホルモンが下垂体前葉から分泌されるプロラクチン（催乳ホルモン）の作用を抑制しているため，母乳は分泌されない．

出産後は，胎盤の排出に伴ってエストロゲンやプロゲステロンが減少するため，プロラクチンが乳腺に働きかけて母乳の分泌が開始される．乳児の吸啜による乳頭への刺激は，プロラクチンの分泌を促し，乳汁分泌が維持される．プロラクチンが増加すると，下垂体後葉からオキシトシン（射乳ホルモン）の分泌が促進される．オキシトシンは乳腺周囲の筋肉を収縮させて母乳を押し出す（射乳）．

プロラクチンは，乳児による乳頭刺激により分泌量がさらに増えることから，母乳を積極的に吸わせることで母乳分泌を促すことができる．

(3) 母乳の成分（表3-11, 図3-10）

● 初　乳

母乳の成分は分娩後の日数によって変化する．分娩後1〜5日ごろまでの乳を初乳といい，黄色みをおびた粘りのある乳である．分泌量は少ないが，たんぱく質，ミネラルが多く，各種の免疫成分が含まれている．たんぱく質のほとんどが感染抑制作用のある免疫

表3-11 乳汁の成分組成

泌乳期	全固形分 (g)	エネルギー (kcal)	たんぱく質 (g)	脂質 (g)	乳糖 (g)	灰分 (g)	Ca (mg)	P (mg)	Fe (μg)	Na (mg)	K (mg)
初　乳(3〜5日)	12.7	65.7	2.1	3.2	5.2	0.31	29.4	16.8	45.1	33.7	73.8
移行期(6〜10日)	12.7	66.6	1.9	3.4	5.4	0.32	30.1	18.6	42.0	27.5	73.3
成熟期(121〜240日)	12.1	65.7	1.1	3.6	6.2	0.22	26.0	13.6	25.3	12.6	48.7
牛　乳*	12.6	61	3.3	3.8	4.8	0.7	110	93	20	41	150

*日本食品標準成分表2020年版（八訂），乳糖の数値は炭水化物の値．
（周産期医学編集委員会編：周産期医学 Vol.35 増刊号 周産期の栄養と食事，p.615，東京医学社，2005を一部改変）

図3-10 （人乳）成分の経時変化

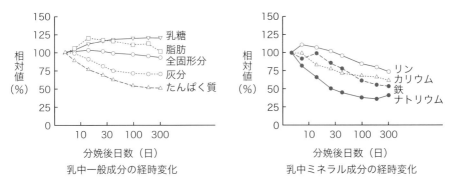

注）分娩後3〜5日の含量を100％とし，相対値で示した．
（井戸田　正，桜井稔夫他：人乳組成に関する全国調査（第1報）「一般成分およびミネラル成分について」，日本小児栄養消化器病学会誌，5⑴，145-158，1991）

グロブリン（IgA）である．ラクトフェリン，リゾチームなどの抗菌物質も多量に含まれているため，新生児にはできるだけ初乳を飲ませるようにすることが重要である．

● 成乳（成熟乳）

分娩後10日くらいで乳汁の組成はほぼ一定になる．この乳を成乳（成熟乳）といい，淡黄色で芳香があり，淡い甘みがある．日数の経過とともにたんぱく質，ミネラルが減少するが，これは初乳に多く含まれていた免疫グロブリンやラクトフェリンが減少するためである．その後1〜2か月ころまでは乳糖や脂質が増加し，乳児の発育を促す成分へと変化していく．

成乳には，表3-12のような特徴がある．

（4）母乳の確立

分娩後2〜3日は，母乳の分泌を抑制するエストロゲンがまだ残っているため，母乳の分泌は少量であるが，分娩から3〜4日後には乳量が急増する（乳汁来潮という）．その後，次第に分泌量が多くなり，10〜14日後までに必要な乳量が分泌されるようになる（母乳の確立）．この間，乳児に頻繁に乳を吸啜させることが重要で，とくに最初の1週間は根気よく吸わせることが大切である．分泌が悪いからといって不用意に育児用ミルクを足し

表3-12 成乳の成分の特徴

たんぱく質	乳汁のたんぱく質は，おもに乳清たんぱく質とカゼインからなる．母乳では乳清たんぱく質の割合が高く，消化吸収性のよいα-ラクトアルブミンを主体に，ラクトフェリン，グロブリンなどの免疫物質を多く含む．胃酸などによるカゼイン凝固物はソフトカードであるため，消化されやすい．アミノ酸組成も乳児の発育に最適である．脳・中枢神経，網膜組織の発達に重要な役割をはたすタウリンが多い．
脂　質	消化吸収のよい長鎖多価不飽和脂肪酸が多く含まれている．とくに牛乳には含まれないドコサヘキサエン酸（DHA）やアラキドン酸を含み，乳児の神経発達形成に重要なはたらきをしている．必須脂肪酸はn-6系列（リノール酸，アラキドン酸など）とn-3系列（α-リノレン酸，DHAなど）に分類され，両者のバランスが重要であるが，母乳ではn-6/n-3が5～6と，体内の代謝機能に有利にはたらいている．また母乳に多く含まれるコレステロールは，脳や神経組織の形成に使われるだけでなく，その後のコレステロール代謝によい影響を与えているのではないかといわれている．
糖　質	哺乳動物の乳汁中，最も糖質含量が高く，そのほとんどが乳糖である．乳糖はエネルギー源としてだけでなく，乳児の脳や中枢神経の発達，カルシウムの吸収などにも関与している．ほかにビフィズス因子であるオリゴ糖が約130種類も含まれ，腸内の細菌叢をビフィズス菌優位にしている．
ミネラル	母乳の総ミネラル量は牛乳の約1/3と少ないため，乳児の未熟な腎臓への負担が少ない．カルシウム，リン，鉄，そのほかの微量元素も，含量は少ないが吸収されやすいため，有効に利用されている．
ビタミン	母乳栄養児ではビタミンK欠乏による突発性頭蓋内出血が起こることがあり，問題とされていたが，乳児へのビタミンK経口投与により心配はなくなっている．ほかのビタミンの欠乏症はみられず，ビタミンA含量は牛乳より多い．

（作表　瀬尾）

てしまうと，母乳の分泌は確立しない．

　分泌量は，最初の6か月間は1日あたり750～800mL，次の6か月は約600mLである．母乳の分泌は個人差があり，同一人であっても日によって分泌量が異なる．またからだの健康状態だけでなく，精神状態によっても強い影響を受けるので，授乳期間中はとくに十分な静養と睡眠をとり，母体の栄養と精神の安定を心がけることが大切である．

（5）授乳の実際

● 授乳の開始

　出産の疲労から回復し，母子ともに安定した状態になったら授乳を開始する．出産直後からの母子同室での頻回授乳は母乳栄養を成功に導き，母子関係も築きやすくするといわれる．UNICEF/WHOは出産後30分以内に授乳を開始するように，また，「授乳・離乳の支援ガイド」（厚生労働省，2019）では「出産後はできるだけ早く，母子がふれあって母乳を飲めるように支援する」と提唱している．さらに，母乳栄養を確立するためには，生後24時間以内に7回以上の授乳を行うことが重要であるといわれている．

　新生児の無意識のサインを，そばにいる母親が「お腹がすいているのでは」と意識的にキャッチして授乳で答える．新生児は満腹感を得ることで自身の発したサインの意味を学習していく．このような頻繁な授乳の繰り返しにより，母子は授乳，哺乳のリズム（自律授乳）を獲得する．その結果，授乳回数や時間も増え，母乳栄養が確立していく．

● 授乳間隔・回数

　はじめは分泌量も少なく，母子ともに不慣れであるが，授乳間隔や回数にこだわらず，頻繁に与えるようにする．授乳では，乳児の要求に応じて欲しがるだけ与える"自律授乳"

表3-13 授乳がうまくいっているサイン

赤ちゃんと母親の姿勢
・母親がリラックスして無理のない姿勢をしている
・赤ちゃんと母親のからだが密着している
・赤ちゃんの頭とからだがまっすぐになっている
・赤ちゃんの下顎が乳房に触れている

精神的なきずな
・落ち着いて自信のある抱き方をしている
・目と目を合わせて赤ちゃんをしっかり見ている
・母親が赤ちゃんに，たくさん触れている

吸　啜
・赤ちゃんの口が大きく開いている
・下唇が外側に開いている
・舌が乳房に巻きついている
・ゆっくりと深く吸啜し，小休止しながら繰り返す
・飲んでいるのが見えたり，飲み込む音が聞こえる．

が大切で，自律授乳による頻回授乳を繰り返すうちに分泌量も増え，6〜8週間くらいで授乳のリズムが自然に定まってくる．授乳回数は乳児の個性により異なるが，母乳は人工乳よりも胃内滞留時間が短いため，母乳栄養児は人工乳栄養児に比べて授乳回数が多くなるのが一般的である．

● 飲ませ方

ゆったりとした姿勢で授乳する．一方の乳房だけで足りる場合は授乳ごとに左右を交互に与える．足りない場合は一方を全部飲ませてから他方に移り，次の授乳では逆に行う．授乳後残った乳は搾って捨てる．授乳ごとに乳房を空にすることが大切で，乳汁の分泌が促されるとともに乳房の炎症も防ぐことができる（**表3-13**）．

新生児期の胃は縦に細長い筒型をしている．噴門部（胃の入り口）の筋肉の発達が未熟で閉じる力が弱いため吐乳しやすい．また胃に入った乳汁が逆流して口から漏れやすい（溢乳）ため，授乳のたびに排気（げっぷ）させる．

乳幼児突然死症候群（SIDS：Sudden Infant Death Syndrome）
　　乳幼児突然死症候群は，それまで元気だった乳児が，事故や窒息ではなく眠っているあいだに突然死亡してしまう病気である．
　　発症は年々減少しているものの，2018（平成30）年，全国で60人の乳児が亡くなり，1歳未満の乳児の死亡原因の上位となっている．
　予防方法は確立していないが，次の点に留意することにより，発症率が低くなるというデータがある．
〈乳幼児突然死症候群（SIDS）発症リスクを低くするための3つのポイント〉
　■1歳になるまでは，寝かせるときはあおむけに寝かせましょう．
　■できるだけ母乳で育てましょう．
　■たばこをやめましょう．

(厚生労働省ホームページより)

表3-14 母乳分泌不足のサイン

・授乳時間が 30 分以上になる
・授乳後 1 ～ 2 時間で再び母乳を欲しがる
・尿や便の回数が少ない，便秘傾向
・体重増加が悪い
・不機嫌，元気がない
・乳房の緊張感がなくなる　など

表3-15 母乳だけで育つ乳児の体重増加の目安（WHO/UNICEF）

生後6か月まで:1 日の体重増加 18 ～ 30 g，1 週間の体重増加 125 g 以上
　　　　　　　（生後 5 ～ 6 か月で出生体重の 2 倍，1 年で 3 倍の体重増加）
生後6か月までの母乳不足の目安:1 か月の体重増加が 500 g 以下，
　　　　　　　　　　　　　　　または生後 2 週間をすぎても出生体重に戻らない

表3-16 母乳の分泌をよくするためのポイント

①付加量をみたす適正な栄養摂取を心がける．
②妊娠前からはじめる妊産婦のための食生活指針（p.87 **表3-8**）を参考に，食品は幅広く選択して，
　偏りがないようにする（根菜類，旬の野菜，海藻を多く摂る）．
③乳房トラブルの原因になりやすい油分，糖分は控えめにし，乳製品を摂りすぎない（400 ～
　500 mL/ 日）．
④甘くない水分を，十分に摂る．
⑤喫煙，飲酒はしない．
⑥授乳後は残っている乳汁を搾り切り，乳房をマッサージする．
⑦規則正しい生活を心がける（適度な運動，十分な休養と睡眠）．
⑧授乳時に音楽を聴いたり，深呼吸するなど，リラックスできる方法を工夫する．

（6）母乳不足と分泌の促進

　一般的にいわれている母乳不足の症状を表 3-14 に示す．母乳不足の判断は容易ではなく，乳児の全身状態をよく観察する必要がある（表 3-15）．母乳不足には，母乳摂取不足（授乳方法が不適切なため，乳児が母乳をうまく飲めない）と，母乳分泌不全（必要量が分泌されていない）がある．また分泌量が十分で乳児が満足しているにもかかわらず，母親自身が"不足している"と感じる場合（母乳不足感）もある．授乳の姿勢や抱き方（ポジショニング），乳房の含ませ方（ラッチオン）などを改善するとともに，母乳分泌のしくみをよく理解し，乳児に頻回に吸わせて分泌を促すことが何より重要である．母乳分泌ホルモンのプロラクチンは乳児の吸啜刺激のほか，母親のストレスなどの影響も受けやすい．授乳期間中は表 3-16 のような点に配慮し，心身ともに安心した状態ですごすことが母乳の分泌促進につながる．少しでもながく母乳栄養を続けるためには，安易な方法に頼らず，医師や保健師に相談するなどの本人の努力とともに周囲の協力が必要である．

（7）母乳の保存

　母親が就労していて直接授乳ができない場合などには，搾乳後に冷蔵，冷凍した母乳を使用することができる．仕事をもつ母親が冷蔵・冷凍母乳を利用して母乳栄養をつづけることは，乳児にとって非常に意味のあることである．それには母乳育児に対する母親の強い意志と，周囲（家族，職場，保育所など）の理解と協力が不可欠である．

表3-17 母乳の保存法

搾　　乳	搾乳前は石けんと流水で手を洗う．搾乳器具は清潔にする．1回ごとに別の容器を使用する
保　　存	搾乳後は，すぐに冷蔵または冷凍する（表3-18）
運　　搬	保冷剤を入れた保冷バッグを利用する
解　　凍	授乳時間に合わせて容器のまま自然解凍，または流水解凍する．解凍後は哺乳びんに移して冷蔵庫に保存し，24時間以内に使用する
加温方法	授乳直前に湯せんで温める（30〜40℃，20分以内4時間以内に使い切る）
留意点	電子レンジ，熱湯は使用しない（免疫成分などが変化する）．解凍したものを再冷凍しない．飲み残しは捨てる

表3-18 推奨される母乳の保存期間（母乳バッグに入れた場合）

母乳の状態	保存温度	保存期間
搾乳した母乳	室温（約25℃）	4〜6時間（4時間以内であれば冷凍保存可）[*1]
	冷蔵庫（4℃以下）	4〜5日
	冷凍庫（−18℃以下）	3か月（めやす）[*2]
解凍した母乳	室温（約25℃）	4時間
	冷蔵庫（4℃以下）	24時間
	再冷凍	不可

[*1] 気候により温湿度差があるので，搾乳後は冷蔵または冷凍での保存が望ましい．
[*2] 6か月までは保存可能であるが，3か月を目安に与えることが推奨される．
※あたためたものや，飲み残しの再保存はできない．

（カネソン株式会社HP「母乳バッグQ&A」（冷凍母乳の取り扱い），2023年10月）

適正に扱えば，保存中，栄養成分や免疫物質はほとんど変化しない．細菌汚染をさけるために，搾乳などすべての操作を衛生的，かつ迅速に行う必要がある．保存法，保存期間を表3-17，18に示す．

(8) 卒乳（母乳をやめる時期）

授乳によって培われる母子相互作用の観点から，無理に母乳をやめさせる必要はないと考えられている．「授乳・離乳の支援ガイド」では生後9〜11か月ころ，歯ぐきでつぶせる固さのものが食べられるようになってからも，「離乳食の後に母乳または育児用ミルクを与え，このほかに，授乳のリズムにそって母乳は子どもの欲するままに，育児用ミルクは1日2回程度与える」としている．母乳について，単に栄養的な観点からだけでなく，授乳をとおしてつくられる親子関係と，子どもの精神の発達という観点からも重要視し，授乳の支援を進めていくことを提唱している．したがって"1歳になったから""もう固形食が食べられるから"といって授乳を強制的に止める"断乳"ではなく，乳児の個性に合わせ，ゆっくりとフォローアップミルクや牛乳に切り替えていきながら，自然に乳離れする（卒乳）のを待ち，母子間の相互関係を大切にしたほうがよい．

(9) 母乳栄養の留意点

● 母乳性黄疸

黄疸は，血中のビリルビン量が多くなり皮膚や眼球結膜が黄色く見える症状である．多くの新生児には生後3〜4日から黄疸が現れるが，母乳栄養児では生後1週間ころから症

状が強くなり，生後 3 か月ころまでつづくことがある．症状が重い場合は検査を必要とするが，一般には後遺症のない生理的なもので，母乳性黄疸といわれている．原則として，母乳栄養を中止する必要はないとされ，新生児期早期，とくに生後 24 時間以内の頻回授乳により，血中のビリルビン濃度は減少する．

● ビタミン K 不足

ビタミン K は血液の凝固に関与しているが，胎盤通過性が悪く，母乳中の含量が少ないことなどから，新生児出生時から欠乏しやすい．ビタミン K の欠乏により消化管出血や，重症例では頭蓋内出血をおこし死亡することもある．これらを予防するため，1989（平成元）年より①出生時，②生後 1 週間　③生後 1 か月の計 3 回，新生児へのビタミン K 製剤が投与されている．2010（平成 22）年には，1 か月健診時にビタミン K 欠乏が想定される場合は，それ以降も投与の継続を考慮するようガイドラインが提案された．

● ウイルス感染症と母乳

母親が細菌やウイルスによる感染症にかかっている場合，母乳を介して乳児にも感染する可能性がある．化膿性乳腺炎（黄色ブドウ球菌），結核（結核菌），成人 T 細胞白血病（ATL ウイルス：HTLV-1，p.86 コラム参照），AIDS（ヒト免疫不全ウイルス：HIV），サイトメガロウイルス（CMV）は母子感染の頻度が高い感染症である．授乳の制限については医師の指示を受ける．なお，近年，インターネット上での母乳販売が確認されている．このような第三者からの母乳には，衛生上や感染症のリスク（HIV，HTLV-1 など）があることを十分に認識しなければならない．

● 薬と母乳

母親の薬の摂取により，薬が母乳中に移行するがその量は非常に少なく，子どもに影響する可能性は低いといわれている．ただし，注意が必要な薬もあるため，服用にあたっては授乳中であることを医師や薬剤師に伝え，相談しながら決めていくことが大切である．

● 母乳と嗜好品（たばこ，アルコール，カフェイン）

母親の喫煙および受動喫煙により，母乳中にニコチンが移行する．1 日に 20 本以上の喫煙では，子どもに不眠，嘔吐，下痢などの症状がみられるという．また母親がアルコールやカフェインを含む嗜好品を摂取すると，これらが短時間で母乳中に移行する．アルコール摂取量が多くなるとプロラクチンの分泌が低下し，乳量も減少する．授乳期間中はできるだけ嗜好品を控えるのが望ましい．

● 母乳と環境汚染物質

農薬や殺虫剤として使用されていた DDT，BHC，PCB，ダイオキシンなどは毒性が強いため，現在は使用が禁止されている．しかし化学的に安定で分解されにくいため食物連鎖により高い濃度で食品が汚染されている可能性がある．食品中の汚染物質は母体内に蓄積され，母乳をとおして乳児に移行する．

1993 年，乳児の許容摂取量より高い濃度のダイオキシンが母乳中から検出され，問題になった．ダイオキシンはごみ焼却などにより発生し，微量でも動物の生殖機能に異常を引き起こすことから，内分泌撹乱化学物質（環境ホルモン）とよばれる毒性の強い物質である．その後，母乳中にダイオキシンが含まれているものの，乳児にただちに影響を与え

るものではないとして，厚生労働省は母乳の摂取を推奨している．妊娠中，授乳中は，汚染物質が蓄積しやすい内臓部分や脂肪の多い部分をさけるなど，肉や魚介類の摂取には注意が必要である（p.90 表3-10 参照）．

（10）授乳の障害

次のような場合，授乳の是非は医師の判断に任せる．

① 授乳に障害のある場合

乳頭の奇形・裂傷，乳腺炎，乳児の哺乳力の微弱，口腔・口唇・鼻孔の奇形など．

② 乳児に感染する恐れのある病気にかかった場合

結核，伝染病，乳房の化膿性疾患など．

③ 授乳により母親の健康が害される場合

心臓病，腎臓病，精神病など．

（11）母乳栄養法の支援

● 母乳栄養法の推移

母乳栄養の重要性に対する指導と理解が深まるなかで，人工栄養法の割合は減少し，混合栄養法を含めた母乳栄養法の割合が増加している．2015（平成27）年の調査では，母乳を与えている割合は(混合栄養を含む)生後1か月で96.5%，生後3か月で89.8%であった（図3-11）．母親の就業状況別の母乳栄養の割合は，出産後1年未満に働いていた者は49.3%，育児休暇中の者および働いていない者は56.8%で，とくに出産後1年未満に働いていた者については，2005（平成27）年度に比べ22.6ポイント増加していた．

母乳育児に関する出産施設での支援状況では，「出産後30分以内に母乳を飲ませた」「出産直後から母子同室だった」「赤ちゃんが欲しがるときにはいつでも母乳を飲ませた」について，支援があったという者の割合は2005年度と比べて増加していた（図3-12）．また，支援があったと回答した者の授乳法をみると，母乳栄養の割合が高かった（図3-13）．

女性の社会進出が進み母乳栄養がむずかしい状況のなかで，母乳栄養の割合が増加していることは，母乳育児に対する社会支援が浸透してきている結果といえよう．

● 母乳栄養確立に向けて家族の支援

生後間もない子どもは，昼夜の関係なく授乳と睡眠を中心に生活し，しだいに授乳や睡眠のリズムが整ってくる．この期間は子どもによって個人差があると同時に，母親にとっては妊娠，出産による身体の変化が，妊娠前の状態に回復していく期間でもある．そのため，心身の不調や育児不安を生じる母親も多い．家族や周囲の人たちが，母親と子どもの状態を把握するとともに，母親の気持ちや感情を受け止め，あせらず授乳のリズムを確立できるよう支援する．

母乳栄養を途中で止めてしまうおもな理由に"母乳不足感"がある．十分な量が分泌されているのに，"足りないのでは？"という母親の不足感から人工乳を足してしまうことがあるが，その時期に適切なアドバイスを受けることができれば，不足感は解消し，母乳栄養をつづけることが可能である．乳児のいる家庭では，母親の悩みが早期に解決できる

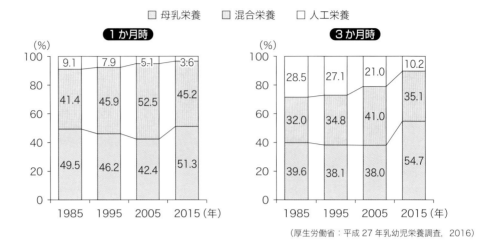

図 3-11 乳汁栄養法の推移

□ 母乳栄養　■ 混合栄養　□ 人工栄養

1か月時

3か月時

（厚生労働省：平成27年乳幼児栄養調査，2016）

図 3-12 母乳育児に関する出産施設での支援状況

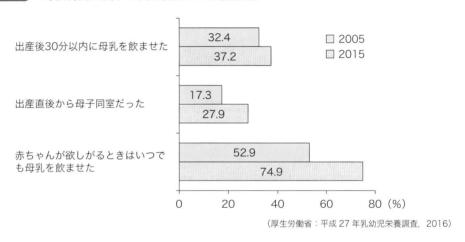

□ 2005
□ 2015

（厚生労働省：平成27年乳幼児栄養調査，2016）

図 3-13 母乳育児に関する出産施設での支援状況別　授乳期の栄養方法

□ 母乳栄養　■ 混合栄養　□人工栄養

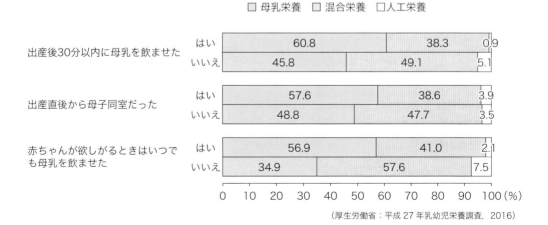

（厚生労働省：平成27年乳幼児栄養調査，2016）

表3-19 母乳育児成功のための10カ条（2018年改訂版）

1a. 母乳代替品のマーケティングに関する国際規準（WHOコード）と世界保健総会の決議を遵守する
1b. 母乳育児の方針を文章にして，施設の職員やお母さん・家族にいつでも見られるようにする
1c. 母乳育児に関して継続的な監視およびデータ管理のシステムを確立する
2. 医療従事者が母乳育児支援に十分な知識，能力，技術を持っていることを確認する
3. すべての妊婦・その家族に母乳育児の重要性と方法について話し合いをする
4. 出生直後から，途切れることのない早期母子接触をすすめ，出生後できるだけ早く母乳が飲ませられるように支援する
5. お母さんが母乳育児を始め，続けるために，どんな小さな問題でも対応できるように支援する
6. 医学的に必要がない限り，母乳以外の水分，糖水，人工乳を与えない
7. お母さんと赤ちゃんを一緒にいられるようにして，24時間母子同室をする
8. 赤ちゃんの欲しがるサインをお母さんがわかり，それに対応できるように授乳の支援をする
9. 哺乳びんや人工乳首，おしゃぶりを使うことの弊害についてお母さんと話し合う
10. 退院時には，両親とその赤ちゃんが継続的な支援をいつでも利用できることを伝える

（日本母乳の会：ユニセフ東京事務所承認済み）

ように，相談できる方法を確保しておくことが必要である．また家事を分担するなど，母親が十分に休養できるように周囲が配慮すると同時に，母乳栄養に対する理解を深めることも重要である．母親と子どもに安心感を与える環境づくりが，母乳育児に対する自信を培い，成功させる．

母乳栄養法の推進

育児用粉乳の加工技術の進歩に伴い母乳栄養法は減少し，1970年には30%程度であった．これは世界的な傾向で，1974年にWHOによって「乳児栄養と母乳哺育」が決議されると，翌年には日本でも母乳を推進する運動が開始された．その後ユニセフ/WHOが「唯一の自然な育児方法は母乳によるものである」と提言（1979年），「母乳育児成功のための10か条」を提唱し（1989年），母乳育児推進の運動が世界的に進められた（**表3-19**参照）．1991年には「世界母乳育児連盟（WABA）」が結成され，「母乳育児はすべての母親と子どもの権利である」との考えのもとに支援活動を行っている．翌1992年以来，8月1日からの1週間が世界母乳育児週間に定められた．日本では2000年に「母乳育児支援ネットワーク」がWABAのグループとして承認され活動している．

b 人工乳栄養

母乳不足や母親の就業など，さまざまな理由で母乳栄養を行うことができず，母乳以外の乳（育児用ミルク）で乳汁栄養を行うことを人工乳栄養という．母乳栄養法が推進されるなかで，人工乳栄養法を行うにあたっては母親のとまどいもみられるが，現在の人工乳が優れた品質であることを十分理解し，自信をもって授乳することが重要である．母乳，人工乳にかかわらず，授乳そのものが母子の健やかな関係を築くのである（表3-20）．

（1）人工乳栄養法の歴史

何らかの理由で母乳が与えられない場合，母乳の代わりとされたのは穀類でつくったおもゆ，哺乳類の乳などであった．牛乳は古くから用いられていたが，成長の早い子牛に適した成分の乳であるため，消化不良を起こしやすい，死亡率が高いなど，多くの問題点があった．そのため牛乳に改良を加え，できるだけ母乳に近い組成の人工乳にするために，長年にわたって研究が進められてきた．現在では母乳代替品である乳児用調製乳として，規格に基づいて製造・販売されている．

（2）調製乳の種類

育児用ミルクとして取り扱われている人工乳には，用途や対象によってさまざまな製品がある（表3-21）．そのなかで調製乳は，牛乳を主原料に調製されたもので，乳児用調製乳（乳児用調製粉乳・乳児用調製液状乳），低出生体重児用粉乳，ペプチドミルクが含まれる．「授乳・離乳の支援ガイド」（2019）より，フォローアップミルクは育児用ミルクに含まれない．

● 乳児用調製乳（乳児用調製粉乳，乳児用液状乳）

乳児用調製乳は，母乳代替品としての安全性および栄養学的・医学的に適する旨の表示の観点から健康増進法に基づく特別用途食品の1つとして，表示の許可基準が定められており，各栄養素の種類と量的範囲が決められている．そのなかで「乳児用調製粉乳」は一般に「粉ミルク」といわれ，現在わが国では6製品があり，どれも母乳に近い組成になるよう工夫されている（p.103 コラム参照）．

表3-20 人工乳使用の適応

- ・母親の社会進出
- ・母親の不在
- ・母親の病気（薬物の内服）
- ・吸啜力不足
- ・感染（ATL−V，HIV，活動性結核・梅毒）
- ・代謝性疾患
- ・その他

（本田義信：周産期医学，Vol.35，p.365，東京医学社，2005）

表3-21 育児用ミルクの種類

育児用ミルク	調製乳	乳児用調製乳 低出生体重児用粉乳 ペプチドミルク
	特殊ミルク	市販品特殊ミルク
		市販外特殊ミルク 〔登録特殊ミルク 登録外特殊ミルク 薬価収載品特殊ミルク〕

また，乳児用調製液状乳（乳児用液体ミルク）は，2018(平成30)年乳等省令の改正により「牛乳などを原料とし乳幼児に必要な栄養素を加え液状にしたもの」と定義されるとともに，特別用途食品における乳児用液体ミルクの許可基準が設定・施行され，国内製造，販売が可能になった．乳児用液体ミルクは液状の人工乳を容器に密封したもので，栄養成分は粉ミルクと同じである．育児の負担が軽減できるだけでなく，災害など緊急時にも便利である．2019（平成31）年3月より，国内の乳児用調製粉乳メーカーから発売が開始され，紙パック製品に加え缶製品も発売されている（コラム参照）．

　現在の乳児用調製乳における牛乳の改良と成分組成の特徴を表3-22，23に示す．

● 低出生体重児用粉乳

　出生時の体重が2,500g未満の乳児を低出生体重児という．低出生体重児においては，早期からの母乳栄養が乳児の発達に有効であるといわれ，従来から母乳栄養法が行われているが，母乳栄養が行えない場合には出生体重，乳児の状態に応じて，一般の乳児用調製

調製粉乳の定義

　調製粉乳は，1979（昭和54）年の厚生省「乳等省令」により「生乳，牛乳もしくは特別牛乳またはこれらを原料として製造した食品を加工し，また主原料とし，これに乳幼児に必要な栄養素を加えた粉末をいう」とされている．1981（昭和56）年には「特殊栄養食品」の表示許可対象食品として乳児用調製粉乳の許可基準がつくられ，1983（昭和58）年には食品衛生法施行規則の改正で，乳児用調製粉乳と低出生体重児用粉乳に亜鉛と銅の添加が認められた．以後，タウリン，アルギニン，ラクトフェリン，DHAなども加えられ，現在の調製粉乳は内容・品質ともに優れたものになっている．1996（平成8）年には，乳児用調製粉乳は健康増進法に基づく特別用途食品の「乳児用調製粉乳」に分類され，"乳児の発育に及ぼす影響が大きく，特に適正な使用が必要である"食品として，含有する20成分についての許可基準をみたしたものに消費者庁の許可マークがつけられている．また2018（平成29）年には，特別用途食品「乳児用調製乳」のなかの「乳児用調製粉乳」と「乳児用調製液状乳」に区分された．

乳児用調製液状乳（液体ミルク）使用法と留意点

特　徴　常温で保存可能．哺乳びんに移してそのまま飲むことができる．
　　　　製造時の高温殺菌により，液色が茶色みをおびている．

使用法　①手を清潔に洗う
　　　　②容器をよく振る
　　　　③清潔な哺乳びんに移し替えて授乳する

留意点　・開封後の残ったミルクは捨てる
　　　　・加温する場合は，哺乳びんに移してから湯せんにする（40℃以下）
　　　　・賞味期限を厳守する（製造日より紙パック6か月，缶製品1年）
　　　　・専用の乳首も販売されている．この場合は，直接授乳が可能である

表3-22 乳児用調製乳の特徴

たんぱく質	母乳の約2倍含まれる量を減らし，母乳の組成（乳清たんぱく質約53％，カゼイン約26％）に調製してある．カゼインの一部を消化吸収のよいラクトアルブミンに置換し，乳清たんぱく質中のβ-ラクトグロブリンを分解してアレルゲン性を低減してある．アミノ酸組成も母乳に近づけてあり，タウリン（神経伝達物質，網膜の発達に関与）も添加されている．
脂　質	乳脂肪の一部を植物油や魚油で置換して多価不飽和脂肪酸を増やし，消化吸収のよい母乳の脂肪酸組成に近づけてある．また必須脂肪酸バランス（n–6系列：n–3系列）も母乳の比率に近づけられている．脳や網膜の発達に関連するといわれるDHA（ドコサヘキサエン酸）を強化するとともに，脂肪の代謝に重要なカルニチンやホルモンの前駆体として必須のコレステロールも強化されている．
炭水化物（糖質）	乳糖を増量して母乳の組成に近づけてある．さらに腸内細菌叢を母乳に近づけるために各種のオリゴ糖（ビフィズス菌成長因子）が加えられ，便性も改善されている．
ミネラル	ミネラル全般を低減し，Ca:P，Na:Kのバランスも調製され，腎臓への負担を少なくするとともに，吸収されやすくしてある．鉄および銅，亜鉛などの微量元素も添加されている．
ビタミン	食事摂取基準をもとに各種のビタミンが適正に調製されている．調製粉乳には多価不飽和脂肪酸が強化されているが，これらの酸化によって生じるフリーラジカルを消去するため，抗酸化作用のあるビタミンEも強化されている．抗酸化物質としてβ-カロテンが添加されているものもある．
その他	乳児の感染抑制や発育に必要なラクトフェリンやヌクレオチドなどが配合され，より母乳に近づけるためのさまざまな工夫がなされている．

表3-23 乳児用調製乳

	人　乳[*1]	普通牛乳[*1]	雪印ビーンスタークすこやかM1	森永はぐくみ	和光堂レーベンスミルクはいはい	雪印メグミルクぴゅあ	明治ほほえみ[*2]	アイクレオバランスミルク
調乳濃度　　（％）	100	100	13	13	13	13	13.5	13
エネルギー（kcal）	61	61	66.8	66.6	67.3	67.0	68	68
たんぱく質　（g）	0.8	3.0	1.4	1.37	1.48	1.52	1.5	1.56
脂　質　　　（g）	3.6	3.5	3.6	3.51	3.56	3.61	3.52	3.64
炭水化物　　（g）	6.4	4.4	7.3	7.48	7.38	7.2	7.79	7.25
灰　分　　　（g）	0.2	0.7	0.29	0.3	0.31	0.29	0.31	0.29
ビタミンA（μgRAE）	46	38	58.5	53.3	54.6	58.5	53	55.9
ビタミンC　（mg）	5	1	7.8	7.8	7.8	8.45	9.5	7.8
ビタミンD　（μg）	0.3	0.3	1.2	0.85	0.91	1.11	0.88	1.08
ビタミンK　（μg）	1	2	3.4	3.3	3.3	3	3.4	3.3
β-カロテン（μg）	12	6	5.2	5.9	5.9	5.2	9.5	25
カルシウム　（mg）	27	110	45.5	49.4	49.4	45.5	51	45.5
リ　ン　　　（mg）	14	93	26	27	27	26	28	29
鉄　　　　（mg）	0.04	0.02	0.81	0.78	0.78	0.81	0.81	0.92
亜　鉛　　　（mg）	0.3	0.4	0.39	0.39	0.39	0.39	0.41	0.38
銅　　　　（μg）	30	10	40	41.6	41.6	40.3	43	48.1
タウリン　　（mg）			3.4	2.6	3.3	3.38	3.8	3.9
リノール酸　（g）	0.49	0.09	0.68	0.47	0.52	0.68	0.49	0.43
DHA　　　　（mg）	30	Tr	9.1	9.1	10.4	9.1	14	―
オリゴ糖　　（g）			0.33	0.07	0.30	0.33	0.27	0.07
その他		p.94表3-12参照	リボ核酸シアル酸ヌクレオチドリン脂質オステオポンチン	アラキドン酸ラクトフェリンスフィンゴミエリンヌクレオチド	アラキドン酸ビオチンL-カルニチンα-ラクトアルブミン	ビオチンヌクレオチドリン脂質シアル酸コリン	アラキドン酸コレステロールラクトアドヘリンα-ラクトアルブミン	ビオチンコリンリン脂質ヌクレオチドコリン

注）[*1] 人乳・普通牛乳は100g中の値，育児用調製乳は各メーカー発表の100mL中の値（2023年10月現在）．
　　[*2] 同等の栄養量を含む液体ミルクも製造・販売されている．

粉乳か低出生体重児用粉乳を用いる．極低出生体重児に母乳栄養を行う場合は，不足する栄養素を補う強化母乳栄養法が行われる（コラム参照）．出生体重が 2,000 g 以上あり，家庭での育児が可能な場合には乳児用調製乳，出生体重が少なく，NICU（新生児集中治療室）での治療を必要とする場合には低出生体重児用粉乳が用いられる．乳児用調製乳に比べ，たんぱく質，ナトリウム，カルシウム，リン，ビタミン D が強化され，エネルギーも若干高く調製されている．

● ペプチドミルク

アレルゲンとなりやすい牛乳のたんぱく質を，分子量の小さいペプチドに酵素分解（カゼイン分解物，乳清たんぱく質分解物）し，その組成を母乳に近づけてある．未消化の牛乳たんぱく質を減らすことで乳児の消化負担が軽くなり，アレルゲン性も低減されているが，アレルギー予防やアレルギー治療のための育児用粉乳ではない．

● フォローアップミルク（離乳期幼児期用調製粉乳）

離乳期（生後 9 か月以降）の栄養補給を目的に調製された粉乳である．牛乳代替品であるため，乳児用調製乳と比べてたんぱく質やカルシウム，鉄は強化されているが，銅，亜鉛の添加は認められていない．「授乳・離乳の支援ガイド」(2019) では，「フォローアップミルクは母乳代替品ではなく，離乳が順調に進んでいる場合は，摂取する必要はない」とし，「離乳が順調に進まず鉄欠乏のリスクが高い場合や，適当な体重増加がみられない場合には，医師に相談したうえで，必要に応じて活用すること等を検討する」としている．あくまで離乳食が主体であることを理解することが必要である．

(3) 特殊ミルク

さまざまな疾病をもった乳児の栄養として，疾病内容に適応した配合の特殊ミルクが開発されている．特殊ミルクには市販品の特殊ミルクと市販されていない特殊ミルク（登録特殊ミルク，登録外特殊ミルク，薬価収載品特殊ミルク）がある．乳児の疾病の状態をよく知り，医師の指導のもとに症状に応じた乳を与えることが重要である．

● 市販品特殊ミルク（表3-24）

市販の特殊ミルクには，低アレルゲン粉乳（乳たんぱく質分解乳，精製アミノ酸乳），粉末大豆調製乳，無乳糖粉乳，MCT 粉乳，低ナトリウム粉乳がある．

強化母乳

出生体重 1,500 g 未満の極低出生体重児の場合，母乳のみでは各種の栄養が不足し，生後 3 〜 4 週以降から，低たんぱく血症，低ナトリウム血症，くる病，貧血などの症状が高頻度に出現する．そのため母乳の特性を生かし，母乳だけでは不足する栄養素を添加物で補う，強化母乳栄養法が行われている．おもにたんぱく質，カルシウム，リンなど強化する栄養素を調整した液体やパウダーを，母乳に溶解して使用する．わが国では 1 種類のみ市販されており（母乳強化パウダー：HMS-2），医師の指示に従い使用する．

表3-24　市販品特殊ミルク（8品目）　　　　　　　　　　　　　　　2023年2月現在

分類	おもな適応症	品　名	調乳液の浸透圧（mOsm/kg・H$_2$O）	たんぱく質	カルシウム（mg）／調製100ml
糖質代謝異常	乳糖不耐症 一過性下痢症 難治性下痢症	森永ノンラクト	200	—	46.9（14%調乳）
吸収障害	脂質吸収障害症	明治必須脂肪酸強化ＭＣＴフォーミュラ	235	乳たんぱく質	63（14%調乳）
		明治ＭＣＴフォーミュラ	235	乳たんぱく質	63（14%調乳）
その他	ミルクアレルギー 先天性乳糖不耐症 一過性乳糖不耐症	明治ミルフィーＨＰ	290	乳清たんぱく質分解物	53.7（14.5%調乳）
		明治エレメンタルフォーミュラ	445	アミノ酸混合物	64.6（17%調乳）
		和光堂ボンラクトi	290	分離大豆たんぱく	53.2（14%調乳）
	ミルクアレルギー 大豆，卵等たんぱく質不耐症	森永ニューＭＡ-１	320	乳たんぱく質消化物	60（15%調乳）
	胃食道逆流症用	森永ＡＲミルク	300	—	48.9（13.4%調乳）

（恩賜財団母子愛育会：特殊ミルク情報 第58号，2023より作成）

◎**乳たんぱく質分解乳**：牛乳とだいずの両方にアレルギーがある場合に使用する．アレルゲンとなる乳たんぱく質を分子量の小さいポリペプチドとアミノ酸にまで酵素分解することによって，牛乳たんぱく質のアレルゲン性を低くしている．カゼイン加水分解乳，乳清たんぱく質分解物などがある（明治ミルフィーHP，森永ニューMA-1）．

◎**精製アミノ酸乳**：乳たんぱく質分解乳でも反応の出るアレルギー症状の重い乳児に用いられる．母乳のアミノ酸組成に基づいて精製アミノ酸をバランスよく配合し，ビタミン，ミネラルを添加したものである．牛乳たんぱく質を含まないのでアレルギー反応は出ないが，苦味があるなど，味は落ちる（明治エレメンタルフォーミュラ）．

◎**粉末大豆調製乳**：ミルク嫌いや乳成分がとれない場合などに使用する．だいずの全粒または抽出大豆たんぱく質が原料である．だいずに不足しているヨード，メチオニンが添加，ビタミン，ミネラルが強化されている（和光堂ボンラクトi）．

◎**無乳糖乳**：乳児用調製粉乳から乳糖を除去し，ブドウ糖におきかえた育児用粉乳である．乳糖を分解する酵素が欠損していたり，一時的に活性が衰えていて乳糖を摂取すると下痢を起こしたりする場合に用いる（森永ノンラクト）．

◎ **MCT乳**：脂肪の組成を中鎖脂肪酸（MCT）にした育児用粉乳で，脂質吸収障害症に用いられる（明治必須脂肪酸強化MCTフォーミュラ，明治MCTフォーミュラ）．

◎**低ナトリウム特殊粉乳**：ナトリウムを乳児用調製粉乳の約1/5に低減した育児用粉乳で，腎炎，ネフローゼ，心疾患による浮腫が強い場合に用いる．

● 登録特殊ミルク

　20 歳未満の先天性代謝異常症者を対象とした特殊ミルクで，特殊ミルク共同安全開発委員会により，一定の基準のもとに品質や成分，使用方法が検討された品目である．医師の申請により，公費，乳業会社負担で無料供給される（コラム参照）．

● 登録外特殊ミルク

　代謝異常症や吸収障害症のために，乳業会社の負担で製造される特殊ミルクである．低たんぱく・低ミネラル乳，低カルシウム乳，低脂肪乳など，さまざまな疾患に合わせた乳がある．医師の申請により，乳業会社の負担で無料供給される．

● 薬価収載品特殊ミルク

　アミノ酸代謝異常用と糖質代謝異常用に，医薬品としての特殊ミルクがある．医師が薬局に処方箋で指示し，健康保険適用で医療費の一部を公費で負担される（20 歳未満）．

（4）調　乳

　調乳とは，人工乳を乳児に適するように一定の処方にしたがって調製することをいう．調乳に際しては，育児用粉乳を正確に計量し，細菌汚染をさけることが重要で，WHO/FAO は，2007（平成 19）年に「乳児用調製粉乳の安全な調乳，保存及び取り扱いに関するガイドライン」を作成している．厚生労働省はこのガイドラインに沿って，感染リスクを最小限に抑えるため，① 70℃以上の湯を使用すること（Cronobacter Sakazakii は 70℃以上で不活性化する），②調乳後 2 時間以内に使用しなかった乳は廃棄することを，調乳のポイントとしている（12 か月齢以下の乳児対象）．

　また医療機関（集団のための調乳）に対しては 80℃前後の湯による調乳，または調乳後，いったん 80℃に加熱後，冷却する方法が推奨されている．

● 調乳濃度

　調乳にあたっては，粉乳のみで（単品調乳）同一濃度で（単一処方）調乳する．わが国で市販されている乳児用調製粉乳の標準調乳濃度は 13.5〜15％で，各製品の標準濃度で使用する．標準濃度よりも濃いと腎臓に負担がかかり，薄いと栄養素の不足を招く．

先天性代謝異常症

　体内の物質代謝に関与する酵素が先天的に欠損しているか，活性が低下しているために発症する．現在 400 種以上の疾患が知られているが，生後早期に発見し，適切な治療を行えば，心身ともに正常に発育できる．

　わが国でも 1977（昭和 52）年から新生児に対してマススクリーニングが実施されているが，2018（平成 30）年 4 月からは検査対象疾患が増え，アミノ酸代謝異常，有機酸代謝異常，脂肪酸代謝異常，糖質代謝異常，内分泌疾患の約 20 疾患について，早期発見・早期治療が行われている．

● 調乳法（p.110 参照）

① 無菌操作法

粉乳のように乳自体が衛生的で，殺菌する必要のない場合に行われる．哺乳びんや乳首はあらかじめ洗浄・殺菌しておき，調乳後の殺菌は行わない．1回分ずつ調乳するので家庭や少人数の保育所で用いられる．すべての操作を衛生的に行い，調乳後ただちに飲ませることが大切である．

② 終末殺菌法

1日分あるいは数回分まとめて調合した乳を哺乳びんに入れて，最後に加熱殺菌する．冷蔵庫に保管し，必要に応じて適温に温めて授乳する．調乳後に乳をびんごと煮沸消毒するので安全性は高く，7℃以下で保存すれば24時間は安全である．乳自体に殺菌の必要がある場合や，病院や乳児院などで行われている．熱によるビタミンの損失は免れないが，粉乳中には十分なビタミンが添加されているので，問題はない．

(5) 調乳の実際

● 育児用粉乳の扱い方

手洗いは念入りに行う．缶の中をかき回さないようにして，育児用粉乳を表面からすくいとる．使用後はすぐにふたをして，直射日光の当たらない乾燥した涼しい場所に保管する（冷蔵庫での保管は温度差で粉乳が湿るのでさける）．スプーンは洗って消毒し，別の場所に保管する．開缶後1か月くらいは保存できるが，なるべく7〜10日で使いきるように，賞味期限や缶の大きさを考えて購入する．

※メーカーにより，粉乳を小分けにしたもの，キューブ状のものなどが市販されている．

● 調乳用具と洗浄・消毒

◎ 乳　首：乳頭に近い形状・弾力性であることが望ましい．乳児の吸う力に応じてミルクの出方が適当であることが重要である．異なる形状のものが数種類市販されている（表3-25）．

◎ 哺乳びん：耐熱ガラス製とプラスチック製とがある．用途により使い分ける．

◎ 用具の消毒：消毒する前に，付着しているミルクを水で十分に洗い流す．煮沸消毒，薬液消毒（次亜塩素酸ナトリウムを主剤とする殺菌薬），電子レンジを利用したマイクロ波消毒などがある（表3-26）．

表3-25 乳首，哺乳びんの種類

乳　首	材　質	イソプレンゴム製		弾力性があり，乳頭に近い感触．ややゴム臭がある
		シリコンゴム製		老化しにくく，熱・薬品にも強い．ゴム臭はない
	穴の形状	丸穴	○	S（0か月〜），M（2・3か月〜），Lサイズがある
		スリーカット	Y	2，3か月〜．吸啜の強さによりミルクの流量をコントロールできる
		クロスカット	X	果汁など濃度のあるものでも飲みやすい
哺乳びん	材　質	ガラス製		汚れが落ちやすく，傷がつきにくい．割れやすく，重い
		プラスチック製		軽くて落としても割れないが，傷がつきやすい 煮沸で透明度が失われやすい

表3-26 調乳用具の消毒方法

	特徴と留意点	方 法
煮沸消毒	・一度にたくさん消毒できる ・家庭の器具を利用できるので一般的である ・鍋肌の温度が高くなるので，プラスチックなどが触れないようにする	① 深めの鍋に使用する器具を入れ，かぶる程度の水を加え，沸騰後約5分間器具を煮沸消毒する（蒸気で消毒する場合はびんの口を下にして立てて入れ，蒸気が出てから約10分間）．終わりの約3分間に乳首，キャップなど熱に弱いものを入れ消毒する ② 消毒したびんばさみで器具を取り出し，乾燥させる
薬液消毒	・専用の消毒液（次亜塩素酸ナトリウムが主成分）に浸漬する ・液に浸けたまま保管できる ・器具の乳成分を完全に除去してから薬液に浸漬する ・同じ消毒液の反復使用はさける	① プラスチックまたはホーロー製の専用容器に定量の水で薄めた薬液をつくり，しっかり洗浄した哺乳びんを1時間以上浸して消毒する． ② 授乳時に清潔な手で取り出し，液をよく切って使用する
電子レンジ消毒	・専用容器に水を入れ加熱する ・水を捨てた容器にそのまま保存できる ・加熱直後は容器が熱くなるため，やけどには十分注意する ・製品の指示に従い使用する	① 電子レンジ消毒の専用容器に規定量の水を入れ，洗浄した哺乳びん，乳首，キャップなどを入れる ② 容器の口をしっかり閉め，電子レンジで必要時間加熱する ③ 容器内の水を捨て，びんなどの水気を切って取り出す

★ **器具の消毒（例：煮沸消毒）**

① 手指の消毒（調乳前の手洗いは念入りに行う）

② 調乳場所を清潔にし，材料および器具を準備する．

③ 器具の消毒

　　洗浄した哺乳びん，乳首，キャップ，計量スプーン，哺乳びんばさみ，消毒用鍋

乳首，キャップは
約3分間

かぶるくらいの水で
5分間煮沸する

哺乳びんばさみで
器具を取り出す

清潔な布に置いて
乾燥させる

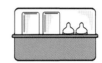
ふたつきの清潔な容器で
保管する

★ **器具のあと始末（洗浄）**

　授乳後はただちに器具を洗浄する．哺乳びんと乳首は洗剤とブラシを使って外側，内側ともによく洗う．とくに乳首は裏返して穴をきれいにし，かすが残らないようにていねいに洗う．流水でよくすすいで水分を切り，清潔な場所に保管して次の調乳に備える（「器具の消毒」から行う）．

ミゾ

アナ

ミルクかすを残さないように
専用のブラシでよく洗う

★ 調乳法（無菌操作法）

① 必要な育児用粉乳の量を正確に計り，消毒した哺乳びんに入れる．

② 一度沸騰させた70℃以上の湯を，でき上がりの量の1/2〜2/3入れる（湯は，沸騰後30分以内のものを使用）．

③ 育児用粉乳が飛び散らないよう乳首とキャップをつけ，よく振って育児用粉乳を溶かす．熱いので清潔なタオルなどを巻いて哺乳びんをもち，やけどに注意する．

④ でき上がり量まで70℃以上の湯を加え，乳首とキャップをつけてよく振って混ぜる．

⑤ ただちに流水や氷水で，体温程度（37〜40℃）に冷ます．

⑥ 乳児がやけどしないように，適温であることを必ず確認する．

⑦ 調乳後2時間以内に使用しなかった粉乳は捨てる．

計量は正確に

育児用粉乳を正しく計って入れる

定量の1/2〜2/3くらい

一度沸騰させた70℃以上のお湯

哺乳びんにお湯を入れる

均等に溶けるまでよく振る

40℃前後

定量までお湯を入れる　　よく振って混ぜる　　ただちに流水や氷水で冷やす　適温であることを確認する

★ 集団での調乳法（終末殺菌法）

保育所などの集団の場合は，終末殺菌法による調乳を行う．

① 手指の洗浄と消毒

② 使用する器具の準備

　はかり，ボウル，スプーン，泡立て器，哺乳びん，名札，哺乳びんかご，カップ，鍋

③ 1日に必要とする調乳水（沸騰後50〜60℃にさました湯）と粉乳の量を計算する（あらかじめ計算した早見表を準備）．

④ 鍋に必要な液量の1/4〜1/5を入れ，粉乳を加えて静かに混ぜ合わせる．残りの調乳水を加えて泡立て器で均等に混ぜ合わせる

⑤ 哺乳びんかごに哺乳びんを並べ，名札をかけながら調乳液を分注する．プラスチックのふたを，ゆるめに閉める．

⑥ 消毒缶に哺乳びんを入れ，80〜85℃で瞬間殺菌する．

⑦ 殺菌後ただちに流水冷却（20℃以下）し，すみやかに冷蔵保存（4〜7℃）する．

⑧ 授乳時には適温（約40℃）まで加温し，加温後はすみやかに授乳する

　・調乳後は冷蔵保存し（5℃以下），24時間以内に使用する（冷蔵庫内温度を確認）．

　・授乳直前に冷蔵庫から取り出し，適温まで再加熱する．

　・再加熱は15分以内とし，再加熱後2時間以内に飲まなかった乳は廃棄する．

表 3-27 授乳回数と授乳量のめやす

月　齢	回　数	月　齢	授乳量／回
0	7〜8	0〜1.2	80 mL
1〜3	6	1〜2	120〜150 mL
4〜5	5	2〜3	150〜160 mL
		3〜4	200 mL

(本田義信：周産期医学, Vol.35, p366, 東京医学社, 2005)

(6) 授乳方法

● 飲ませ方

　乳の温度は乳児によって好みがあるが，体温より少し高め（37〜40℃）が適温である．10 〜 15 分間で必要量が飲めるように，乳児の月齢・哺乳力に合った乳首を選択し，キャップの締め具合を調節する．乳の出がよすぎると吸啜が不十分になり，乳児の欲求不満や，あごの発育不良の原因ともなる．出が悪いと栄養不十分となる．

　授乳の際はゆったりとした気分で抱き，しっかりと目を合わせ，次の点に留意する．

① 乳首を口腔内に，ある程度深く含ませる．

② 乳首がミルクでみたされるように，哺乳びんを傾斜させて，空気が入らないようにして与える．

③ 乳児を縦に抱いて背中を下から上にさするか，軽くたたいてげっぷさせる．

④ 飲み残しの乳は量を確認して廃棄する．

⑤ 哺乳びん，乳首は授乳後すぐに水洗いしておく．

● 授乳回数，授乳量

　人工乳栄養の場合でも，母乳栄養と同じように自律授乳を基本とする．1 日の授乳回数と時間をおおよそ決めたうえで（表 3-27），乳児が欲しいときに欲しい量を与える．人工乳栄養では哺乳量が明らかなために，飲んだ量が規定量にみたないと無理強いしがちである．しかし必要な哺乳量には個人差があり，同じ乳児でも時によって異なるので，乳児が喜んで飲む量に任せることが大切である．乳児が満足して健康に発育していれば，あまり量にこだわる必要はない．

　人工乳栄養による自律授乳においては，規定量では満足できずに多く飲み，体重が増えすぎる場合がある．乳首の穴を小さいものや，クロスカットに変更して，少ない量でも満足できるように工夫したり，規定量を哺乳させたあとに母親の乳首を含ませたりすることで乳児の精神的な満足を促し，哺乳量を制限することができる．

(7) 人工乳栄養の母親に対する支援

　母乳栄養が推進されるなかで，やむを得ず人工乳栄養法を選択する場合，わが子に対する罪悪感や失敗感から，精神的に落ち込む母親も多い．母子の健康などの理由から人工乳栄養を選択した場合は，その決定を尊重するとともに母親の心の状態などに配慮し，安心感を与えるような支援が必要である．単に人工乳の優秀さを強調するだけの表面的な言葉かけではなく，スキンシップが減少しがちな乳児へのかかわり方について，温かいふれあいができるように具体的に支援する．

乳児をしっかり抱きしめ，母親のにおいややわらかさ，温かさを経験させることで乳児を安定させ，母子の絆を深め，母子関係を築くことが何より大切である．栄養面以外の授乳の重要性は，人工乳においても同じである．

c 混合栄養

母乳の不足や母親の仕事の都合などで，母乳栄養をつづけることが困難な場合に，母乳に人工乳を補って乳汁栄養を行うことがある．これを混合栄養という．混合栄養では，母乳の分泌を維持することが重要で，できるだけ頻繁に乳児に吸啜させるようにする．乳汁期の早期ほど母乳を与える意義は大きいので，母乳の分泌量が少ない場合でも人工乳の追加は必要最低限とし，できるだけ母乳の割合を多くするように努力する（p.93 母乳の確立参照）．

混合栄養における人工乳の補い方には，次のような方法がある．

● 授乳時に毎回人工乳を補う方法

母乳を十分に吸わせたあとに人工乳を不足分だけ追加する．この方法は授乳のたびに乳房が刺激されるので母乳分泌が低下せず，比較的長期間混合栄養をつづけることができる．

● 母乳と人工乳を交互に与える方法

母乳と人工乳を交互に与える方法で，母乳がかなり不足している場合に用いられる．この場合，吸啜刺激の頻度が少なくなるので，母乳の分泌は次第に減少する．母乳の回数が1日3回以下にならないように，なるべく乳児に乳首を含ませるなどの刺激を与える．

● 母親の就業による混合栄養

就業中の母乳を与えられない時間帯に，人工乳を与える方法である．この場合，出勤前と帰宅後は必ず母乳を与えるようにする．日中も可能であれば冷蔵母乳や冷凍母乳を利用して，母乳を与える回数を多くするのが望ましい．職場でも授乳や搾乳が可能で母乳が維持できるような環境づくりなど，子育てに対する社会的支援も必要である（p.96 母乳の保存参照）．

d 授乳の支援―授乳・離乳の支援ガイド

「授乳・離乳の支援ガイド」は乳幼児期の食事・栄養がその後の心身の健康にきわめて重要であり，授乳・離乳について社会全体が十分支援する必要があるとの考えからつくられたものである．支援する立場にあるもの（妊産婦や子どもにかかわる保健医療関係者など）が，望ましい支援のあり方の基本的事項を，この支援ガイドによって共有することを目的としている．2007（平成19）年，医療従事者向けに作成されたものであるが，授乳および離乳を取り巻く社会環境の変化などをふまえ，2019（平成31）年3月に内容が改訂された．

ガイドでは，授乳の支援に対する基本的な考え方として，母乳で育てたいと思っている母親が，無理せず自然に母乳育児に取り組めるよう支援することが重要であるとしている．また，必要に応じて育児用ミルクを使うなどの適切な支援を行うことなど，支援にあたっては母乳や育児用ミルクといった乳汁の種類にかかわらず，母子の健康とともに，健

表 3-28　授乳等の支援のポイント

※混合栄養の場合は母乳の場合と育児用ミルクの場合の両方を参考にする.

	母乳の場合	育児用ミルクを用いる場合
妊娠期	・母子にとって母乳は基本であり，母乳で育てたいと思っている人が無理せず自然に実現できるよう，妊娠中から支援を行う. ・妊婦やその家族に対して，具体的な授乳方法や母乳（育児）の利点などについて，両親学級や妊婦健康診査などの機会を通じて情報提供を行う. ・母親の疾患や感染症，薬の使用，子どもの状態，母乳の分泌状況などのさまざまな理由から育児用ミルクを選択する母親に対しては，十分な情報提供の上，その決定を尊重するとともに，母親の心の状態に十分に配慮した支援を行う. ・妊婦および授乳中の母親の食生活は，母子の健康状態や乳汁分泌に関連があるため，食事のバランスや禁煙などの生活全般に関する配慮事項を示した「妊産婦のための食生活指針」をふまえた支援を行う.	
授乳の開始から授乳のリズムの確立まで	・とくに出産後から退院までの間は母親と子どもが終日，いっしょにいられるように支援する. ・子どもが欲しがるとき，母親が飲ませたいときには，いつでも授乳できるように支援する. ・母親と子どもの状態を把握するとともに，母親の気持ちや感情を受けとめ，あせらず授乳のリズムを確立できるよう支援する. ・子どもの発育は出生体重や出生週数，栄養方法，子どもの状態によって変わってくるため，乳幼児身体発育曲線を用い，これまでの発育経過をふまえるとともに，授乳回数や授乳量，排尿排便の回数や機嫌などの子どもの状態に応じた支援を行う. ・できるだけ静かな環境で，適切な子どもの抱き方で，目と目を合わせて，優しく声をかけるなど授乳時のかかわりについて支援を行う. ・父親や家族などによる授乳への支援が，母親に過度の負担を与えることのないよう，父親や家族などへの情報提供を行う. ・体重増加不良などへの専門的支援，子育て世代包括支援センターなどをはじめとする困ったときに相談できる場所の紹介や仲間づくり，産後ケア事業などの母子保健事業などを活用し，きめ細かな支援を行うことも考えられる.	
	・出産後はできるだけ早く，母子がふれあって母乳を飲めるように支援する. ・子どもが欲しがるサインや，授乳時の抱き方，乳房の含ませ方などについて伝え，適切に授乳できるよう支援する. ・母乳が足りているかなどの不安がある場合は，子どもの体重や授乳状況などを把握するとともに，母親の不安を受け止めながら，自信をもって母乳を与えることができるよう支援する.	・授乳を通して，母子・親子のスキンシップ が図られるよう，しっかり抱いて，優しく声かけを行うなど暖かいふれあいを重視した支援を行う. ・子どもの欲しがるサインや，授乳時の抱き方，哺乳瓶の乳首の含ませ方などについて伝え，適切に授乳できるよう支援する. ・育児用ミルクの使用方法や飲み残しの取扱などについて，安全に使用できるよう支援する.
授乳の進行	・母親などと子どもの状態を把握しながらあせらず授乳のリズムを確立できるよう支援する. ・授乳のリズムの確立以降も，母親などがこれまで実践してきた授乳・育児が継続できるように支援する.	
	・母乳育児を継続するために，母乳不足感や体重増加不良などへの専門的支援，困ったときに相談できる母子保健事業の紹介や仲間づくりなど，社会全体で支援できるようにする.	・授乳量は，子どもによって授乳量は異なるので，回数よりも1日に飲む量を中心に考えるようにする.そのため，育児用ミルク の授乳では，1日の目安量に達しなくても 子どもが元気で，体重が増えているならば心配はない. ・授乳量や体重増加不良などへの専門的支援，困ったときに相談できる母子保健事業の紹介や仲間づくりなど，社会全体で支援できるようにする.
離乳への移行	・いつまで乳汁を継続することが適切かに関しては，母親などの考えを尊重して支援を進める. ・母親などが子どもの状態や自らの状態から，授乳を継続するのか，終了するのかを判断できる ように情報提供を心がける.	

(厚生労働省：授乳・離乳の支援ガイド，2019)

やかな母子・親子関係の形成を促し，育児に自信をもたせるよう支援するとしている.

　授乳の支援については，「授乳等の支援のポイント」（表3-28）に具体的に示されている.

2　離　乳

a　離乳の必要性

（1）離乳の定義

「授乳・離乳の支援ガイド」（厚生労働省，2019）では，離乳について次のように定義している．

「離乳とは，成長に伴い，母乳又は育児用ミルク等の乳汁だけでは不足してくるエネルギーや栄養素を補完するために，乳汁から幼児食に移行する過程をいう．この間に子どもの摂食機能は，乳汁を吸うことから，食物をかみつぶして飲み込むことへと発達する．摂取する食品の量や種類が徐々に増え，献立や調理の形態も変化していく．また摂食行動は次第に自立へと向かっていく．」

乳汁から幼児食への移行期を離乳期といい，そのときに与えられる食事を離乳食という．

（2）離乳の必要性

● 必要な栄養素量の摂取

5,6か月までは，乳汁だけで正常な発育をすることができるが，乳児の発育のスピードは速く，その後は水分の多い乳汁だけでは必要な栄養素量を満たすことができなくなる．とくに鉄については，母乳中の量が少ないため，6か月ころから不足しがちとなる．

● 消化・吸収能力，咀しゃく能力を高める

5,6か月ころには，唾液の分泌量が多くなり，体内の消化液の分泌量も増加する．この時期に離乳食を与えることにより，分泌量はさらに増加し，消化吸収能力を高めることができる．また，固形食品を噛んで食べることにより，咀しゃく能力を養うことができる．

● 望ましい食習慣の形成

決まった時間に離乳食を提供することにより食事のリズムを身につけさせ，規則正しい生活習慣を形成させることができる．また，いろいろな食品を摂取することにより，バランスのよい食事をする習慣ができ，将来の生活習慣病予防にもつながる．

● 精神発達の助長

いろいろな食品の味やにおい，形，食感などを経験させることにより，五感（味覚，視覚，聴覚，触覚，嗅覚）を刺激し，感覚器官の発達，精神発達を促すことができる．

（3）離乳食を与えるときの注意点

乳児は，それまでは衛生的な母乳，または殺菌された育児用ミルクを与えられていたが，離乳食を与えるにあたっては，次のような注意点がある．

● 衛生的であること

離乳食は栄養素が豊富で水分が多く細菌が繁殖しやすい．また，すりつぶしたり，刻ん

だりというような調理操作をするため，汚染されやすい．乳児は抵抗力が弱いため，衛生的に取り扱うことが必要である．新鮮な食品を選び十分に加熱する．また，アレルギーの原因になることがあるため，着色料，人工甘味料などの食品添加物が少ないものを選ぶ．

● 消化しやすいもの

　乳児は消化吸収力が未発達なため，消化のよい食品を選ぶ必要がある．消化器官の発達を促すために，発達に応じた硬さの調理法を選ぶ．はじめての食品を与えるときには，1種類にする．

● 栄養的なバランス

　離乳を開始した直後は，穀類が中心であるが，野菜，豆腐，白身魚，卵黄などを加えていき，しだいに栄養素のバランスも考えて与えるようにする．離乳完了期には，栄養素の大部分を食事からとれるようにする．

● 薄味

　離乳の開始時には，調味する必要はない．中期以降は薄味とする．

b　離乳に関する基本的な考え方

　子どもの食欲，摂食行動，成長・発達パターンなどは，子どもによって異なるので，画一的な進め方にならないように気をつける．地域の食文化，家庭の食習慣などを考慮して無理のない進め方で行う．それぞれの子どもの食欲や食べ物への関心などに合わせて，離乳食の内容や量を決めていくことが大切である．

　離乳期も，授乳期に続いて母子・親子の関係をつくるのに重要な時期である．保護者は食事を用意し，食べさせることにより，子どもとの信頼関係を築くことができる．また，離乳期は食事や生活リズムが形づくられる時期でもあることから，生涯を通じた望ましい生活習慣の形成や生活習慣病予防も考慮して進める．

c　離乳食の進め方

　離乳の進め方は，子どもの食欲，成長・発達の状況により調節する．

(1) 離乳の進行

　離乳食の進め方の目安を表3-29に，1日の食事のスケジュール例を図3-14に示した．

● 離乳の開始

　離乳の開始とは，なめらかにすりつぶした食物をはじめて与えたときをいう．子どもの発達状況の目安は，①首がしっかりすわり，寝返りができる，②5秒以上座れる，③スプーンを口に入れたときに，舌で押し出すことが少なくなる（哺乳反射の減弱），④食べ物に興味を示す，などがあげられる．月齢は，生後5，6か月が目安である．

　離乳開始前に，以前はビタミンCを補う目的で果汁を与えることがあったが，この時期に最適な栄養源は母乳や調製粉乳であり，とくに果汁を与える必要はない．また，イオン飲料については糖分が多いため，多量に飲ませるとビタミンB_1が欠乏することが報告されている．

はちみつは，乳児ボツリヌス症を起こすリスクがあるので，1歳を過ぎるまで与えてはいけない．

● 離乳初期（生後5か月〜6か月ころ）

この時期の目的は，飲み込むこと，離乳食の味や舌ざわりに慣れることである．離乳食は早朝や深夜以外に，1日1回時間を決めて与える．午前10時ごろに与えることが多い．母乳または育児用ミルクは，離乳食を与えた後と他の授乳時間に欲しがるだけ与える．

下唇中央にスプーンをのせ，口唇を閉じてからスプーンを引き抜くようにして与えるようにする．この時期には口唇を閉じて捕食やえん下ができるようになり，口のなかで食物を舌で前から後ろに送ることができる．

● 離乳中期（生後7か月〜8か月ころ）

この時期は舌でつぶせる固さのものを与える．離乳食は午前に加えて午後に1回追加し，1日2回として生活リズムを確立していく．離乳食の後には，母乳または育児用ミルクを与える．このほかに授乳のリズムに沿って母乳は子どもの欲しがるままに，育児用ミルクは1日に3回程度与える．

舌，顎の動きは前後から上下運動になり，口唇は左右対称にひかれるようになる．平らな離乳食用スプーンを下唇にのせて，上唇が閉じるのを待って食べさせる．

● 離乳後期（生後9か月〜11か月ころ）

歯ぐきでつぶせる固さのものを与える．離乳食は離乳中期の2回食に1回追加し，1日3回として，食欲に応じて量を増やす．離乳食の後には，母乳または育児用ミルクを与える．このほかに授乳のリズムに沿って母乳は欲しがるだけ，育児用ミルクは1日2回程度与える．

食べ物を舌で歯ぐきの上にのせられるようになり，歯や歯ぐきでつぶすことができるようになる．舌は前後，上下に加えて左右にも動くようになり，口唇は噛んでいる方向によっていき，左右非対称の動きになる．丸み（くぼみ）のある離乳食用のスプーンを下唇にのせ，上唇が閉じるのを待つ．

手づかみ食べは生後9か月ころからはじまり，発育，発達に必要な行動である．食べ物をさわったり握ったりすることで固さや食感を体験し，食べ物への関心を深め，自分の意志で食べる行動へとつながる．

● 離乳の完了（生後12か月〜18か月ころ）

離乳の完了とは，形のある食物を噛みつぶすことができるようになり，エネルギーや栄養素の大部分を母乳または育児用ミルク以外の食物から摂取できるようになった状態である．食事は1日3回となり，そのほかに1日1〜2回の間食を必要に応じて与える．おやつを与えるときには軽いものにして，食事の量が減らないようにする．母乳または育児用ミルクは離乳の進行，完了状況に応じて与える．

食べ方は手づかみ食べで，前歯で噛み取る練習をしてひと口量を覚え，食具を使って自分で食べる準備をしていく．

表 3-29 離乳食の進め方の目安

	離乳の開始 ────────────────→ 離乳の完了			
	あくまでも目安であり，子どもの食欲や成長・発達の状況に応じて調整する			
	離乳初期 生後5〜6か月ころ	離乳中期 7〜8か月ころ	離乳後期 9〜11か月ころ	離乳完了期 12〜18か月ころ
食べ方の目安	○子どもの様子をみながら，1日1回1さじずつ始める ○母乳や育児用ミルクは飲みたいだけ与える	○1日2回食で，食事のリズムをつけていく ○いろいろな味や舌ざわりを楽しめるように食品の種類を増やしていく	○食事のリズムを大切に，1日3回食に進めていく ○共食を通じて食の楽しい体験を積み重ねる	○1日3回の食事のリズムを大切に，生活リズムを整える ○手づかみ食べにより，自分で食べる楽しみを増やす
食べさせ方	下唇中央にスプーンを乗せ，口唇を閉じてからスプーンを引き抜くようにして与える	液状食品を与えるときは，スプーンを横向きにして下唇の上に置き，閉口させて上唇を液に触れさせ，すする動作から口腔に取り込ませる	手を使って食べようとする時期で，手づかみ食べは目と手と口の協調運動であり，自分で食べる機能の発達を促す	食べ物を持った手に口が迎えに行く動きをしたり，指が口に入ることもあるが，手づかみ食べを通して食具を使う動作に移行する大切な時期である

		調理形態	なめらかにすりつぶした状態	舌でつぶせるかたさ	歯ぐきでつぶせるかたさ	歯ぐきでかめるかたさ
1回あたりの目安量	Ⅰ	穀類 (g)	つぶしがゆから始めるすりつぶした野菜なども試してみる慣れてきたら，つぶした豆腐・白身魚，卵黄などを試してみる	全がゆ 50〜80	全がゆ90 〜軟飯80	軟飯80 〜ご飯80
	Ⅱ	野菜・果物 (g)		20〜30	30〜40	40〜50
	Ⅲ	魚 (g) または肉 (g) または豆腐 (g) または卵 (個) または乳製品(g)		10〜15 10〜15 30〜40 卵黄1〜全卵1/3 50〜70	15 15 45 全卵1/2 80	15〜20 15〜20 50〜55 全卵1/2〜2/3 100

	離乳初期	離乳中期	離乳後期	離乳完了期
歯の萌出の目安		乳歯が生え始める		1歳前後で前歯が8本生えそろう 離乳完了期の後半ころに奥歯（第一乳臼歯）が生え始める
摂食機能の目安	口を閉じて取り込みや飲み込みができるようになる	舌と上あごでつぶしていくことができるようになる	歯ぐきでつぶすことができるようになる	歯を使うようになる

※衛生面に十分に配慮して食べやすく調理したものを与える

（厚生労働省：授乳・離乳の支援ガイド，2019を一部改変）

（2）食品の種類・組み合わせと与え方

　与える食品は，離乳の進行に応じて増やしていく．野菜は繊維の少ないものを加熱してやわらかくすれば，離乳初期から与えることができる．果物もほとんどのもので離乳初期から使用が可能である（表3-30）．

図 3-14 乳児期・離乳期の 1 日の食事のスケジュール例

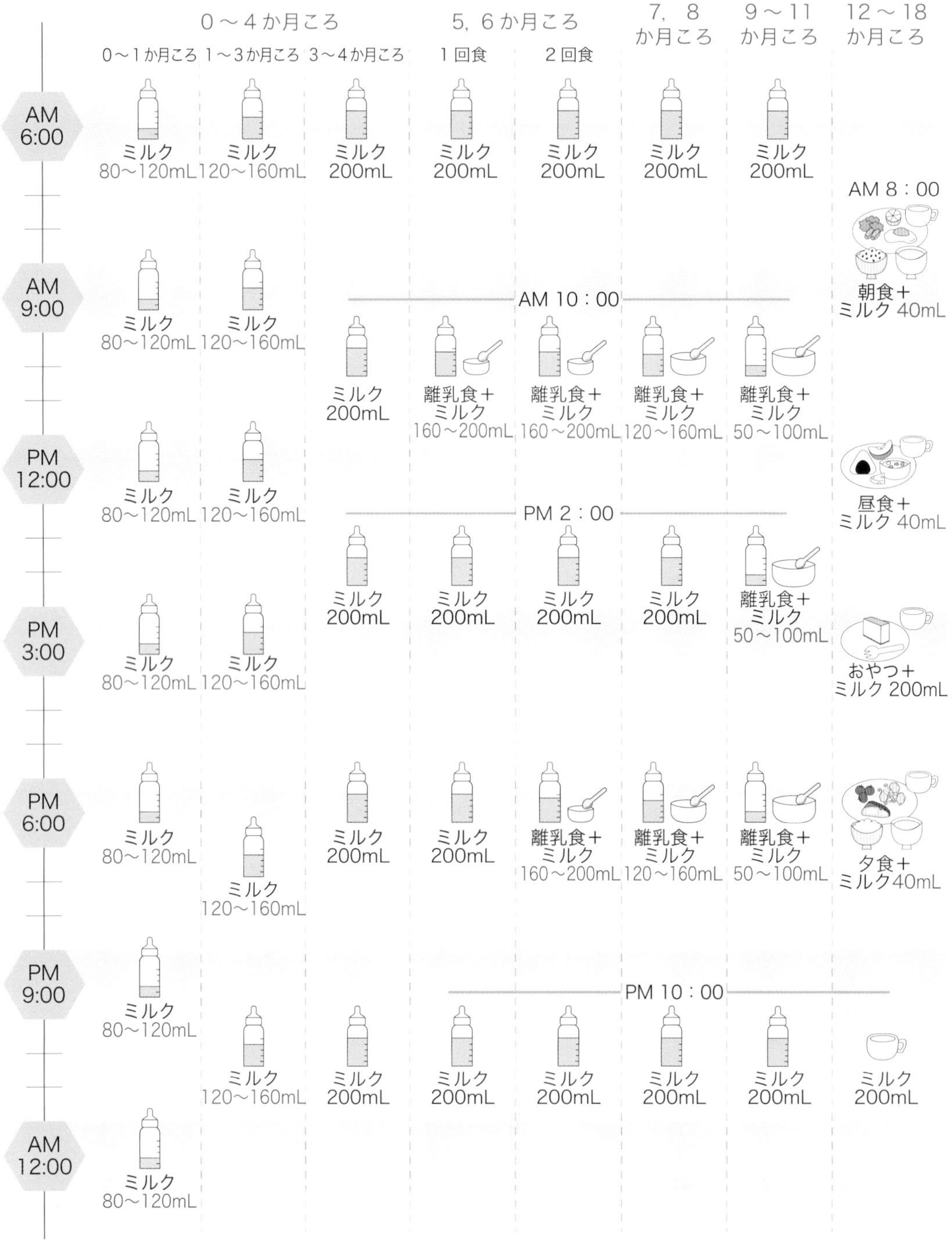

	0 〜 4 か月ころ			5, 6 か月ころ		7, 8 か月ころ	9 〜 11 か月ころ	12 〜 18 か月ころ
	0〜1か月ころ	1〜3か月ころ	3〜4か月ころ	1 回食	2 回食			
AM 6:00	ミルク 80〜120mL	ミルク 120〜160mL	ミルク 200mL	ミルク 200mL	ミルク 200mL	ミルク 200mL	ミルク 200mL	
								AM 8:00 朝食＋ミルク 40mL
AM 9:00	ミルク 80〜120mL	ミルク 120〜160mL						
			［AM 10:00］ ミルク 200mL	離乳食＋ミルク 160〜200mL	離乳食＋ミルク 160〜200mL	離乳食＋ミルク 120〜160mL	離乳食＋ミルク 50〜100mL	
PM 12:00	ミルク 80〜120mL	ミルク 120〜160mL						昼食＋ミルク 40mL
			［PM 2:00］ ミルク 200mL	ミルク 200mL	ミルク 200mL	ミルク 200mL	離乳食＋ミルク 50〜100mL	
PM 3:00	ミルク 80〜120mL	ミルク 80〜120mL						おやつ＋ミルク 200mL
PM 6:00	ミルク 80〜120mL	ミルク 120〜160mL	ミルク 200mL	ミルク 200mL	離乳食＋ミルク 160〜200mL	離乳食＋ミルク 120〜160mL	離乳食＋ミルク 50〜100mL	夕食＋ミルク 40mL
PM 9:00	ミルク 80〜120mL							
		［PM 10:00］ ミルク 120〜160mL	ミルク 200mL	ミルク 200mL	ミルク 200mL	ミルク 200mL	ミルク 200mL	ミルク 200mL
AM 12:00	ミルク 80〜120mL							

注）図中 0 〜 11 か月までのミルクとは，母乳または育児用粉乳をさす．

118

● 離乳初期（5〜6か月）

◎離乳の開始は，すりつぶしたおかゆ（米）から始める．離乳食用のスプーンを使用して，1さじの量を数回に分けてから食べさせる．形態や味に慣れてきたら，野菜類，いも類をつぶして与えてみる．さらに慣れてきたら豆腐，白身魚，固ゆでの卵黄を試してみる．新しい食品をはじめて与えるときには，離乳食用のスプーンで1さじ量から始め，子どもの様子をみながら量や種類を増やしていく．1か月を過ぎたころには，穀類，野菜類，魚など食品を組み合わせて与えるようにする．

◎母乳育児の場合には，生後6か月の時点でヘモグロビン濃度が低く，鉄欠乏を生じやすいという報告がある．鉄だけではなく，ビタミンDも不足しやすいので，これらを含む食品を離乳食に取り入れるようにする．しらす干しにはビタミンDが多いので，塩抜きして利用するとよい．

● 離乳中期（7〜8か月）

◎7か月のころには2回食へと進める．このころには，穀類（主食），野菜（副菜）・果物，たんぱく質性食品（主菜）を組み合わせた食事にする．魚は白身魚から赤身魚，卵は卵黄から全卵へと進めていく．

◎偏食の予防のため，いろいろな食品を用いて，多くの味を覚えさせる．

◎家族の食事から，調味前のものを取り分けたり，薄味のものを取り入れたりして，食品の種類や調理法が多様な食事内容になるようにする．

● 離乳後期（9〜11か月）

◎1日3回食へとすすめる．10か月ころからは，朝，昼，夕の時刻へと移行させていく．

◎発育に伴い，鉄の必要量が増加するため，レバー，肉，赤身の魚を取り入れるようにする．母乳栄養では鉄が不足しやすく，顔色が青白い，下瞼の内側が白い，元気がないなどの症状が出ることがある．そのときには，医師に相談する．

◎家族といっしょに食事をすることにより，楽しい食事の体験をさせる．

◎手にもちやすい食品を用意して，手づかみ食べを経験させる．

◎フォローアップミルクは母乳代替食品ではなく，離乳が順調に進んでいる場合は使用する必要はない．

● 離乳完了期（12〜18か月）

◎食事のリズムを整え，朝，昼，夕1日3回とし，食事ごとの栄養バランスに配慮する．

◎薄味を基本として，家族の食事を取り分けていっしょに食べる体験をさせる．

◎間食は，穀類（おにぎりなど），いも類，果物，乳製品などがよく，市販品を与えるときは，幼児用おやつやベビーフードが適している．

（3）調理方法と食品

◎離乳の進行に応じて，食べやすい調理形態にする（表3-30）．

◎口のなかで押しつぶせる固さになるように，加熱調理する．

◎初期はなめらかにすりつぶした状態にする．おかゆはつぶしがゆとし，慣れてきたら粗つぶし，つぶさないままとすすめていき，軟飯へと移行する．野菜類やたんぱく質性食

表3-30 離乳各期に用いられる食品とその特徴

		離乳初期 5〜6か月	離乳中期 7〜8か月	離乳後期 9〜11か月	離乳完了期 12〜18か月
		なめらかに すりつぶした状態	舌でつぶせる固さ	歯ぐきでつぶせる固さ	歯ぐきで噛める固さ
でんぷん性食品	米	つぶしがゆ	全がゆ りんごがゆ，白身魚のリゾット	全がゆ〜軟飯 ブロッコリーのドリア，トマトとチーズのリゾット	軟飯〜ご飯 きのこと鶏ひき肉のまぜごはん
	パン	パンがゆ （ミルクがゆ）	パンがゆ （チーズパンがゆ）	フレンチトースト	ロールサンド
	麺類	うどんがゆ	5 mmの大きさ やわらかくゆでる（南瓜そうめん）	0.5〜1 cm やわらかくゆでる（かき卵うどん，マカロニグラタン）	5 cm やわらかくゆでる（納豆入りスパゲッティ，トマトとフルーツ入りサラダうどん）
	いも類	マッシュしてミルクやスープでのばす	調理してつぶし，煮汁でゆるめる	煮る，蒸す，揚げたものを口に入るサイズに	さつまいもスティック
	バナナ	すりつぶし，ミルクでのばす	つぶす	切る	
たんぱく質性食品	乳・乳製品	育児用ミルク，牛乳，プレーンヨーグルト，粉チーズ（パンがゆ，いもがゆに入れる），スライスチーズ（きざむ，食塩が多いので量に注意），カッテージチーズ			
	卵	固ゆで卵黄	固ゆで全卵	半熟状全卵	
	豆腐，豆	豆腐（ゆでてすりつぶす）	納豆（細かくきざむ），いんげん（やわらかく煮てつぶす）	大豆（やわらかく煮てつぶす）	
	魚	白身魚，しらす（ゆでてすりつぶす）	まぐろ，かつおなど赤身魚（薄味に調理し細かくほぐす）	あじ，いわしなど青皮魚，あさり，ほたてなどの貝類（ゆでるか焼く）	生ものは用いないツナ缶，鮭フレーク（ゆでて塩抜きする）
	肉	用いない	鶏レバー（ゆでてつぶす），鶏ささみ（包丁でひき肉状に）	牛肉（ひき肉　麺，卵料理，シチューにいれる，そぼろ煮，ハンバーグ）	豚肉（薄切りかひき肉）
野菜・果物	野菜	かぼちゃ，にんじん，かぶ，だいこん，ほうれんそう葉先など固くないもの（やわらかくゆでてすりつぶす）	ごぼう，れんこん，たけのこ（あくを抜きやわらかくゆでる） ひじき（もどしてゆできざむ）	きのこ類（やわらかくゆでてみじん切り）	
	果物	りんご，いちご，みかんなどほとんどのもの（すりおろす）	2〜3 mm（きざむ）	5〜7mm	1cm

品などは，はじめはなめらかに調理し，しだいに粗く刻むようにする．

◎離乳中期ころになると，つぶした食べ物をひとまとめにする動きを覚え始めるので，飲み込みやすいようにとろみをつける工夫も必要になる．

◎離乳初期には，調味をする必要はない．離乳が進むにつれて，塩，砂糖などで調味する場合には，材料のもち味を生かせるように薄味とする．塩味は0.5％以下，甘味は1〜

3%が目安である．油脂類を使用するときには，少量とする．

（4）食物アレルギー

食物アレルギーとは，特定の食物を摂取した後にアレルギー反応を介して皮膚・呼吸器・消化器あるいは全身性に生じる症状をいう．有病者は乳児期が最も多く，加齢とともに減少する．乳児から幼児早期の主要原因物質は，鶏卵，牛乳，小麦が多い．ほとんどが小学校入学前に治ることが多い．

食物アレルギーによるアナフィラキシーでは，皮膚症状，呼吸器症状，消化器症状が複数同時に，急激に出現する．アナフィラキシーショックが起こった場合には，血圧の低下，意識レベルの低下もみられ，生命にかかわることもあり，速やかに医療機関への搬送が必要になる（p.200 6章2 食物アレルギーのある子どもへの対応参照）．

離乳の開始により食物アレルギーが疑われる症状が現れた場合には，医師の診断に基づいて対応することが必要である．離乳の開始を遅らせることで，食物アレルギーを予防できるという科学的根拠はないため，原因食品以外の摂取を遅らせる必要はない．

（5）ベビーフードの利用

市販のベビーフードは月齢ごとに多くの製品があり，粉末製品，フリーズドライ，瓶詰，レトルトなどのタイプがある．

ベビーフードを利用するときの留意点を次にあげる．

◎子どもの月齢に合ったものを選び，与える前にはひと口食べてみて，味，固さ，温度を確認する．

◎主食，主菜，副菜がそろうように選択する．

◎食材の大きさ，固さ，とろみ，味つけなど，離乳食を手づくりする際の参考にする．

◎外出や旅行のとき，メニューを増やしたり変化をつけるときなど，用途に合わせて上手に選択する．

◎開封後の保存には注意する．粉末製品は吸湿性が高く，使い切りの小袋になっているものが多い．瓶詰，レトルトは，開けたらすぐに与える．与える前に小分けにして冷蔵または冷凍保存することもできる．食べ残しは廃棄する．粉末製品は与える分だけ戻し，余分に戻して保存することは避ける．

D
幼児期の心身の発達と食生活

　幼児期とは，1歳から5歳まで（満6歳未満）と定義されるが，実際には満1歳から小学校入学までの約5年間である．

　この時期は，心身のさまざまな面において多彩に発達し，小学校に入学するころには"人間としてかなり完成した姿をみせる"といわれるまでに成長する．

　幼児期の特徴と食事の摂り方，食生活上の問題点などを学ぶ．

1　幼児期の心身の発達の特徴

a　幼児期の発達の特徴

　おとなによって生命を守られ，愛され，信頼されることにより，情緒が安定して人への信頼感を育てることができる時期である．また身近な環境に興味や関心をもって，自発的にはたらきかけることにより，自我が芽生えてくる．幼児は，自分を取り巻く環境に主体的にかかわることにより心身の発達を進めることができ，さらにおとなとの信頼関係をもとに，幼児同士がかかわって，身体的あるいは知的な発達だけでなく，情緒的，社会的および道徳的な発達を進めることができる．身体的あるいは育った環境などの違いで，一人ひとりの心身の発達の個人差が大きい．遊びをとおして仲間との関係を育むだけでなく，自身も成長することになる．

　幼児期は，生涯にわたり生きる力の基礎となる時期である．また知能・情緒面など精神活動がめざましく発達する時期である．脳重量は6歳ころまでに成人の約90％に達する．とくに身体感覚を伴う多様な経験が積み重なることにより，豊かな感性とともに好奇心，探究心，思考力を培う大切な時期であり，食生活では，食事の盛りつけ，色どりなど，視覚に訴える工夫が有効である．その後の生活や学びの基礎となると考えられる．

　おおよその年齢の発達過程が，「保育所保育指針」に示されている．

●1歳以上3歳未満児

　歩き始めから，歩く，走る，跳ぶなどへと，基本的な運動機能が次第に発達し，排泄の自立のための身体的機能も整うようになる．つまむ，めくるなどの指先の機能も発達し，食事，衣類の着脱なども，保育士などの援助の下で自分で行うようになる．発声も明瞭になり，語彙も増加し，自分の意思や欲求を言葉で表出できるようになる．このように自分でできることが増えてくる時期であることから，保育士などは，子どもの生活の安定を図りながら，自分でしようとする気持ちを尊重し，温かく見守るとともに，愛情豊かに，応答的に関わることが必要である．

●3歳以上児

　運動機能の発達により，基本的な動作が一通りできるようになるとともに，基本的な生

活習慣もほぼ自立できるようになる．理解する語彙数が急激に増加し，知的興味や関心も高まってくる．仲間と遊び，仲間の中の一人という自覚が生じ，集団的な遊びや協同的な活動も見られるようになる．これらの発達の特徴をふまえて，この時期の保育においては，個の成長と集団としての活動の充実が図られるようにしなければならない．

b 身体の発達の特徴

● 身長，体重

　乳児期のめざましい身体発育に比べると，身長・体重の増加は比較的ゆるやかである．一人ひとりの発育に差があるため，身長・体重曲線を利用し，月ごとに各成長曲線に沿うように発育しているかを観察し，急に極端に曲線からそれることがないかを検討する．上方にそれて長く続く場合は，肥満につながる恐れがあり，下方にそれる場合は，疾病やむし歯（う歯）などが隠れていることがあり，ときとして虐待の場合が考えられる．成人期の肥満につながりやすいといわれる幼児期の肥満は，見ためにわかりにくいため，周囲の大人がつねに注意する必要がある．

● 骨・歯の発育

　頭部の大泉門は，1歳6か月〜2歳までには閉鎖する．手根部のエックス線像にみられる手根骨は，骨年齢として成長を評価するのに用いられ，1〜2歳で2〜3個，3〜5歳で3〜5個となる．

　3歳6か月ころに20本の乳歯が完成し，6歳ころには6歳臼歯といわれる大切な歯が生えてくる．乳歯のときから，むし歯にならないように口腔内の衛生管理に注意する．

● 咀しゃく機能

　切歯（前歯）が生えそろうにしたがって，前歯でかじりとってひと口量を学習していく．1歳ころから，第一乳臼歯が生えて歯を使った咀しゃく（噛むこと）を覚えていく．離乳が完了しても，乳歯がすべて生えそろう3歳ころまでは，個人差も大きいので，口腔機能の発達と食物の固さや調理形態に十分な配慮が必要である．上下の奥歯（第一乳臼歯）が生えそろう前に固い食物を与えると，"噛まない"，"丸呑みする"，"固いものが嫌い"，"偏食がある"などの原因になることがある．

　幼児食での食べ方の評価として，歯の生え方，食べ方をみながら，咀しゃく機能を育てていくことが大切である．また子どもの食べ方を観察し，何らかの疾病が疑われる状態や障害が認められた場合には，かかりつけ医と相談するなど，適切な対応をはかる．

● 運動機能・言語機能

　乳幼児の運動機能・言語機能の発達について，2010（平成22）年の乳幼児身体発育調査結果では，前回（2000年）の調査と比較して，やや遅くなっていることがわかった．

　幼児期の子どもの運動機能の発達の目安は表3-31に示す．幼児期は，からだを動かすことが好きなので，なるべく外遊びを多くして積極的に運動量を高めていく保育が望ましい．

表3-31 幼児の運動機能

年月齢	全身運動	部分的な運動
18～23か月	ひとりで歩く	積み木を2つか3つ積める
2歳ころ	歩き方が安定し，運動量が増す	本を1ページずつめくれる 靴下を引っ張って脱げる
3歳ころ	歩く・走るの基本動作が確実になる 両足で交互に階段を昇れる	簡単な折り紙ができる はさみで紙を切る 円や三角を描く ボタンをかける
4歳ころ	スキップができる ボールを蹴ったり投げたりできる	
5歳ころ	器具を使ってやや複雑な運動ができる	
6歳ころ	片足立ちができる ルールがわかり集団の競技ができる 二輪車に乗れる	ひもを結ぶ

(2010年乳幼児身体発育調査を参考に作表)

2 食生活の特徴と問題点

a 食行動の特徴 (表3-32)

● 1～2歳ころ

2歳までに，一人で食べられることを目標にする．一部の幼児は，1歳6か月の健診時には，かなり上手にスプーン，フォークで食事ができるようになっている．"コップで飲める"は1歳6か月健診時の食行動発達チェック項目となっている．

知能の発達とともに自立心の芽生える1歳すぎになると，自分でやりたがるようになる．また親や保育者にほめてもらうことを，とても喜ぶようになるので，動作が少々ぎこちなく食卓を汚したりすることがあっても，励まし，一緒に喜んであげることで摂取の自立が早まる傾向がある．

● 3～5歳ころ

友だち遊びができる年齢に入るので，食事も仲間と食べることを喜ぶようになる．家庭での食事も，できるだけ家族そろって食卓を囲み，会話を交わしながら，楽しい食事を心がけたい．

動作もしっかりしてくるので，食事の手伝い（料理づくり，テーブルの用意，あと片づけなど）にも積極的に参加させるようにする．箸の正しい持ち方も5歳くらいのときに完成させておくとよい．4～5歳になると，今まで"嫌い"といっていた食品も指導の仕方では，頑張って食べてみようと努力するようになる．

b 食事摂取基準と食品構成

(1) 食事摂取基準

日本人の食事摂取基準（2020年版）では，幼児期の推定エネルギー必要量は身体活動

表3-32　幼児の食行動

年月齢	食行動など
18〜23か月	コップで水を飲むことができる 手づかみ食べが主流で，徐々にスプーンの練習を始める
2歳ころ	スプーンを使って自分で食べる 食事中こぼさず食べられる子どももいるが，ほとんどはまだよくこぼす 食事の挨拶ができるようになる 歯みがきの練習を始める 食事の簡単な手伝いをすることができる 箸を使い始めるようになる
3歳ころ	よく噛んで食べる習慣がつく 手の器用さが増し，自分で上手に食べられるようになる 歯みがきや手洗いをする
4歳ころ	食事の手伝いをよくする 食事のしつけを受け入れるようになる 食べ方が早くなる 手洗いの習慣がつく
5歳ころ	食事やおやつの時間が決まってくる 箸の持ち方が上手になる（5〜6歳） 食事中，ほかの人の話を聞いて，会話をすることができる

〔日本小児保健協会：幼児健康度調査，2000（平成12）年度ほかを参考に作表〕

レベルⅡの場合で，1日あたり，1〜2歳児の男子950 kcal，女子900 kcal，3〜5歳児の男子1,300 kcal，女子1,250 kcalとなっている．体重1 kgあたりに直すと，1〜2歳児では約80 kcalで，ほぼ成長の完了する18〜29歳の体重1 kgあたり約40 kcalに比べ，およそ2倍にあたる．からだが小さく，胃の容量も小さいわりには体重kgあたりのエネルギー必要量が多い．これは幼児の発育が旺盛であり，かつ運動量が大きいためである．

　脂質の目標量は，脂質エネルギー比率20〜30%（1歳以上）となっている．

　たんぱく質の1日の推奨量は，男女とも1〜2歳児で20 g，3〜5歳児で25 gである（18〜29歳では，男性65 g，女性50 g）．前述のように，この時期は筋肉，脳，神経などが発達し，とくに脳は6歳ころまでに約90%まで発達するといわれているので，不可欠（必須）アミノ酸がバランスよく含まれた良質のたんぱく質として，動物性たんぱく質を50%以上（できれば2/3）は与えたい．また良質の動物性たんぱく質は消化吸収率も高いので，幼児期には，とくに大切である．ただし肉だけに偏るのではなく，わが国で手に入りやすく栄養価に優れた魚の摂取も推奨したい．

(2) 食品構成

　1〜2歳児および3〜5歳児の日本人の食事摂取基準をもとに，表3-33に示すような食品構成を目安とする．

表3-33a 1〜2歳児の食品構成と目安量

食品群		分量(g)	目安量
乳 類		200	牛乳1本
卵 類		25	鶏卵小 1/2 個
肉・魚介類と製品		30	魚 1/3 切, またはひき肉大さじ2
豆類と製品		30	豆腐 1/10 丁
緑黄色野菜類		90	ほうれんそう小2株, にんじん3切, ブロッコリー1房を合わせたもの
淡色野菜類		120	キャベツ1枚とかぶ1個
海藻類		1	干しひじき小さじ 1/2
果実類		100	りんご 1/3 個
穀 類 (米として)	(男児)	120	ごはんにすると 子ども茶碗8分目 ×3
	(女児)	100	
いも類 (じゃがいもとして)		30	じゃがいも 1/3 個
砂糖類		15	砂糖大さじ2弱
油脂類		12	植物油大さじ1杯

エネルギー：900〜1,000 kcal

表3-33b 3〜5歳児の食品構成と目安量

食品群		分量(g)	目安量
乳 類		200	牛乳1本
卵 類		30	鶏卵小 2/3 個
肉・魚介類と製品	(男児)	50	魚 1/2 切, または薄切り肉2枚, またはしらす干し大さじ1
	(女児)	45	
豆類と製品		50	豆腐 1/6 丁
緑黄色野菜類		90	ほうれんそう小2株, にんじん3切, ブロッコリー1房を合わせたもの
淡色野菜類		150	キャベツ1枚とかぶ1個ときゅうり 1/4 本
海藻類		2	干しひじき小さじ1
果実類		150	りんご 1/2 個
穀 類	(男児)	180	ごはんにすると おとな茶碗1杯 ×3
	(女児)	150	ごはんにすると おとな茶碗1杯 ×3弱
いも類		50	じゃがいも 1/2 個
砂糖類		20	砂糖大さじ2強
油脂類		18	植物油大さじ1杯半

エネルギー：1,250〜1,400 kcal

（3）食品の選び方

各食品群の幼児食における重要性は次のとおりである.

● 乳 類

牛乳は良質のたんぱく質を含み，またカルシウムやビタミン B_2 などのよい給源でもある．牛乳200gで約220mgのカルシウムが摂取でき，1〜2歳児のカルシウムの推奨量の約50％となる．牛乳のカルシウムは消化，吸収，利用率が高いので欠かせないが，牛乳嫌いの幼児やアレルギーのある幼児にはカルシウムを多く含む食品（豆腐や納豆などのだいず製品，骨ごと食べられる小魚，ひじきなどの海藻類，こまつななどの緑黄色野菜）を与えるようにする．飲むのは苦手でも，ヨーグルト，プリン，アイスクリーム，シチュー，グラタンなどは受け入れる場合も多いので，幼児の好む調理法を工夫するとよい.

食品構成に示された分量は1日の牛乳量として示したものであるから，その一部または全部をヨーグルトなどの乳製品で摂取してもよい.

● 卵 類

卵類は，良質のたんぱく質や，ビタミンA，B_1，B_2 などを含み，乳類に少ない鉄も含まれている．卵は幼児に好まれる食品で，色彩も美しく，また調理性に富むので食事に変化をもたせることができる.

● 肉・魚介類

肉・魚介類の新鮮物として，1〜2歳児では1日に30g，3〜5歳児では40〜50gを目

安にする．肉類は筋線維でできているので，ひき肉や薄切りにして幼児が食べやすいように調理する．レバーは，鉄，ビタミンA，B₂などに富むが，ビタミンA（レチノール）を多く含むため（p.37 表2-14 参照），1日の食事摂取基準のビタミンAの耐容上限量を超えない程度にする．

　魚介類は小骨に注意し，肉類と交互に与えるようにしたい．5歳くらいになると箸の使い方も上手になるので，骨も自分できれいに取り分けて食べることができるようになる．骨離れのよい，いわしや，さんまなどで練習させるとよい．また肉や魚からつくられる練り製品，干物，ハム，ソーセージ類を利用してもよいが，アミノ酸組成（p.27 表2-7 参照）や食塩含有量などに注意する．

● 豆　類

　植物性たんぱく質は豆類に最も多く含まれている．なかでもだいずは"畑の肉"といわれるほどたんぱく質としての栄養価が高く，豆腐，納豆などの製品としても食べられる．

　以上は，たんぱく質性食品であるので，幼児の好み，食品の入手状況に応じて，牛乳，卵，肉，魚肉，だいずおよびこれらの製品のあいだで相互に代替して献立に変化をもたせるようにする．その場合には，含まれるビタミン，ミネラルなどの量は多少異なるが，たんぱく質の量で代替する．もちろん1つの食品だけを使うのではなく，数種の食品を組み合わせるようにする．また動物性たんぱく質比（総たんぱく質中の動物性たんぱく質の割合）50％を確保することが大切である．

● 野菜・果実類

　野菜・果実類はビタミン，ミネラル，食物繊維などの給源である．幼児の食品構成からはビタミンやミネラルの摂取量は食事摂取基準の約2倍になるが，季節によって摂取しにくい場合もあり，ビタミン類では調理の際に損失されることなどがあるので十分な量を摂取したい．1〜2歳児は野菜を嫌う傾向がみられるので，小さく切るなど工夫して食べさせる．3〜5歳になると，今まで野菜を嫌っていた幼児も指導の仕方，調理法の工夫，あるいは幼児自身が調理に参加することによって，自分から"好き"になる努力をする姿勢をみせることも多い．

● 穀類，いも類

　穀類，いも類はエネルギー源であり，たんぱく質もある程度含んでいる．いも類は野菜・果実以外のビタミンC給源である．エネルギー摂取量の調節は，この食品群で行うとよい．それぞれの運動量によって摂取量は異なるが，幼児には適度の運動を習慣づけ，基準の穀類，いも類の摂取を維持するようにしたい．

　主食，いも類以外におかずの副材料（パン粉，片栗粉など）や，間食のせんべい，コーンフレーク，クラッカーなどもこれに含まれる．パンはごはんの約半分，ゆでうどんはごはんの1.5倍の重量で等しいエネルギーが得られる．主食にはいろいろな食材を用いて変化をもたせたい．

● 油脂類，砂糖類

　油脂類，砂糖類はともに精製食品で，ほかの栄養素をほとんど含まず，油脂類は高エネ

ルギー食品である．そのため多量に用いるとエネルギー以外の栄養素の摂取を妨げる．市販の甘い菓子類は砂糖が多すぎるため栄養のバランスをくずし，肥満，食欲不振などの原因となる．

（4）献立の作成
● 食品構成を利用した献立の作成
　献立は，1〜2歳児，3〜5歳児の食品構成（p.126表3-33参照）を目安にして作成する．朝・昼・夕食に均等に栄養量を配分するのが理想的であるが，幼児は一般に就寝時間が早いので，朝，昼を重くし，夕食をなるべく軽くする．朝食25〜35％，昼食25〜35％，間食10〜20％，夕食20〜30％の配分を目安としたい．
● 食事バランスガイドを利用した献立の作成
　「食事バランスガイド」は，食事の1日の望ましい組み合わせや，おおよその量をわかりやすく示したものである（p.51図2-14参照）．さらに各自治体において，地方色豊かな食材を取り入れた献立を用いて，独自の「食事バランスガイド」が考案されている．
　東京都では，幼児（3〜5歳）を対象に，「東京都幼児向け食事バランスガイド」や「東京都幼児向け食事バランスガイドコマ教材（立体式組み立てコマ）」を作成し，幼児（3〜5歳：基準1,250〜1,400 kcal）の1日分の目安量として，主食（3〜4つ：SV），副菜（4つ），主菜（3つ），牛乳・乳製品（2つ），果物（1〜2つ）の5つのグループで料理・食品をバランスよく摂れるようにわかりやすく示している（図3-15，表3-34）．またコマを回すためのひもの部分の菓子・嗜好飲料（ジュースなど）のところでは，幼児の推定エネルギー必要量の10〜20％，200 kcalまでが望ましいとしている．

（5）献立の評価
　① 幼児食として計画された献立は次の観点から評価する．
　　　栄養面では，各食品群に用いられた食品の種類と分量および1食あたりの配分は適切であったかどうか，牛乳・卵の分量，緑黄色野菜を含めた野菜の割合，動物性たんぱく質比は50％以上あるか，脂質エネルギー比率が20〜30％の範囲にあるかなどについて検討する．
　② 栄養面だけでなく，幼児が喜んで食べられるように，色，形，味，口あたりなどを検討する．
　③ 幼児の生活のリズムに適しているか．
　④ 献立に変化があるかどうか．
　⑤ 消化しにくい食品，興奮性・刺激性食品を多用していないか．
　そのほかは成人の場合とほぼ同じである．

図 3-15 子どもの 1 日の摂取量の目安

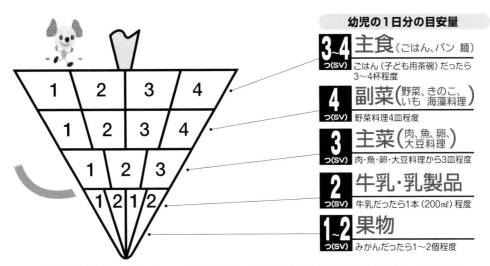

幼児の1日分の目安量

3~4つ(SV) 主食（ごはん、パン 麺）
ごはん（子ども用茶碗）だったら3～4杯程度

4つ(SV) 副菜（野菜、きのこ、いも 海藻料理）
野菜料理4皿程度

3つ(SV) 主菜（肉、魚、卵、大豆料理）
肉・魚・卵・大豆料理から3皿程度

2つ(SV) 牛乳・乳製品
牛乳だったら1本（200ml）程度

1~2つ(SV) 果物
みかんだったら1～2個程度

注 1） 基本形（成人）の食事バランスガイドは p.51，妊産婦のための食事バランスガイドは p.88 を参照．
注 2） 料理例は基本形（成人）の食事バランスガイドを参照．

（東京都幼児向け食事バランスガイド指導マニュアル，東京都福祉保健局，2006）

表 3-34 幼児の 1 日の食事摂取量の適量と献立例

	主 食	副 菜	主 菜	牛乳・乳製品	果 物
朝 食	食パン 1（6 枚切り）	レタスときゅうりのサラダ 1	目玉焼き 1	牛乳 1	
昼 食	かけうどん 1（おとなの半分）	切り干し大根の煮物 1	鶏肉のから揚げ 1（1 個）		
間 食				ヨーグルト 1	みかん 1
夕 食	ごはん 1（子ども用茶碗 1 杯分）	小松菜の炒め煮 1 根菜のみそ汁 1	さんまの塩焼き 1（1/2 本）		なし 1
計	3	4	3	2	2

（東京都幼児向け食事バランスガイド指導マニュアル，東京都福祉保健局，2006）

c 間食の意義

● 間食の必要性

　日中，覚醒時にはじっとしていることが少なく，活動的で，しかも日々成長を重ねている幼児期は，からだが小さいわりに多くの栄養素等の摂取を必要とし，そのうえ消化吸収などの機能もまだ完全には発達していないため，成人のように 3 度の食事だけでは栄養素等を十分に補給することができない．そこで第 4 の食事の意味合いも兼ねて，栄養素等の補給を目的とする間食（補食）が，1 日に 1 ～ 2 回必要となる．また，幼児にとって，間食は栄養的な面だけでなく精神的な面においても，3 度の食事とは違う " 食べる楽しさ " を体験し，ときには友だちや知人，家族との楽しい団らんの場としての役割など，精神的な発達への効果も考えられる．さらに，食事のマナーやしつけ，健全な食習慣の形成においても大切な意味を持っている．

表3-35 おもなおやつと嗜好飲料のエネルギー

品　名	分　量	kcal	品　名	分　量	kcal
ハードビスケット	18 g	76	カステラ	40 g	125
ソフトビスケット	17 g	87	どら焼き（つぶしあん）	80 g	234
ポテトチップス（成形）	20 g	103	あんぱん（こしあん）	100 g	253
ポップコーン	10 g	47	草もち（つぶしあん）	100 g	227
揚げせんべい	10 g	46	あんまん（こしあん）	100 g	273
しょうゆせんべい	10 g	37	肉まん	100 g	242
ミルクチョコレート（1/6枚）	10 g	55	カスタードプディング	100 g	116
キャラメル（1粒）	6 g	26	コーヒーゼリー	200 g	88
ラムネ	1 g	4	普通牛乳	200 mL	122
チューインガム（糖衣）2粒	2.8 g	11	ヨーグルト（脱脂加糖）	120 g	78
クリームパン	110 g	315	ラクトアイス（低脂肪）	200 mL	216
シュークリーム	85 g	190	アイスクリーム（高脂肪）	110 mL	226
ショートケーキ（果実なし）	100 g	318	オレンジジュース(ストレート)	200 mL	90
デニッシュペストリー(カスタード入り)	100 g	419	スポーツドリンク	500 mL	105
ホットケーキ	100 g	253	サイダー	350 mL	144
ワッフル（カスタード）	50 g	121	ウーロン茶	500 mL	0

（日本食品標準成分表2020年版（八訂）より）

● 間食の量と回数

　間食は通常"おやつ"とよばれ，その響きからもわかるように食事とは異なり，どちらかというとエネルギーや水分補給をおもに考えていくことから発展して，菓子，果物など，楽しみを期待させ休息を与えるものとなる．しかし"間食"が"甘食"となり，子どもの欲しがるままに与える保護者もいる（p.6図1-3参照）．間食はあくまでも3回の食事で不足する分を補うのが基本になるので，生活リズムの乱れや幼児期の成長に必要な栄養素の不足，むし歯の形成など，悪い影響を与えないように注意する．

　間食の量は，年齢，家庭環境，食事間隔，運動量，食欲などによって，それぞれ異なる．普通は1日のエネルギー摂取量の10〜20％とされる．間食の回数については，1〜2歳児は1〜2回/日，3〜5歳児は午後のみ1回を目安とする．

　おもなおやつと嗜好飲料のエネルギー量について表3-35に示す．

　最近，おとなの夜型の生活スタイルの影響により，子どもの就寝時刻が遅くなることが憂慮されている．2015（平成27）年度乳幼児栄養調査の結果で，午後10時以降に就寝する子ども（0〜6歳）の割合は，保護者の就寝時刻が「深夜1時以降」の場合に平日35.0％，休日45.3％と多くなっており（図3-16），そのため"夜食"を摂取する幼児も多くなっていることが危惧される．

　間食の回数が多いと，むし歯の発生率が高くなる．とくに就寝前の飲食は，十分な歯みがきが期待できないうえに，睡眠中の唾液分泌が減少するため，むし歯発生の危険がより高くなる．また同じ量の甘いものをまとめて摂った場合と数回に分けて摂った場合とでは，数回に分けて摂った場合のほうが口腔内の停滞時間が長くなるため，むし歯になる危険性が高い．間食の回数は日中に多くても1〜2回にとどめ，午後9時までに就寝することを生活習慣としたい．その結果，朝食をしっかり摂るなど，食事のリズムを取り戻し，元気に活動する健康的な幼児像が期待できる．

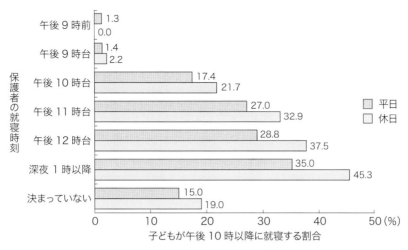

図3-16 子どもと親の就寝時刻の関係

（厚生労働省：平成27年度乳幼児栄養調査結果）

● 間食の与え方

間食の内容は，牛乳，乳製品，卵，野菜，果物を中心としたもの，時間があれば家庭で手づくりのものを与えるようにする．3歳まではチョコレート，あめ，スナック菓子，甘味飲料などは，なるべく味を覚えさせないほうがよい．与えるときは量を決め，くれぐれも次の食事に影響しない程度とし，習慣にならないように注意する．野菜嫌いの幼児などには，手伝わせて一緒に野菜入りクッキーなどをつくると喜び，食べにくい野菜への抵抗が少なくなることも多い．

d 健康増進，疾病などへの対応

子どもの心身の健康状態や疾病などの把握のために，定期的に健康診断を行い，その結果を記録して状態を理解し，保護者が日常生活に活用できるようにする．睡眠，食事，遊びなど，1日をとおして生活リズムを整えることは，心身の健康づくりの基礎となる．

体調不良や障害が発生した場合には，その子どもの状態などに応じて，かかりつけ医などと相談し，適切な対応を行う．また子どもの感染症や，そのほかの疾病の発症予防につとめ，その発生や疑いがある場合には，必要に応じて，かかりつけ医または適切な医療機関，市町村，保健所などに連絡して，その指示に従い，適切な対応を行う．感染予防のために，予防接種を計画的に行ったり，救急用の薬品などを常備して，子どもの疾病や負傷などの事態に備えて対応できるようにすることが望まれる．

e 幼児期の食生活の問題点

幼児の心と身体の発育や発達のためには，幼児期における食習慣の確立や幼児を取り巻く環境の整備が大切である．近年，幼児の生活時間が夜型に移行し，就寝時間が遅くなり朝食の欠食率が増加していることや，不規則な食事や偏食などによる幼児肥満の増加など多くの課題が生じている．

食をめぐる問題として，①"食"を大切にする心の欠如，②栄養バランスの偏った食事や不規則な食事の増加，③肥満や生活習慣病の増加，④過度の痩身傾向，⑤"食"の安全上の問題の発生，⑥"食"の海外への依存，⑦伝統ある食文化の喪失などがあげられる．このような現状を受けて，2005（平成17）年7月に内閣府により，「食育基本法」が制定された（第4章参照）．"食育"とは生きるうえでの基本であって，知育・徳育・体育の基礎となるものであり国民全体に対して行うものと考えられるが，幼児期のような早い時期から，よりよい食習慣を確立することが必要である．

平成27年度乳幼児栄養調査では，「子どもの食事で困っていること」として，2～3歳児では「遊び食べ」が最も多く，「食べるのに時間がかかる」，「偏食する」，「むら食い」も上位を占めている（図3-17）．これは，子ども側の理由だけでなく，両親に仕事があって，子どもの食事にゆっくり付き合えない，食事中もテレビがついているなど，子どもが食事に専念できない食環境の変化が，このような結果の一端にもなっていることが考えられる．

(1) 偏　食

偏食は幼児期に多くみられ，保育上の問題となることがしばしばある．ある種の食品に対して極端に好き嫌いを示す場合を一般に偏食といい，"嫌い"なものをさすことが多いが，広義には好きなものしか食べない場合や，食べる時間もばらばらで，好きなときに食べるといった状態も含まれる．偏食は，長期間にいたるものと自然に食べられるようになるものとがある．

偏食の問題を抱える幼児については数多くの研究成績がある．平成22年度の幼児健康度調査では，偏食に関する訴えは3歳以降に増大し，子どもの食事についての心配事に占める割合は25～29％にのぼった．訴えのある幼児の身体的特徴として，カウプ指数では"やせ"に分類され，貧血傾向もあり，罹患率も高い傾向にあった．

● 原　因

① 病気によるもの

むし歯がある場合には固いものを嫌い，食物アレルギーがある場合はある食品を異常に欲したり，嫌ったりすることがある．たとえば牛乳アレルギーがあるのに多飲に傾いたり，逆に受けつけなかったりする．また，先天性副腎過形成症ではナトリウムが大量に尿中に排泄されるので，塩辛いものを異常に欲しがることがある．このように病気が原因のときには，病気を治療することが先決である．

② 離乳期の不適当な食事

食品の選び方，調理法の偏りや不適当な場合に偏食が起こることがある．たとえば家人が偏食である場合，ある種の食品を食べる機会が少なく，そのため偏食になることがある．これに対しては，離乳期の7，8か月ころから広範囲の食物に少しずつ慣らし，予防的手段をとることが望ましい．

③ 食物に関する不快な経験

食物によって誘発されたと思われる下痢や，不快な経験や疾病から偏食を生じることが

図 3-17 子どもの食事で困っていること（複数回答）

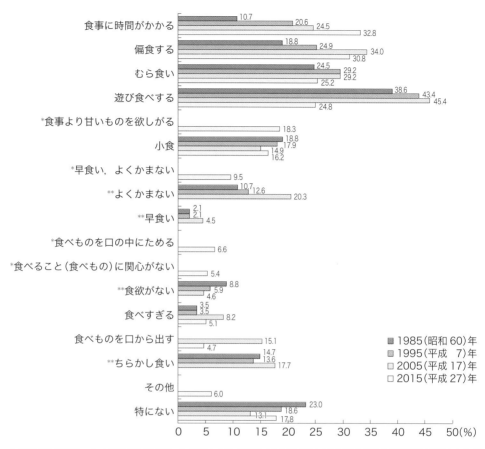

＊平成27年新規，＊＊平成17年まで，1歳以上（厚生労働省：平成17年度，平成27年度乳幼児栄養調査結果より作成）

あるので，日常生活においても注意したい．

④ 子どもの反抗期の現れとして

3歳ころの幼児からみられる．保護者のすすめる食物を意味もなく拒否する，あるいは関心を引くために偏食を示すこともある．この場合には，周囲が子どもの偏食に関心をもっていないように振る舞うとよい．ときには保護者が一方的に「子どもの反抗期の現れとしての偏食であって，わがままをいっている」と決めつけてしまい，食卓でも"こわい保護者"に徹しすぎている場合がある．子どもが保護者の温かい愛情を心から望んで助けを求めているときがあるので，その場合はサインを見落とすことのないようにする．

● 対 策

いわゆる偏食とよばれるもの，すなわち1歳6か月健診時に多くの幼児の保護者が訴える"野菜を食べない"などの偏食を，どのように矯正していくかについて次に述べる．

① 調理の工夫

食品そのものを食べないのか，調理法によって食べないのかをみきわめる．調理法によるものであれば，形を小さくする，味つけを変えるなど，少しずつ慣らすようにする．

② 代替食品の利用

ある特定の食品をまったく受けつけない幼児もいるが，ある年齢の一時期であることが多いので，その食品のもつ栄養的特徴を調べ，なるべくそれに代わるものを与えるようにする．与える側の基本的態度として，無理やり口の中に押し込むことはしないようにすることが大切である．

● 偏食のない子にするために

偏食が長期にわたると，身体的にも心理的にも悪影響を及ぼすことがあり，偏食のない子に育てる努力が必要である．無理強いはせず，嫌がるときはあっさり片づける．そこで食べなくても，次の食事には違った種類のものを用意する．食べないものを何度も登場させるのは一種の罰ゲームともなり，食卓に恐怖心を植えつけることにもなりかねない．

年齢の高い子どもには嫌いな理由を聞いて，発育や健康に大切であることを話し，食べたときにはほめて自信をもたせるようにする．また友だちと一緒に食事をさせる，戸外で食事をさせる，食事の準備を手伝わせるなど気長に矯正していく．

幼児の偏食は多くの場合，自己防衛的側面が強いという意見がある．幼児のデリケートな心理を十分に理解して，気長に温かく偏食の矯正と指導にあたることが望ましく，子どもが投げかけた要求に対しては，"肯定的に耳を傾けてあげる"，"安心させる"という態度で受け止め，その後，徐々によい方向に仕向けていくようにする．また食卓には，空腹で，なおかつ落ち着いた楽しい気分で向かわせることが大切である．

(2) 食欲不振

幼児がひとり遊びをはじめるようになってまもなく，保護者から"食べなくて困る"という訴えを聞くが，健康な子どもでも幼児型の発育に移り，一時的に食べなくなることがある．これを生理的食欲不振という．食欲に関しては，この時期になると個人差が大きくなり，大食の子どもも小食の子どももいる．また同じ子どもでも，ときに驚くほど食欲が旺盛であるかと思うと，急に小食になることもある．

また飽食の時代といわれ，小児期にも肥満を警戒する傾向が強くなった最近の時代背景では，食欲不振に対する保護者からの訴えは減少する傾向にある．武藤らの報告では，1962〜63年ころには80〜90%の子ども（とくに2〜3歳ころ）に食欲不振の訴えがあったとしているが，平成27年度乳幼児栄養調査では，小食で困るという訴えは20%以下になっている（図3-17）．

● 原　因

食欲不振の場合の食べ方の特徴は"すぐ飽きる"，"放っておけば食べない"，"食べさせると駄々をこねる"などがあるが，食欲不振には次のような原因がある．

① 心理的なもの（心因性食欲不振）

欲求不満や過保護，神経質な子ども，また保護者が食事を強制したり，行儀などをうるさく注意すると，食欲を損なう．

② 生活の不規則によるもの

家庭環境から生活が不規則になり，睡眠不足，運動不足，遊びすぎからくる過労，間食

の不規則からくる食べすぎなどは，食欲不振を引き起こす．

③ 生理的なもの

幼児期は発育が比較的緩慢なこと，しかも運動量が学童ほど多くないので，生理的にあまり食べないこともあるが，一定期間をすぎると食欲を回復してくる．

食欲は日々変動し，季節によっても左右される．このように個人の食欲は一定ではないが，平均すると食事摂取基準に近い量を摂取していることが報告されている．

④ 病的なもの

むし歯，内分泌異常，結核，慢性疾患などの場合に食欲不振がみられる．

● 対　策

食欲不振が感じられた場合には2〜3日間の食事内容を正確に記録し，エネルギー摂取量およびたんぱく質摂取量が基準量より極端に少ない場合には，原因を検討して，その原因を取り除くことが先決である．保護者が“食べなくて困る”という程度のときには，案外栄養素等の摂取量では不足していないことがある．発育が順調で機嫌がよければ，一時的に食欲不振でも心配はない．潜在性の疾患がある場合には，その処置を早くしなければならないことはいうまでもない．食欲を促すには適度の運動と休息，十分な睡眠が必要であり，また家庭内を平和に保って心の安定を与えると同時に，何よりも“空腹感”を利用することが大切である．

E
学童期の心身の発達と食生活

　学童期とは，小学校に通う6歳から12歳までをさす．小学校高学年から思春期に入る子どももあり，学童期後半は，その心身の状態に男女差，個人差が非常に大きく，一人ひとりの発育・発達に合った対応が必要とされる．

1　学童期の心身の特徴

a　身体的特徴

● 身長，体重

　学童期前半（小学3～4年生ころまで）は穏やかに発達する．学童期後半（小学4～6年生ころまで）から中学生時代にかけて，身長，体重ともに旺盛な発育量を示すようになり，これを胎児期の終わりから乳児期にかけての第一発育急進期に対し第二発育急進期という．女子のほうが早く第二発育急進期を迎え，一時は女子の発育量および体位が男子を上回るが，2～3年遅れて男子はめざましい発育を示し，女子を追い抜く（図3-18）．第二次性徴が発現すると男性は筋肉質に，女性は丸みを帯びたからだつきになるなど，成人男性と女性の身体的特徴が現れる．

● 骨や歯

　骨は，長さや太さを増すとともに，カルシウムやリンなどが蓄積して骨密度が高くなる．筋肉や内臓の発達とあいまって，幼児期に比べてより強い力で，複雑な動きをすることが可能になり，速く走る，高く飛ぶなどの運動能力が増す．

　歯は，6～7歳から乳歯の崩落が前歯から始まり，平行して第一大臼歯が生え始め，12～13歳ころまでに第三大臼歯を除くすべての永久歯が生えそろう．咀しゃく機能や消化吸収力が増し，成人と同じものが食べられるようになる．

図3-18　年間発育量の比較（身長）

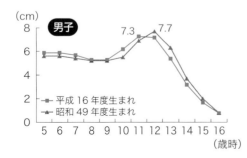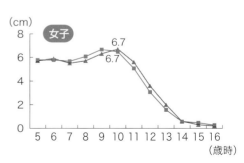

（文部科学省：令和4年度学校保健統計調査，確定値）

b 精神的特徴

学童期前半は，幼児期に引き続き自己中心的に物事を理解し，直感的に判断する傾向が強い．しかし年齢とともに周囲の状況や自分を客観的にみるようになり，抽象的，論理的な思考が可能になる．また社会性も発達する．

友だち関係は，幼児期の外的条件によるゆるやかなつながりから人格や性格によるものへと徐々に変化し，幼児期の家族中心の生活から仲間との世界の比重が増して行く．

第二次性徴発現のころには，不安や葛藤を生じやすく情緒が不安定になる（p.144 F-2 思春期参照）．

2 食生活の特徴と問題点

a 食生活の特徴

学童期は発育旺盛な時期であり，一般に運動量も多い．生命の維持のみならず発育を促進し，補う十分な栄養摂取が必要である．とくに成長に不可欠なたんぱく質，カルシウムや鉄などのミネラル，ビタミン類は不足しないように留意する．月経開始後の女子は鉄が不足しやすいので注意が必要である．「日本人の食事摂取基準」が示されているので，日常生活の内容に合わせ参考にするとよい（資料編 p.220 ～ 225 資料 1 参照）．個人差が大きい時期であるため弾力的な扱いが望まれる．

学童期の子どもたちの生活は，学校生活のほかにけいこ事や学習塾に通う割合が高くなり，交友関係も広がって，乳幼児期に比べ，家庭外ですごす時間が長くなる．母親の就労が増えることもあり，コンビニエンスストアやファストフード店の利用など，年齢とともに自分で食事を選択し摂取する機会が多くなる．

また，おとなの夜型生活の影響を受けて，就寝時刻が遅くなり（p.131 図 3-16 参照），夜食を食べる者も増える．

学童期は食習慣の完成期でもあり，その後の食生活や健康に影響を与える．この時期に正しい食習慣を身につける必要がある．「食事バランスガイド」などを参考に，栄養バランスの整った食事や間食を，規則正しく提供することに加えて，科学的な知識を伝え，何をどのように食べるかの理解を促し，自分に合った食事量がわかるように配慮する．みずからの食生活を振り返って改善する力を育むことが大切である（表 3-36）．

b 食生活の問題点

（1）食事の摂り方の問題
● 欠 食

欠食は朝食に多くみられる．生活の夜型化は，遅い夕食，夜食摂取の増加を招き，"朝起きられず朝食を摂る時間がない"，"食欲がない"という理由から，朝食の欠食につながりやすい（1 章 p.5 表 1-2，p.6 図 1-2 参照）．

表 3-36 学童期の 1 日に必要なエネルギーと摂取の目安

男性	エネルギー	主食	副菜	主菜	牛乳・乳製品	果物	女性
6〜9歳	1,400kcal〜2,000kcal	4〜5つ	5〜6つ	3〜4つ	2つ（※2〜3つ）	2つ	6〜11歳 身体活動量 低い
10〜11歳 身体活動量 低い	2,200kcal±200kcal	5〜7つ	5〜6つ	3〜5つ	2つ（※2〜3つ）	2つ	12〜17歳 身体活動量 ふつう以上
12〜17歳 身体活動量 ふつう以上	2,400kcal〜3,000kcal	6〜8つ	6〜7つ	4〜6つ	2〜3つ（※2〜4つ）	2〜3つ	

＊身体活動量 「低い」……一日中座っていることがほとんど
　　　　　　　「ふつう以上」……「低い」に該当しない人
　　　　　　　（さらに強い運動や労働を行っている場合は，より多くのエネルギーが必要となるので，適宜調整が必要です）
※牛乳・乳製品の子ども向けの目安は，成長期にとくに必要なカルシウムを十分に摂るためにも，少し幅をもたせた目安にする
　のが適当です．
注）コマの図と料理例はp.51 図2-14を参照．

（農林水産省：「食事バランスガイド」チェックシートを一部改変）

　食事回数が減ると，活動や発育に必要なエネルギーや栄養素を充分に摂取するのがむずかしくなる．とくに朝食は脳やからだが午前中活動するためのエネルギーや栄養素の供給源であり，生活リズムを整える役割ももつ．このため朝食の欠食は集中力の低下や低体温，不定愁訴などにつながりやすいといわれている．朝食欠食の減少は第 4 次食育推進基本計画の目標にも含まれる（資料編 p.228 資料 3 参照）．

● 孤　食

　保護者の忙しい生活や，子どもの塾通いなどの影響で，家族がまちまちの時間に食事をする，子どもが塾など家庭外で食事を摂るなど，家族の共食機会が減少し，子どもが一人で食事をする孤食が増えている（p.146 図 3-21 参照）．孤食は食欲不振や反対に過食に陥りやすく，食事内容が偏りがちである．

　家族一緒に囲む食卓は栄養摂取の場であり，食文化や食行動を学ぶ場であるとともに，コミュニケーションの場でもあり，食のマナーを学ぶなど社会性を育む場でもある．和やかな共食の時間は子どもたちの精神的な安心感にもつながる．保護者が共食の意義を理解し，子どもの言葉に耳を傾け，食事をともに楽しく過ごす努力をしたいものである．

● 間食や夜食

　学童期は発育旺盛な時期であり，この時期の間食は，幼児期と同様に 3 回の食事に加えて栄養摂取を補う役割をもつ．バランスよく栄養素を補給できる内容と量，食べ方に留意しなければならない．しかし，間食や夜食がスナック菓子やチョコレートなどであった

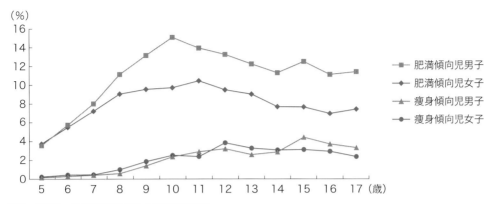

図 3-19 肥満傾向児および痩身傾向児出現率（2022 年）

性別，年齢別，身長別標準体重から肥満度を算出
肥満度＝[実測体重 (kg) －身長別標準体重(kg)]/身長別標準体重(kg)×100(%)
肥満傾向児：肥満度 20%以上の者　痩身傾向児：肥満度が－20%以下の者

（文部科学省：令和 4 年度学校保健統計調査，確定値）

り，何かをしながら菓子を食べつづける者も多い．このような食べ方は，脂質や糖質の過剰摂取，栄養素の不足や偏りを生じやすく，肥満や生活習慣病などの疾病につながることもある．夜食は，朝食時の食欲不振による欠食を招きやすいので注意が必要である．

● **家庭での栄養摂取**

学校給食がない日には給食のある日に比べ，多くの栄養素で不適切な摂取状況の者の割合が高くなる．とくにカルシウムの摂取量は大幅に減少する．学童期の子どもたちの栄養摂取において，給食のはたす役割は大きいといえる（p.143 コラム参照）．

朝食欠食の理由として‘用意されていない’をあげる者もあり，保護者自身の食習慣の問題や子どもの食生活への認識の低さなども危惧される．保護者の意識を高める支援も大切である（p.6 図 1-2 参照）．

（2）肥満・痩身傾向児

小学校中学年ころから肥満傾向児，痩身傾向児ともに増加し，"普通"のものの割合が減少する傾向にある（図 3-19）．この時期の肥満は成人肥満に移行しやすく，生活習慣病の危険が高くなるので，注意が必要である（p.194 小児期の肥満・肥満症参照）．

痩身は，豊かな食糧事情のなかでの，やせ願望による欠食や誤ったダイエット，アンバランスな食品選択などによるものが多く，虐待や貧困による場合もある．これらによる栄養不足は骨密度の低下や貧血などを引き起こし，問題となっている．ダイエット開始年齢が低い者ほど，おとなになってからの骨密度が低いという報告もある．やせ願望は女子に強いが，男子への広がりもみられ，低年齢化している．また痩身や肥満の背景に，精神的な問題が潜んでいる場合もあるため，配慮が必要である．

やせの子どものなかには，神経性やせ症を発症している者もいる（p.197 摂食障害参照）．発達に応じた食育を進め，子どもが自分のからだを大切にして，望ましい食習慣を身につけられるように導くことが必要である．

3　学校給食

a　学校給食の歴史

　わが国の学校給食は，1889（明治22）年山形県鶴岡市の私立小学校において，貧しい児童に昼食を給与したのが起源であるといわれる．国が学校給食に関与したのは1932（昭和7），国庫から67万円を支出して学校給食を奨励したのが始まりである．その後，学校給食は貧困児救済の意味から保健施策的性格を強めたが，第二次世界大戦とともに中止された．終戦後の食料不足を背景に，1947（昭和22）年にはアジア救済連盟（LARA）からの寄贈食糧などによって学校給食が実施された．1948（昭和23）年，都市部の小学校を対象に，はじめはミルク（脱脂粉乳），トマトジュース，パイナップルジュースといった飲料であったが，1950（昭和25）年からはアメリカ（占領地域救済資金GARIOA）から寄贈された小麦により，パン，ミルク（脱脂粉乳），おかずの完全給食が開始された．その後，学校給食を法制化して制度の安定を図る機運が高まり，1954（昭和29）年には学校給食の教育上の意義が理解され，学校給食法が制定された．

　1958（昭和33）年には，それまでのミルク（脱脂粉乳）から牛乳が供給されるようになり，1976（昭和51）年からは米飯給食が正式に導入された．

　2009（平成21）年に学校給食法が改正され，学校給食の普及充実を図ることに加え，学校における食育の推進を図ることが目的として示された．2005（平成17）年度から子どもたちに対する食に関する指導と学校給食の管理を一体的に行う栄養教諭制度が設けられているが，改訂された学校給食法には，新たに「学校給食実施基準」「学校給食衛生管理基準」とともに「栄養教諭」（p.159表4-2参照）の項目が加えられている．

　現在の学校給食は，学校給食法に基づいて学校教育の一環として実施されており，小学校および中学校の学習指導要領では特別活動における学級活動に位置づけられている．

b　学校給食の目標

学校給食の目標は，学校給食法第2条に，次のように示されている．
① 適切な栄養の摂取による健康の保持増進をはかること．
② 日常生活における食事について正しい理解を深め，健全な食生活を営むことができる判断力を培い，および望ましい食習慣を養うこと．
③ 学校生活を豊かにし，明るい社交性および協同の精神を養うこと．
④ 食生活が自然の恩恵のうえに成り立つものであることについての理解を深め，生命および自然を尊重する精神ならびに環境の保全に寄与する態度を養うこと．
⑤ 食生活が食にかかわる人々のさまざまな活動に支えられていることについての理解を深め，勤労を重んじる態度を養うこと．
⑥ わが国や各地域の優れた伝統的な食文化についての理解を深めること．
⑦ 食料の生産，流通および消費について正しい理解に導くこと．

表3-37　学校給食実施状況　　　　　　　　　　　　　　　　　　2021年5月1日現在

区　分	全国総数（校）	実施率（学校数比，%）			
		計	完全給食	補食給食	ミルク給食
小学校	19,107	99.0	98.7	0.2	0.1
中学校	9,955	91.5	89.1	0.3	2.1
義務教育学校	151	98.7	98.7	0.0	0.0
中等教育学校（前期課程）	54	64.8	55.6	0.0	9.3
特別支援学校	1,157	89.3	88.4	0.1	0.8
夜間定時制高等学校	555	66.1	51.9	13.9	0.4
計	30,979	95.6	94.3	0.5	0.8

（文部科学省：学校給食実施状況等調査，2023）

c　学校給食の実際

（1）学校給食の実施状況

　学校給食には，①完全給食（パン・米飯など，ミルク，おかず），②補食給食（ミルク，おかず），③ミルク給食（ミルクのみ）の3つの区分がある．

　1976（昭和51）年，学校給食に米飯が導入されたが，2021（令和3）年時点では，完全給食を実施している学校において，米飯給食の実施率は100%（学校数比）で，週平均3.5回実施されていた．

（2）栄養管理

　2009（平成21）年に改正された学校給食法に基づき告示された「学校給食実施基準」が2021（令和3）年に一部改正され，同年4月より施行されている．義務教育諸学校は，この基準に照らして適切な学校給食を実施することが求められている．

　なお夜間課程を置く高等学校には「夜間学校給食実施基準」，特別支援学校には「特別支援学校の幼稚部及び高等学校における学校給食実施基準」がそれぞれ定められている．

● 学校給食実施基準概要

　① 学校給食は，在学するすべての児童生徒に対して実施される．

　② 学校給食は，年間を通じ，原則として毎週5回，授業日の昼食時に実施される．

　③ 学校給食の実施にあたって，児童生徒の個々の健康および生活活動等ならびに地域の実情に配慮しなければならない．

　④ 学校給食に供する食物の栄養内容の基準（「学校給食摂取基準」）について定めた．

● 栄養摂取の基準

　学校給食に供する食物の栄養内容は，学校給食摂取基準（表3-38）を目安にしている．この基準は児童生徒の1人1回あたりの全国的な平均値を示したものであるから，適用にあたっては，個々の健康状態および生活活動の実態，ならびに地域の実情などに十分配慮し，弾力的に適用することが必要である．2021年改正の「学校給食実施基準」の各基準値は，厚生労働省が策定した「日本人の食事摂取基準（2020年版）」を参考にし，その考え方をふまえるとともに，「食事状況調査」および「昼食必要摂取量」などを勘案して算出された．エネルギーは，「学校保健統計調査」から求めた標準体重と食事摂取基準で用いている身体活動レベルのレベルⅡ（ふつう）により算出した1日の必要量の3分の1

表3-38 児童または生徒1人1回あたりの学校給食摂取基準

区　分		基　準　値			
		児童（6～7歳）の場合	児童（8～9歳）の場合	児童（10～11歳）の場合	生徒（12～14歳）の場合
エネルギー	(kcal)	530	650	780	830
たんぱく質	(%)	学校給食による摂取エネルギー全体の13%～20%			
脂　質	(%)	学校給食による摂取エネルギー全体の20%～30%			
ナトリウム（食塩相当量）	(g)	1.5 未満	2 未満	2 未満	2.5 未満
カルシウム	(mg)	290	350	360	450
マグネシウム	(mg)	40	50	70	120
鉄	(mg)	2	3	3.5	4.5
ビタミンA	(μgRAE)	160	200	240	300
ビタミンB$_1$	(mg)	0.3	0.4	0.5	0.5
ビタミンB$_2$	(mg)	0.4	0.4	0.5	0.6
ビタミンC	(mg)	20	25	30	35
食物繊維	(g)	4 以上	4.5 以上	5 以上	7 以上

注1）表に掲げるもののほか，次に掲げるものについても，示した摂取について配慮すること．
亜鉛…児童（6歳～7歳）2 mg，児童（8歳～9歳）2 mg，児童（10歳～11歳）2 mg，児童（12歳～14歳）3 mg
2）この摂取基準は，全国的な平均値を示したものであるから，適用にあたっては，個々の健康および生活活動などの実態ならびに地域の実情などに十分配慮し，弾力的に運用すること．
3）献立の作成にあたっては，多様な食品を適切に組み合わせるように配慮すること．

（文部科学省：学校給食実施基準 令和3年一部改正版，2021）

を基準とされた．たんぱく質は，「食事摂取基準」の目標量を用い，摂取エネルギー全体の13%～20%と設定された．カルシウムは「食事摂取基準」の推奨量の50%が基準値とされた．また，マグネシウムは，配慮すべき値として従来の表の注に規定していたが，中学生において不足している状況がみられることから，表中の基準値とされた．

（3）給食の時間における食に関する指導内容

給食の時間に行われる指導は，給食の準備，会食，片付けなどの一連の指導を毎日行う「給食指導」と給食の献立を教材として用いた「食に関する指導」に分けられる．「食に関する指導の手引—第二次改訂版—」（文部科学省，2019）には，食育の視点として①食事の重要性，②心身の健康，③食品を選択する能力，④感謝の心，⑤社会性，⑥食文化，が示されている．この6項目をもとに給食の時間および他教科などと連携した「食に関する指導」の計画を立てる（p.159 表4-3参照）．

（4）衛生管理

学校給食は，低年齢の児童の口に入るため，食中毒が発生すると患者数が多くなる傾向にある．また給食センターの増加により，食中毒や異物混入などの被害が広範囲に及ぶことが懸念される（図3-20）．

学校給食の衛生管理徹底のため，「学校給食衛生管理基準」が2009（平成21）年に改正，告示された．この基準はHACCP（p.187 コラム参照）の考え方に基づいており，この基準をもとに徹底した衛生管理がはかられている．調理等の委託を行う場合も対象となる．

図 3-20　学校給食における年次別食中毒発生件数・有症者数 ───────

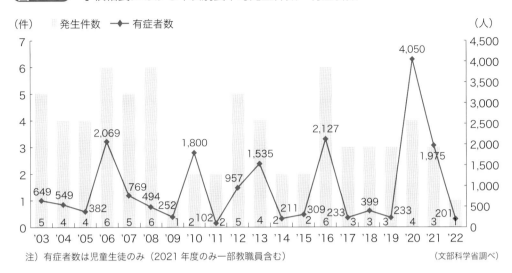

注）有症者数は児童生徒のみ（2021 年度のみ一部教職員含む）　　　　　　　　（文部科学省調べ）

新型コロナウイルス（COVID-19）感染症と学校給食

　2020 年，新型コロナウイルス感染症対策に伴い，3～6 月ごろまで全国で臨時休校措置が取られ，学校給食も休止した．以前より，休日には多くの栄養素で摂取が不適切な者の増加が指摘されており，学校給食休止期間中の児童生徒の栄養摂取状況の悪化が危惧され，保護者の負担が大きくなったこともあり，学校給食の役割が再認識されることとなった．

　学校給食は，児童生徒の健やかな育ちを支える重要な機能である一方，感染リスクが高い活動でもある．給食の実施においては，「学校給食衛生管理基準」に基づき，衛生管理を徹底することが必要である．2023 年 5 月，新型コロナウイルス感染症は感染法上 2 類相当から 5 類へ位置づけ変更された．この移行に伴い，文部科学省は従前のマニュアルを改定し，"学校における新型コロナウイルス感染症に関する衛生管理マニュアル（2023.5.8 ～）"を示した．これを参考に，平時の日常的な対応を継続するとともに，感染流行時にはその状況に応じた適切な対策を講じて給食を実施し，児童生徒の栄養摂取や食生活の支援を行う．

日本人の食事摂取基準を守れていなかった子どもたちの割合

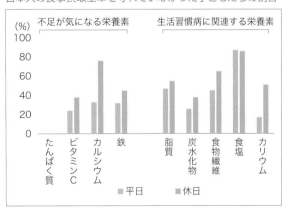

〔佐々木敏．子どもたちの健康と食事：いま学校給食の役割はなにか？栄養と料理 2017；83(8)，117-121，Asakura K, et al. Public Health Nutrition 2017；20：1523-1533〕

F
生涯発達と食生活

1　生涯発達と子どもの食生活

a　生涯発達とは

　人は，胎児期，乳児期，幼児期，学童期，思春期，成人期，高齢期を順に経て死に至る．従来，成人期や高齢期は発達が衰退するととらえられてきた．しかし，発達は個人の生得的な要因と生後に与えられた環境との相互作用で形成され，獲得・向上だけではなく現状維持や喪失・衰退が混ざり合って生じている現象であり，人生のどの時期にも固有の発達があるといえる．食に関しても同様である．

　世界有数の平均寿命を誇る日本であるが，一方で生活習慣病の増加が問題になっている．その予防には発症のリスクが高まる成人期からの食生活の見直しだけでは十分とはいえず，子どものころからの正しい食習慣がきわめて重要である．子どもたちの食生活を考える際には，生活習慣病の予防も念頭に置き，生涯にわたる発達と健康の基盤をつくるという長期的な視点が必要である．保育者はどのような時期に食に関するどのような力を育み，習慣づけていくのかを正しく理解しなければならない（p.156 表 4-1 参照）．

　本節では胎児期～学童期に続く思春期，成人期・高齢期の食生活について述べる．

2　思春期

　思春期は，WHO（世界保健機関）の定義では，①第二次性徴の出現から性成熟までの段階，②子どもからおとなに向かって発達する心理的プロセス，ならびに自己認識パターンの確立段階，③社会経済上の相対的な依存状態から完全自立までの過渡期とされている．一般的には学童期後半から中学生，高校生までの時期をさすが，個人差が大きく，年齢区分はできない．

a　思春期の特徴

（1）心身の特徴

　思春期には，男女ともに性腺が著しく発達し，第二次性徴が出現する．すなわち男子は精通が起こり，変声し，骨格が大きく，筋肉の発達した男性的なからだつきになり，女子は月経が始まり，乳房が発達し，皮下脂肪が増加して，丸みを帯びた女性らしいからだつきになるなど，成人男性と女性の身体的特徴が現れる．身長は乳幼児期に次ぐ急激な伸びを示し，思春期をすぎると，まもなく身長の増加は停止する．

　第二次性徴を迎えるころから，攻撃的衝動や性的衝動が増加する．急激な身体の変化や衝動の変化は，それまでの自己像に混乱を招き，いらだちが強くなる．性に関する意識は

大きく変化し，不安や葛藤が現れやすい．また自我意識が非常に発達し，自己主張が強まり，反抗というかたちをとることも多くなる．自立心も強くなり，家族より友だちへの関心が高まる．子どもからおとなへの大きな変化のなかで，情緒は不安定になり，怒り，不満，劣等感などの感情をもちやすい．

(2) 栄養摂取の特徴

　著しい身体発育や身体機能の変化に対応した十分な栄養素の摂取が必要になり，推定エネルギー必要量やたんぱく質推奨量は，男子は 15〜17 歳，女子は 12〜14 歳の思春期のころにライフサイクル中最高値となる．急激な発育に伴う血液量の増加や，女子では月経開始による鉄の喪失が加わり，鉄の必要量が増す．またこの時期に，骨は急激にその長さや太さを増し，骨密度が高くなる．しかしカルシウムが不足すると，骨密度が低く，脆弱な骨になり，骨折や将来の骨粗しょう症を引き起こしやすくなる．

(3) 思春期の生活

　中学，高校での生活は，学校，クラブ活動，受験準備，学習塾，交友関係など，学童期よりも多彩になる．就寝時刻も遅くなり，生活リズムに変調をきたしやすい．

　思春期には，自我の発達とともに，家庭や社会の規範に反発する傾向があり，友人関係によって行動が規制されやすい．これらの生活や精神的な変化は，食生活にも大きな影響を及ぼし，学童期の食の問題（p.137 参照）はさらに悪化し，新たな問題を生じている．

b　思春期の食生活の問題

　思春期の食行動の問題は不適切な栄養摂取につながり，肥満ややせ，鉄欠乏性貧血，骨折などを引き起こしやすくなる．とくに肥満は成人肥満に移行する率が非常に高く，脂質異常症や糖尿病などの要因になる．すでに発症している場合もあり注意が必要である．

　子どもや保護者には，思春期に入る前からこの時期の心身の特徴を伝え，これに備えることも状況の改善に役立つ．自身の心やからだの変化，この時期の栄養摂取の重要性などの知識を得て，自分のからだを大切にし，みずから課題をみつけて食生活や生活リズムを改善する力を養う．学童期・思春期は，成人後の食生活や健康への影響の大きい時期であるため，十分な栄養摂取と同時に，自立的な食生活習慣をつけることが必要である．

● 夜食，間食，孤食

　中学生になると，就寝時刻が学童期よりもさらに遅くなる．夜食を摂る者が多くなり，朝食の欠食は学年が進むにつれて増加する．この時期の子どもたちには食事を軽んじる傾向がみられる．また，自分で食べ物を購入したり友人と外食をする機会が増えることから，好きなものだけを食べる，菓子を食事代わりにするなどの偏食傾向をもつ者が増加する．孤食を好む者もみられるようになり，中学生になると孤食は朝食，夕食ともに急増する（表 1-2，図 3-21 参照）．

● ダイエット・痩身

　思春期の女子には痩身願望をもつ傾向がみられ，ダイエット経験者が増えてくる（図

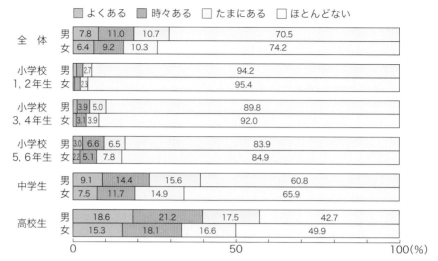

図 3-21 夕食を１人で食べる状況

凡例：■ よくある　■ 時々ある　□ たまにある　□ ほとんどない

注）図中の 2% 未満のデータについては，ラベルを省略した.

〔（公財）日本学校保健会：平成 30〜令和元年度児童生徒の健康状態サーベイランス事業報告書〕

3-22）．思春期女子のやせは，貧血や無月経，将来的には不妊，骨粗しょう症の危険因子となるため，その予防は重要である．痩身願望には精神的な問題が潜んでいる場合もあり，この時期のやせは神経性やせ症によるものもあるので注意が必要である（p.197 摂食障害参照）．治療は簡単ではないことが多いため，早期に痩身傾向の子どもたちに対応し，発症を未然に防ぐことが大切である．

図 3-22 体重を減らす努力（ダイエット）の経験

凡例：■ 医師から指導を受けて実行した　■ 学校の先生などから指導を受けて実行した　□ 自分で考えた内容で実行した　□ 実行したことはない

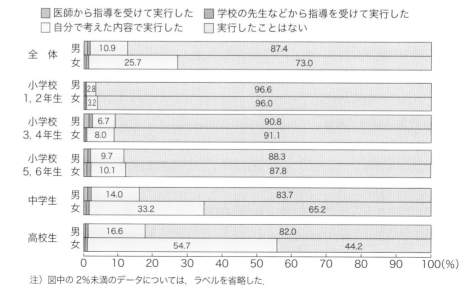

注）図中の 2% 未満のデータについては，ラベルを省略した.

〔（公財）日本学校保健会：平成 30〜令和元年度児童生徒の健康状態サーベイランス事業報告書〕

3 成人期・高齢期

a 成人期の生活と食生活の問題

● 成人期の特徴

成人期は，おおよそ20歳から高齢期にいたるまでの人生の1/2近くにあたる年齢を対象と考える．成人期は，多くの人は多種多様な仕事に従事し，社会を動かす中心的存在としてはたらき，また結婚して家庭を築き子育てが行われる時期である．生活環境は多方面に広がり，人生のうちで最も活力に溢れている．とくに女性には，出産できる時期があり，妊娠期の身体の特徴や食事については，本章B胎児期（妊娠期）の食生活で述べた．また，おおよそ50歳前後に訪れる閉経に伴う，更年期と位置づけられる時期がある．

● 成人期の健康と問題点

健康意識と健康状態について2022（令和4）年の国民生活基礎調査をみると，健康意識については20歳代では"よい，まあよい"と"ふつう"が40〜50％程度であるが，50歳代になると"よい，まあよい"が37％程度まで減少し，"ふつう"は年齢とともに増加し約50％になる．一方，有訴者（病気やけが等の自覚症状のある者）は20歳代では18％ほどであるが，50歳代では29％にまで増加している．通院者のほうは20歳代では17％程度に過ぎないが，年齢とともに少しずつ増加し，50歳代になると急に45％台に跳ね上がる．しかし，健康意識は50歳代で"よい，まあよい，ふつう"の合計が80％以上に達していることから，健康意識と健康状態は一致せず，健康意識の判断は「日常生活が継続できる」という概念として捉えられている．

● 生活習慣病の予防と食育

◎生活習慣病には，肥満，高血圧，動脈硬化，糖尿病，骨粗しょう症など，慢性疾患といわれる疾患があり，これらは一夜にして発症するものではなく，毎日の生活習慣と密接な関係がある．そのため，ある程度予防が可能であり，食習慣，運動，休養が予防の三原則である．食生活と最も関連が深いのがエネルギー過剰摂取による肥満であり，糖尿病・高血圧・動脈硬化の発症には肥満の予防が先決である．食塩の過剰摂取は高血圧を招き，骨粗しょう症とカルシウム不足，アルコールの過剰と肝疾患などは関連が深い．飲酒は適量ならよい面もあるが，過剰飲酒は身体面ばかりでなく，社会的にも好ましくない問題を引き起こす恐れがあるので，20歳代の若いときから注意が必要である．健診時に行うメタボリックシンドローム判定は予防喚起の1つと位置づけられている．喫煙も健康障害のリスクを高める因子であるため，禁煙を習慣づけることが大切である．
◎生活習慣病の予防としての食事は，栄養素の過不足がないように朝，昼，夕食を摂取する．とくに朝食の欠食はさける．主食（ご飯，パン，麺，）・主菜（魚，肉，卵，豆腐などの料理）・副菜（野菜料理を2品）・汁物（みそ汁，スープ，牛乳，お茶などの水分）の組み合わせで栄養素の確保ができる．成人期の食事は健康な社会生活の源であり，続く高齢期を元気に生きる財産である．とくに骨粗しょう症の予防は大切である．

これら成人期の食育については，食生活指針（p.50 表 2-27 参照），食事バランスガイド（p.51 図 2-14 参照）に記されている内容や，食育推進基本計画の実践に向け，おとなも努力していく必要がある．たとえば，朝食の欠食の減少や家族と一緒に食卓を囲む共食の機会を増やし大切にしていくことなどを心がけていく．

● 更年期の特徴

女性にとって更年期とは，閉経期の前後数年間をいい，おおよそ 45〜55 歳の時期に相当する．心身の変化として内分泌系の変化と月経停止がある．エストロゲンやプロゲステロンの分泌低下により排卵が停止するが，エストロゲンの低下は閉経の数年前からみられ月経の乱れが観察される．しかし脳下垂体から分泌される性腺刺激ホルモンはすぐには低下せず持続的に高値であるため，更年期のさまざまな症状や障害が引き起こされる．

それらにはおもに，自律神経失調を中心とした不定愁訴を主徴とする多種多様な症状がある．血管運動神経性障害としては，のぼせ，発汗，冷え性，心悸亢進などがあり，精神神経障害としては不眠，いらいらなどがある．運動器官障害としては肩こり，腰痛，全身倦怠などのほか，月経血の異常，排尿障害などさまざまである．症状の現われ方は人により異なり，おおよそ 1/3 の人は大した症状がなく軽く経過し，1/3 は中等症といえる「しんどい症状」を体験している．残りの 1/3 は医療の力を必要とし，重症として区分される．

また，男性にも更年期があり，男性ホルモンのテストステロンは 30 歳をピークに減少を始める．精神神経症状が現れた場合，軽くみると危険である．

b 高齢期の特徴と食生活の要点

現在，わが国の平均寿命は世界一といえるが，平均寿命が 50 歳を超えたことを確認したのは 1947（昭和 22）年の国勢調査からである．この要因には 1960（昭和 35）年にかけ，まず肺炎，気管支炎，胃腸炎など急性の感染性疾患による乳児死亡の激減と，青年期の結核死亡の撲滅があげられる（図 3-23）．その後，中高年の脳血管疾患による死亡率の低下も平均寿命を延ばしたが，食生活の改善もそれを支えてきた．すなわちそれまで少なかった肉類・乳製品など動物性食品の摂取増加による栄養改善があった（表 3-39）．しかしその後は生活習慣の多様化が激しく，慢性疾患の増加をもたらしている．

高齢者とは 65 歳以上をさし，65〜74 歳までを前期高齢者，75 歳以上を後期高齢者とよぶ．加齢に伴う老化の進行が問題視される時期である．老化現象には個人差が非常に大きく，100 歳まで元気で生活している人も増加している．

● 高齢期の特徴

高齢者の身体的に観察される変化には，身長の低下，体内水分量の減少，骨密度の減少，細胞数・臓器重量の減少，身体活動量・基礎代謝の低下，咀しゃく力の低下，味覚の低下などがあげられる（表 3-40，図 3-24）．80 歳くらいになると，心機能は 30%，肺機能は 40〜60%，腎機能は 50% の低下が認められるが，神経伝達速度などの低下は少ない．

これらの変化は，①予備能力・適応力の低下，②防衛反応の低下，③回復力の低下，④免疫機能の低下など，生理的特徴として現れる．要支援・要介護の原因には脳卒中，認知症，衰弱があげられるが，一般に加齢により骨・関節疾患などの運動器に障害が現れる

図 3-23 主要死因別にみた死亡率（人口10万対）の推移 ─────

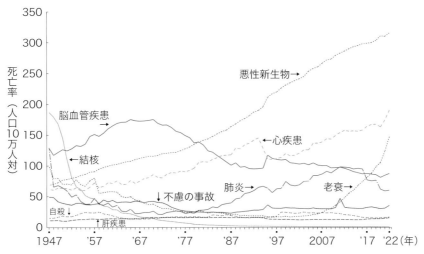

注）1994年までの死亡率は旧分類によるものである.

（厚生労働省：人口動態統計）

表 3-39 栄養素等摂取量の年次推移（総数，1人1日当たり）

			1946 (昭和21)	1950 (昭和25)	1955 (昭和30)	1965 (昭和40)	1975 (昭和50)	1985 (昭和60)	1995 (平成7)	2005 (平成17)	2015 (平成27)	2018 (平成30)	2019 (令和元)
エネルギー		(kcal)	1,903	2,098	2,104	2,184	2,188	2,088	2,042	1,904	1,889	1,900	1,903
たんぱく質	総 量	(g)	59	68	69.7	71.3	80.0	79.0	81.5	71.1	69.1	70.4	71.4
	動物性	(g)	11	17	22.3	28.5	38.9	40.1	44.4	38.3	37.3	38.9	40.1
脂 質	総 量	(g)	15	18	20.3	36.0	52.0	56.9	59.9	53.9	57.0	60.4	61.3
	動物性	(g)				14.3	27.4	27.6	29.8	27.3	28.7	31.8	32.4
炭水化物		(g)	—	418	411	384	337	298	280	267	258	251.2	248.3
カルシウム		(mg)	263	—	338	465	550	553	585	539	517	505	505
鉄		(mg)	—	46	—	—	13.4	10.8	11.8	8.0	7.6	7.5	7.6
食 塩		(g)					14.0	12.1	13.2	11.0	9.7	9.7	9.7
ビタミン	A	(IU*)	4,641	2,459	1,084	1,324	1,602	2,188	2,840	604*	534*	518*	534*
	B₁	(mg)	1.81	1.52	1.16	0.97	1.11	1.34	1.22	0.87	0.86	0.90	0.95
	B₂	(mg)	0.67	0.72	0.67	0.83	0.96	1.25	1.47	1.18	1.17	1.16	1.18
	C	(mg)	187	107	76	78	117	128	135	106	98	95	94

注）2003（平成15）年より強化食品，補助食品からの栄養素摂取量の調査を始めたため，2005（平成17）年のカルシウム，
鉄，ビタミンB₁・B₂・Cの値は，「通常の食品」の数値を引用している.
＊平成17年より栄養素等摂取量の算出に使用されている「五訂増補日本食品標準成分表」では，レチノール当量（RE）
の算出式が変更されている. 摂取量の単位は μ gRE.

（厚生労働省：国民健康・栄養調査報告）

と，要介護になるリスクが高くなる．このような状態をロコモティブシンドローム（運動
器症候群）とよび，2007年に日本整形外科学会により提唱された概念で，ロコモと略さ
れる．ロコモを構成する重要な病気は変形性膝関節症や変形性脊椎症で，これらは関節の
軟骨が弱るために起こる疾患である．このほか骨粗しょう症も重要な要素である．ロコモ
はトレーニングにより予防が可能であり，老化と上手につき合うことも大切である．

高齢期は，介護・生活支援を予防または遅らせることが何より大切で，そのためには転
倒予防がまず重要な課題である．要介護状態を判断する方法として，サルコペニアとフレ
イルがある．サルコペニアとは，加齢に伴う筋肉減少によって，筋力低下，バランス障
害，歩行障害などを引き起こす状態をさす．一方，フレイルとは，虚弱からつくられた用

表3-40 味覚の年齢的変化

年齢(歳)		15～29	30～44	45～59	60～74	75～89
味を認めた濃度(%)	甘味	0.540	0.522	0.604	0.979	0.914
	塩味	0.071	0.091	0.110	0.270	0.310
	酸味	0.0022	0.0017	0.0021	0.0030	0.0024
	苦味	0.000321	0.000267	0.000389	0.000872	0.000930

(Zubek)

図3-24 加齢に伴う骨量の変化（腰椎）　　**図3-25** 血糖値の判定区分

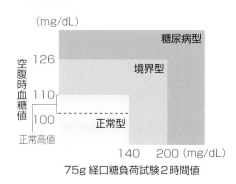

語で，2014年に日本老年医学会が，筋力(握力)低下，活動性の低下，倦怠感(易疲労感)，年間体重減少が4～5kg，歩行速度の低下の5項目のうち3項目以上合致する場合に判定すると提案している．また高齢者の認知症も見のがすことができない問題である．

● 高齢者の食生活への要点と支援

① 低栄養予防のため，必要な栄養素が確保できるように食品を選び，調理する

歯の欠損，入れ歯の問題などで咀しゃくが十分できないことが，摂食量の減少，食欲低

2020年改定 日本版CHS基準（J-CHS基準）

（FriedらのCHS基準をもとに日本人高齢者に合った指標に修正し，2020年に日本版フレイル基準が改訂された）

項　目	評価基準
体重減少	6か月で，2kg以上の（意図しない）体重減少
筋力低下	握力：男性＜28kg，女性＜18kg
疲労感	（ここ2週間）わけもなく疲れたような感じがする
歩行速度	通常歩行速度＜1.0m／秒
身体活動	1．軽い運動・体操をしていますか？ 2．定期的な運動・スポーツをしていますか？ 上記2つのいずれも「週に1回もしていない」と回答

5つの評価基準のうち，3項目以上に該当するものをフレイル（Frail），1項目または2項目に該当するものをプレフレイル（Prefrail），いずれも該当しないものを健常（Robust）とする．
〔Satake S,et al.Geriatr Gerontol Int.2020：20（10）：992-993.〕
〔（日本語版）国立長寿医療研究センター，佐竹昭介：健康長寿教室テキスト 第2版, p.2, 2020〕

下を招き，低栄養状態に傾く．サルコペニアやフレイルを予防するため，低栄養に陥らないことが重要である．また低栄養の人のほうが循環器疾患による死亡リスクが高くなる．低栄養予防にはとくにたんぱく質の摂取が欠かせない．たんぱく質の食事摂取基準によると体重1kg当たりの推奨量は成人より高齢者の方が多くなっている（体重は高齢者のほうが少ないので1日量は同じとなる）．魚，肉，卵，大豆製品，緑黄色野菜をはじめ必要な食品の選択と，食べやすく料理することが大切である．できれば料理の種類を多くして食品数を増やし，栄養状態の維持・改善につなげたい．またよく噛むことは血液循環も良好になるため，口腔ケア・えん下ケアへの支援も必要である．

② 朝・昼・夕食をきちんと食べて，生活のリズムを保つ

食事の量が少なくなり，予備能力や適応力が低下してくるため，食事を抜くと体力を消耗させる．3食，毎日決まった時間にきちんと食べることは生活リズムを保つうえで大切である．甘さ，塩味の感じ方が鈍感になるため濃い味を好むが，食事の味つけは1日の必要範囲内で食欲が低下しないような調理の工夫が大切である．

③ 水分の補給を忘れない

細胞数の減少による細胞内液の総量の減少，腎機能の低下により尿の濃縮力が低下するため排尿の増加，食事量の減少や，喉の渇きも感じにくくなるなど，脱水症状が起こりやすいので，水分の補給を忘れないように注意する．しかしえん下障害があるとむせやすいため，ゼリー状にして与えるなど，十分な水分補給のための工夫が必要である．食事中の水分摂取が少ないと便秘の原因につながる．

④ 楽しく食べる

食べることは一番の楽しみである．食事を楽しんで食べることは元気の源となる．栄養状態が保たれている人は自立が可能であり，QOLを高めることにもなる．

糖尿病の血糖コントロール目標（65歳以上の高齢者については「高齢者糖尿病の血糖コントロール目標」を参照）

治療目標は年齢，罹病期間，臓器障害，低血糖の危険性，サポート体制などを考慮して個別に設定する．

目　標	コントロール目標値[注4]		
	血糖正常化を目指す際の目標[注1]	合併症予防のための目標[注2]	治療強化が困難な際の目標[注3]
HbA1c（%）	6.0未満	7.0未満	8.0未満

注1）適切な食事療法や運動療法だけで達成可能な場合，または薬物療法中でも低血糖などの副作用なく達成可能な場合の目標とする．
注2）合併症予防の観点からHbA1cの目標値を7%未満とする．対応する血糖値としては，空腹時血糖値130 mg/dL未満，食後2時間血糖値180 mg/dL未満をおおよその目安とする．
注3）低血糖などの副作用，その他の理由で治療の強化が難しい場合の目標とする．
注4）いずれも成人に対しての目標値であり，また妊娠例は除くものとする．

（日本糖尿病学会編・著：糖尿病治療ガイド2022-2023，p.34，文光堂，2022）

4 「健康日本21」について

わが国では，1978（昭和53）年から健康増進に係る施策として「国民健康づくり対策」がはじまり，その後，2000（平成12）年から「21世紀における国民の健康づくり運動（健康日本21）」が展開されている．2013（平成25）年には「すべての国民が共に支え合い，健康で幸せに暮らせる社会」を理念とした第2次計画が策定され，その最終評価を踏まえた第3次計画が2024年（令和6）年から展開される．

第3次計画では，「全ての国民が健やかで心豊かに生活できる持続可能な社会の実現」がビジョンとされた．そのために「誰ひとり残さない健康づくりの展開（Inclusion）」，「より実効性をもつ取り組みの推進（Implementation）」を行うとしている（図3-26）．

新たな視点として，「女性の健康の明記」，「自然に健康になれる環境づくり」，「他計画や施策との連携も含む目標設定」，「アクションプランの提示」，「個人の健康情報の見える化・利活用について記載を具体化」といったことが取り入れられる．

また，基本的な方向として，「健康寿命の延伸・健康格差の縮小」，「個人の行動と健康状態の改善」，「社会環境の質の向上」，「ライフコースアプローチを踏まえた健康づくり」の4つが設定された．

図 3-26 健康日本21（第3次）の概念図

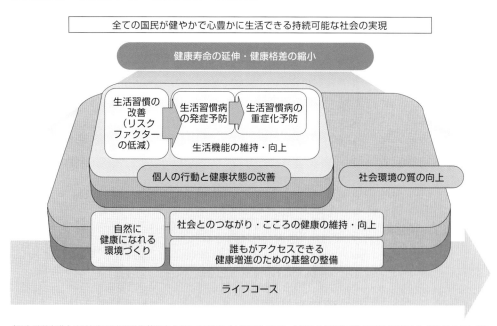

〔厚生科学審議会地域保健健康増進栄養部会 次期国民健康づくり運動プラン（令和6年度開始）策定専門委員会：健康日本21（第三次）推進のための説明資料，2023〕

4章

食育の基本と内容

1 食育基本法の概略

a 食育基本法の概要

人々が生涯にわたって健全な心身を培い，豊かな人間性を育むための食育のあり方をめざして，2005（平成 17）年 6 月に「食育基本法」が成立した．

この背景には，社会経済情勢が変化し，忙しい生活をおくるなかで，食生活をめぐる環境が大きく変化したことがある．栄養の偏り，不規則な食事，肥満や生活習慣病の増加，過度のやせ願望などのさまざまな問題が生じてきていることや，食の安全上の問題や日本各地で育まれてきた豊かな味覚や多彩な食文化が見失われることへの危機感もある．

● 食育基本法の目的

食育基本法第 1 章 1 条では，「国民が生涯にわたって健全な心身を培い，豊かな人間性をはぐくむための食育を推進することが緊要な課題となっていることにかんがみ，食育に関し，基本理念を定め，及び国，地方公共団体等の責務を明らかにするとともに，食育に関する施策の基本となる事項を定めることにより，食育に関する施策を総合的かつ計画的に推進し，もって現在及び将来にわたる健康で文化的な国民の生活と豊かで活力ある社会の実現に寄与すること」を目的としている．

● 食育推進に関する定め

食育基本法には国，地方公共団体，教育関係者，農林漁業者，食品関連事業者，国民等の関係者の責務や，農林水産省に食育推進会議を置き，食育の推進を図るため食育推進基本計画を作成するものと定められている．

b 食育推進基本計画の概要

（1）食育推進基本計画の概要

効果的な食育の推進を図るために，食育基本法成立の翌年に 2006 年から 2010 年度までの 5 年間を対象とする食育推進基本計画が作成された．5 年ごとに更新され，現在は第 4 次食育推進基本計画（2021 年から 2025 年まで）が定められている．

これまでの取り組みでは，日常生活の基盤である家庭における共食を原点とし，学校，保育所，都道府県，市町村，関係機関，地域の関係者が主体的に食育を推進し，一定の成果がみられた．しかしながら，食をめぐる環境は大きく変化しており，次のようなさまざまな課題を抱えている．

◎高齢化が進行するなかで，健康寿命の延伸や生活習慣病の予防が国民的課題であり，栄養バランスに配慮した食生活の重要性が増している．

◎食に関する国民の価値観や暮らしの在り方が多様化し，健全な食生活を実践することが困難な場面が増えている．

◎古くから各地で育まれてきた地域の伝統的な食文化が失われていくことが危惧される．

◎食の供給面では，食品ロスや環境問題を避けることはできなくなっている．

◎国際的な観点から見ると，SDGs（持続可能な開発目標）には栄養改善や教育，持続可能な生産消費形態の確保など，食育に関連する目標があり，SDGsの達成に向け，食育を推進する必要がある.

◎新型コロナウイルス感染症の流行は，農林水産業や食品産業，人々の生命や生活のみならず，行動・意識・価値観にまで影響を及ぼしており，新たな日常のなかで，食育がより多くの国民による主体的な運動となるためには，デジタルツールやインターネットを積極的に活用していかなければばらない.

このような情勢を踏まえ，第4次食育推進基本計画では次の重点事項を掲げている.

① 生涯を通じた心身の健康を支える食育の推進

② 持続可能な食を支える食育の推進

③「新たな日常」やデジタル化に対応した食育の推進

（2）〔目標〕に関する事項

食育基本法に基づき，効果的な食育を推進していくために，定量的な目標と目標値（達成目標）が示されている．第4次では16の目標，24の具体的な数値目標を設定している（資料編p.228資料3参照）.

2　保育における食育の意義・目的と基本的考え方

食育の基本となる目標と内容を実際の保育の場で具体化するには，“養護”と“教育”を一体として展開する必要がある.

保育所保育指針では，「養護とは，子どもの生命の保持及び情緒の安定を図るために保育士等が行う援助や関わり」とされている．食育の視点から“養護”を考えると，子どもの“食べたい”という欲求に保育士が応じることは，食が生命の維持だけではなく，食をとおして子どもの“食べたい”という感情を共有することになる．それによって子どもと保育士との継続的な信頼関係が築かれ，さらに子どもの情緒の安定へとつながっていく．そのために保育士は，子ども一人ひとりを主体として尊重し，食およびそれにかかわるさまざまな事項について，適切な援助やかかわりをもっていくことが大切である.

“教育”については，指針では「子どもが健やかに成長し，その活動がより豊かに展開されるための発達の援助である」として，健康，人間関係，環境，言葉および表現の5領域で目標が示されている．これを食育に関連して考えると，食べ物の生産や収穫，収穫物を利用しての調理実習など，保育のなかで行われるさまざまな活動をとおして，子どもたちは自然に触れ，友達とかかわり，収穫の喜びを伝え合い，楽しく食べ，おいしさを共感する．このような流れのなかで，子どもは興味や関心を広げ，新たな能力を獲得していく．そのためには保育のなかでこのような場を提供していくことが重要になる.

食育の実践にあたっては，養護と教育の一体性を重視して総合的に展開していくことが重要である．養護と教育が切り離せるものではないことをふまえ，保育士はみずからの保育の視点を的確に持つことが必要とされる.

3　食育の内容と計画および評価

a　発育・発達に応じた食育

　食を営む力の育成には，乳幼児期から発育・発達段階に応じた豊かな食体験を積み重ねていくことが重要になる．「食からはじまる健やかガイド」（厚生労働省，2004）には子どもの成長に応じ育てたい「食べる力」がまとめられている（表4-1）．生涯にわたり食を営む力を育むことができるよう，連続性をもった取り組みが必要である．

b　保育所や幼稚園，認定こども園などにおける食育の推進

（1）保育所における食育の推進

　2018（平成30）年4月に改訂された「保育所保育指針」では，子どもの育ちをめぐる環境の変化をふまえ，食育の推進に関する記載内容が見直された．第3章「健康及び安全」の章のなかに「保育所の特性を生かした食育」ならびに「食育の環境の整備等」に関する事項があげられている．

● 保育所の特性を生かした食育

　① 保育所における食育は，健康な生活の基本としての「食を営む力」の育成に向け，その基礎を培うことを目標とすること．

　② 子どもが生活と遊びのなかで，意欲をもって食に関わる体験を積み重ね，食べることを楽しみ，食事を楽しみ合う子どもに成長していくことを期待するものであること．

表4-1　発育・発達過程に応じて育てたい「食べる力」

★授乳期・離乳期
　−安心と安らぎの中で食べる意欲の基礎づくり−
・安心と安らぎの中で母乳（ミルク）を飲む心地よさを味わう．
・いろいろな食べ物を見て，触って，味わって，自分で進んで食べようとする．

★幼児期
　−食べる意欲を大切に，食の体験を広げよう−
・おなかがすくリズムがもてる．
・食べたいもの，好きなものが増える．
・家族や仲間と一緒に食べる楽しさを味わう．
・栽培，収穫，調理を通して，食べ物に触れ始める．
・食べ物や身体のことを話題にする．

★学童期
　−食の体験を深め，食の世界を広げよう−
・1日3回の食事や間食のリズムがもてる．

・食事のバランスや適量がわかる．
・家族や仲間と一緒に食事づくりや準備を楽しむ．
・自然と食べ物とのかかわり，地域と食べ物とのかかわりに関心をもつ．
・自分の食生活を振り返り，評価し，改善できる．

★思春期
　−自分らしい食生活を実現し，健やかな食文化の担い手になろう−
・食べたい食事のイメージを描き，それを実現できる．
・一緒に食べる人を気遣い，楽しく食べることができる．
・食料の生産・流通から食卓までのプロセスがわかる．
・自分の身体の成長や体調の変化を知り，自分の身体を大切にできる．
・食に関わる活動を計画したり，積極的に参加したりすることができる．

（厚生労働省：食からはじまる健やかガイド，2004）

③ 乳幼児期にふさわしい食生活が展開され，適切な援助が行われるよう，食事の提供を含む食育計画を全体的な計画に基づいて作成し，その評価および改善に努めること．栄養士が配置されている場合は，専門性を生かした対応を図ること．

● 食育の環境の整備など

① 子どもがみずからの感覚や体験を通して，自然の恵みとしての食材や食の循環・環境への意識，調理する人への感謝の気持ちが育つように，子どもと調理員などとの関わりや，調理室など食に関わる保育環境に配慮すること．

② 保護者や地域の多様な関係者との連携および協働の下で，食に関する取り組みが進められること．また，市町村の支援の下に，地域の関係機関などとの日常的な連携を図り，必要な協力が得られるよう努めること．

③ 体調不良，食物アレルギー，障害のある子どもなど，一人ひとりの子どもの心身の状態などに応じ，嘱託医，かかりつけ医などの指示や協力の下に適切に対応すること．栄養士が配置されている場合は，専門性を生かした対応を図ること．

（2）幼稚園における食育の推進

幼稚園における食育については，幼稚園教育要領の「健康」のなかに「先生や友達と食べることを楽しみ，食べ物への興味や関心をもつ」ことが具体的な指導内容として示されている．指導を行う際の留意点としては，「健康な心と体を育てるためには食育を通じた望ましい食習慣の形成が大切であることを踏まえ，幼児の食生活の実情に配慮し，和やかな雰囲気の中で教師や他の幼児と食べる喜びや楽しさを味わったり，様々な食べ物への興味や関心をもったりするなどし，食の大切さに気付き，進んで食べようとする気持ちが育つようにすること．」とされている．

（3）認定こども園における食育の推進

認定こども園は保育所と幼稚園の両方の機能を有し，教育と保育を一体的に提供する場である．「幼保連携型認定こども園教育・保育要領」では，各園において食育計画を策定し教育・保育活動の一環として食育を行うこととしている．2018(平成30)年の改訂では，第2章「ねらい及び内容並びに配慮事項」や第3章「健康及び安全」のなかで，食育に関する内容の充実が図られ，さまざまな関係者が連携を図り，食育を推進していくことが期待されている．

（4）食育の内容と計画および評価

「楽しく食べる子どもに―保育所における食育に関する指針―」〔厚生労働省，2004（平成16）〕には，"食を営む力"の育成に向けた食育の目標や内容が示されている．

● 食育の目標

保育所における食育は，次のような子ども像の実現をめざして行う．

・お腹がすくリズムのもてる子ども

・食べたいもの，好きなものが増える子ども

・一緒に食べたい人がいる子ども

・食事づくり，準備にかかわる子ども

・食べものを話題にする子ども

● 食育の内容

　3歳以上児については，食育の5項目として「食と健康」「食と人間関係」「食と文化」「いのちの育ちと食」「料理と食」を設け，子どもが身につけることが望まれる心情，意欲，態度などを記した"ねらい"，それを実現するための具体的な活動である"内容"，"配慮事項"が示されている（資料編 p.229 資料4参照）．3歳未満児においては，発達の特性から明確な項目の区分がなされていないが，5項目に配慮した内容が一括で示されている．

　食育活動は単に"何をさせたい"ではなく，"食にかかわるどのような体験によって何を育てたいか"を考え，1つの項目に限られるものではなく，総合的に展開していくものである．

（5）食育の計画と評価

● 食育の計画

　食育を進めるためには，まず子どもを取り巻く環境や，発達状況，食をめぐる実態を把握し，課題を明らかにすることが重要である．これをふまえ，「保育所保育指針」，「幼稚園教育要領」，「幼保連携型認定こども園教育・保育要領」や「保育所における食育に関する指針」などに示された基本をもとに，食育の目標や内容を考えて計画を立て，その評価・改善に努め，食育を推進していく．

　"食育の計画"の作成にあたっては次の点に留意し，子どもが主体的に参加できるように計画する（資料編 p.232 資料5参照）．

① 保育所は保育の目標を達成するために全体的な計画を作成し，これに基づき指導計画や食育計画を作成する．

② 保育所での食事の提供を含む食育の計画とする．

③ 作成にあたっては，柔軟で発展的なものになるように留意し，各年齢をとおして一貫性のあるものにする．

④ 栄養士が配置されている場合は，その専門性を十分に発揮し，積極的に食育計画の策定や食育の取り組みの実践などに関わること．

● 食育の評価と改善

　食育の計画をふまえ，実践の経過や結果を記録し，保育する側の自己評価と子どもの育ちの評価をとおして，次の実践に向けて改善するように努める．また保護者や地域に向けて，食事内容を含めて食育の取り組みを発信し，食育の計画・実施を評価して，次の計画へとつなげる．

c 学校における食育の推進

　成長期の子どもに対する食育は，生涯にわたって健やかに生きるための基礎を培ううえで重要であり，家庭を中心としつつ学校においても積極的に取り組まなければならない．

2008（平成20）年に告示された小学校および中学校の学習指導要領総則に，"学校における食育の推進"が位置づけられ，現行の学習指導要領に引き継がれている．

● 栄養教諭の配置

　文部科学省は，食に関する指導を充実するために栄養教諭制度を創設し，2005（平成17）年度より配置を開始した．栄養教諭は，教育に関する資質と栄養に関する専門性を生かして，教職員や家庭・地域と連携を図りながら，子どもたちに対する"食に関する指導"と"学校給食の管理"に関する中核的な役割を担う．「栄養教諭を中心としたこれからの学校の食育において」〔文部科学省，2017（平成29）〕では，栄養教諭の職務を表4-2のように分類している．これらを一体的に行うことにより教育上の高い相乗効果が期待される．

● 食に関する指導の全体計画

　学校全体で食育を組織的，計画的に推進するためには，栄養教諭を中心とした教職員の連携・協調による学校の食に関する指導に係る全体計画を作成することが推進されている．各学年でどのような資質・能力を育成するのか，それを達成するために，どの教科でいつ，だれがどのような「食に関する指導」を行うのか，さらには日常の給食指導や個別指導のあり方も計画することが必要である．食育は学校の取り組みだけでなく，家庭や地

表4-2　栄養教諭の職務

食に関する指導	①給食の時間における食に関する指導 ②教科等における食に関する指導 ③食に関する健康課題を有する児童生徒に対する個別的な指導
学校給食の管理	①学校給食実施基準に基づく適切な栄養管理 ②学校給食衛生管理基準に基づく危機管理，検食，保存食，調理指導，調理・配食等

表4-3　食に関する指導の目標と食育の視点

【食に関する指導の目標】	①知識・技能	食事の重要性や栄養バランス，食文化等についての理解を図り健康で健全な食生活に関する知識や技能を身に付けるようにする
	②思考力・判断表現等	食生活や食の選択について，正しい知識・情報に基づき，自ら管理したり判断したりできる能力を養う
	③学びに向かう力・人間性等	主体的に，自他の健康な食生活を実現しようとし，食や食文化，食料生産等に関わる人々対して感謝する心を育み，食事のマナーや食事を通じた人間関係形成能力を養う
【食育の視点】	①食事の重要性	食事の重要性，食事の喜び，楽しさを理解する
	②心身の健康	心身の成長や健康の保持増進の上で望ましい栄養や食事のとり方を理解し，自ら管理していく能力を身に付ける
	③食品を選択する能力	正しい知識・情報に基づいて，食品の品質及び安全性等について自ら判断できる能力を身に付ける
	④感謝の心	食べ物を大事にし，食料の生産等に関わる人々へ感謝する心をもつ
	⑤社会性	食事のマナーや食事を通じた人間関係形成能力を身に付ける
	⑥食文化	各地域の産物，食文化や食に関わる歴史等を理解し，尊重する心をもつ

（文部科学省：食に関する指導の手引き－第2次改訂版－，2019）

域との連携も不可欠である.

● 学校における食に関する指導の目標と食育の視点

　学校での食育を推進するためにまとめられた「食に関する指導の手引―第2次改訂版―」（文部科学省，2019）では，食に関する目標として，学校教育活動全体をとおして，食に関わる資質・能力の育成をめざすことが明示されている．さらに，食に関する指導がさらに実践しやすいものとなるよう，6つの食育の視点も示された（表4-3）.

● 食育の評価と改善

　食育の推進に対する評価は，子どもや子どもを取り巻く環境の変化を見る"成果指標"と食育の取り組み状況などに対する"活動指標"を設定し，評価につなげていく．客観的な評価資料に基づく結果ならびに指導計画と活動内容も公表し，保護者や地域住民との相互理解を深め，連携を強化して，食育推進の取り組みを組織的・継続的に改善していく.

4　食育のための環境の整備

　保育所保育指針には「子どもが自らの感覚や体験を通して，自然の恵みとしての食材や食の循環・環境への意識，調理する人への感謝の気持ちが育つように，子どもと調理員等との関わりや，調理室など食に関わる保育環境に配慮すること」と記されている．"食の循環・環境への意識"は2018年の改訂で新たに加えられた文言である．これは，さまざまな体験を通じて，生産から消費までの一連の食の循環や食べ物を無駄にしないことについての配慮などに意識をもてるよう，さまざまな食材に触れる機会を計画的に保育に取り入れて行くことの重要性を新たに示したものである.

　子どもは人的環境(保護者，保育者，地域住民，周りの子どもなど)，物質的環境(設備，遊具，調理器具，食器など)，自然環境（水，土，虫，動物，草木，川，海，山，田んぼなど），社会環境が相互に関連して成育していく．豊かな環境のなかで行われる食育は豊かな人間関係を育む．成長・発達に合わせて臨機応変に環境づくりを行いたいものである.

● 子どもの食に対する自発的な行動への援助　－食べることへの興味をもたせる－

　子どもが植物に興味を示すときに，鉢やプランターなどを利用して食材となる野菜をおとなと一緒に植え，育つまで肥料，水やりなどの世話をする．この経験をとおして季節を感じ，収穫の喜びを味わうことで，食べることへの関心を引き出すことができる.

　また食事づくりの手伝いも子どもの自発的行為を促すよい経験である．食事をつくるにあたり買い物から始まり，食材を手に取り，調理し，食器に盛りつけ，配膳するという一連の行為は，食材そのものに興味をもち，善し悪しを体得し，でき上がった食べ物から得られる五感（視覚，嗅覚，聴覚，味覚，触覚）の刺激などから，食への興味を促すことにもなる．いろいろな経験を積んで，みずから食のあり方を学びたいと思う環境を整える.

● 衛生的で安全な食環境　－安心して食事を－

　食の体験を豊かにするためには，安全な環境が求められる．野外においては危険なものを取り除き，家屋内では整理整頓がされていること，道具を用いるときには使い方をよく説明し，危険を伴いやすいものには十分に注意を促し，年齢に応じて身の安全を守ること

を学ばせる.

　調理の場では，身じたくを整え，手洗いを十分にし，食中毒にならないように食材の安全性を確保する（p.63 表 2-42, 図 2-23 参照）.

● 食をとおして人とのかかわりを育む社会的環境　－コミュニケーションを大切に－

　食事を一緒につくる，食べる，片づけるなど，同年齢の子どもだけでなく，異なる年齢の子ども，保護者，近所の人，高齢者などと豊かなかかわりをもち，食文化，マナー，食と健康，食の知識などの話題をとおして，食の大切さを身につける環境を整える．また会話のやりとりのなかに，さまざまな感情，欲求を経験し，その対処法を体得していける環境が望まれる.

● 食と自然保護　－みんなの自然－

　自分の食べているものが安全で，からだによいものであるためには，河川，海，山などよい自然環境が必要である．そのためには一人ひとりが日常の行動を意識して，自然をなるべく汚さないように気をつけることである．たとえば，食べ物や飲み物をそのまま下水に捨てない，ごみは分別してごみ収集日に出す，水は大切に使うなどの自然を護る環境を意識して調理するなどがある．手に入れば，食材は地元産で安心できるものを選ぶ.

　食環境は，おとながつくると同時に，子どもたちもそれに参加することが必要である.

5　地域の関係機関や職員間の連携

a 地域の関係機関との連携

　保護者や地域の多様な関係者との連携および協働の下で，食に関する取り組みが進められること，また，市町村の支援の下に，地域の関係機関などと日常的な連携を図り，必要な協力が得られるように努めることが重要である.

(1) 各機関との連携の意義

　食育は，国民が広く家庭，学校，保育所，地域そのほか，あらゆる機会とあらゆる場所を利用して行われる，食に関するさまざまな体験活動である．とくに子どもの食育では，家庭をはじめとして，子どもを取り巻く環境のすべてが食育の場である．そのためまず保護者とつねに密接な連携をはかり，食育の取り組みについて，方針や内容を伝え，理解と協力が得られるように努める．そして各地域の実情に合わせた魅力のある食育を実践するために，地域で独自の役割をはたしているそれぞれの機関と連携することが必要となる.

(2) 地域の関係機関

　子育ての基本的施策のなかで食育に取り組むためには，まず地方公共団体や保健福祉センター・保健所などの行政機関と連携をはかる．とくに，保健所は地域における食生活の改善や食育推進を率先して取り組む機関であり，保育現場で必要となる子どもの健康や安全に関する情報や技術の提供を受けることができるので，保健所と保育所が連携する意義

は大きい．また発育や健康・保健に関する内容については医療機関，障害のある子どもの食育推進に関しては児童発達支援センターとの連携も欠かせない．保育所における食育の目的は，“食を営む力”の基礎を培うこととされており，その後の成長に合わせた食育の展開のためには，小学校との連携協議も視野に入れる必要がある．

また地域の特性や伝統的な食文化に触れることができる機会として，農林水産業における生産者との交流，食品の製造，加工，流通，販売などの企業・団体や食事の提供を行う事業者などとの協力，食育推進に関する活動を行っているボランティアの参加なども，食育において大きな役割をはたす．これらの機関と総合的かつ有機的に連携することによって，各保育所や学校の創意工夫があふれ，子どもが食の体験を楽しめる機会としての食育を推進していくことができる．

（3）特別な配慮を含めた一人ひとりの子どもへの対応

食育の推進にあたっては，専門性を生かし，次に記す点に留意しながら指導にあたることが大切である．

● 体調不良の子ども

◎体調不良時や回復時には脱水予防のための水分補給に留意する．

◎一人ひとりの心身の状況に応じた食材，調理形態を工夫した食事を提供する．

◎保護者と相談し，必要に応じて嘱託医やかかりつけ医の指導や指示を受ける．

● 食物アレルギーの子ども

◎安全，安心な保育所生活を送るため完全除去を基本とする．

◎医師の診断，指示に基づいた対応をする．

◎医師との連携には生活管理表を用いる．

◎誤配，誤食などの事故防止に向け，安全を最優先とし，組織的に対応する．

◎食物アレルギーに対する最新の知識，緊急時の対応を身につけておく．

◎食物アレルギーの発症リスクを回避するために，献立を工夫する．

◎保護者への栄養指導や，地域の子どもや保護者にも食物アレルギーへの理解を深める．

● 障害のある子どもへの対応

◎児童発達支援センターや医療機関などの専門職による指導や指示を受け，一人ひとりの子どもの咀しゃく，えん下，手指の運動機能などの状態に応じた配慮をする．

◎誤飲などの事故防止に留意する．

◎ほかの子どもや保護者に，障害のある子どもの食生活への理解について配慮する．

b 職員間の連携

食育を含め，入所する子どもの健康と安全については，施設長をはじめとして全職員が共通理解を深めて，適切な分担と協力のもとに年間をとおして計画的に取り組むとされている．とくに栄養士が配置されている場合には，食に関する専門性を生かして，子どもの健康状態や発育・発達の程度など，状況を考慮しながら，献立作成，食材の選定と調理，摂取の方法や摂取量の指導など，適切な食事の提供を含めた食育にかかわることが望まれ

る．食育の実践では，実施，評価，改善の各過程において，保育士，栄養士，調理員，看護師など，それぞれの専門的立場から見解を出し合い，協力して食育を推進していくことが大切である．

6　食をとおした保護者への支援

　保護者は子育てにおいて，食に関する不安や心配を抱えている場合が多い．保育所では保育をとおして蓄積された子育ての知識，経験，技術を活用し，相談や支援をすることが求められている．それぞれの家庭で抱えている悩みはさまざまであることから，保育所を利用している保護者に対しては，送迎時や連絡帳におけるやり取りなどを通じて，毎日の家庭での食事の様子を聞きながら，助言や支援を行うことが大切である．保育所での子どもの食事の様子，食育に関する取り組みとその意味などを保護者に伝えること，食事サンプルの提示，食事やおやつの時間を含めた保育参観や試食会，保護者参加型の調理実践行事の開催など，保護者同士の交流の提供機会を設けることは，家庭での食育の関心を高めていくことにもつながる．

　また，保育所は地域の子育て家庭に対しても，保育所保育の専門性を生かした"地域に開かれた子育て支援"を積極的に行わなければならない．食に関する相談や支援に取り組み，相談内容は必ず記録に残し，保育所内の関係職員間で事例検討を行う．助言などを行うにあたっては，保育所における相談や対応の限界についても考慮し，医療機関や保健所，保健センター，地域子育て支援センターなど専門機関と連携や協力を図ることも大切である．

5章

家庭や児童福祉施設における食事と栄養

A
家庭における食事と栄養

1　乳児期

　乳児期は「安心と安らぎのなかで食べる意欲の基礎をつくる」時期で，乳児が「母乳を飲む心地よさを味わい」，「いろいろな食べ物を見て触って，味わって，自分で進んで食べようとする」ことができるようにしていく（「食からはじまる健やかガイド」厚生労働省，2004）．

　保育所に入所する子どもの場合でも，母親の産休明けまでの生後8週間は（育児休暇取得の場合は満1歳），家庭での保育が中心となる．乳児にとってはじめての人間や食事とのかかわりは，母親であり，家族であることから，家庭の役割は非常に大きいといえる．

● 乳児期・幼児期の食事は栄養の摂取のみでなく，精神的な発育面でも大切

　安心できる環境のなかでの授乳，たとえば「おいしいでしょ！たくさん飲んでね」と微笑みながら繰り返し与えることで，母子の絆が育ち，人間関係が育っていく．泣くから与えるというおとなの身勝手な授乳では，空腹は満たしても子どもの精神的欲求は決して満たすことはできない．子どもは愛情をそそがれて過ごすことで，泣く・笑うなどの表情の変化や，からだの動きや喃語などで意思や欲求を表し，人に対する信頼関係が芽生えてくる．

　また，母親についても，離乳食を「食べない」と焦ることなく，いつも笑顔を絶やさぬよう，乳児が自分で食べようとする意欲が育つように心がけ，家庭の食事や離乳食づくりに取り組むなど，心の余裕を持つことが大切である．授乳，離乳の困難さが積み重なると精神的負担が増し，マタニティブルーやうつ状態になる場合がある．

　子育てにひとりで悩まないで，情報交換を心がけると孤立を防ぐことができる．母親の負担が大きくならないように，父親をはじめとした家族や地域の支援が重要である．地域における子育て支援に関する体制を紹介し合うなどして，必要に応じて支援を受けるようにする．

愛着関係と人見知り

　愛着とは，特定の人に対する愛情の絆である．子どもは愛着を形成した相手を安全基地として，見知らぬ人や新しい出来事への不安を乗り超え，次第に自立へと向かう．

　6か月ころには，はじめての人や知らない人に対しては泣くなど人見知りをする．人見知りは，保育者にとっては不都合なこともあるが，特定のおとなとの愛着関係が育まれている証拠といえる．

● 乳汁期の子どもをもつ保護者への食育

　乳児が安定した人間関係のなかで，乳を吸い，心地よい生活をおくれるように配慮する．授乳は母親と乳児のスキンシップをはかる大切な時間である．ゆったりとした気持ちで乳児を膝深く抱き，しっかりと目を見つめ，声をかけながら，愛情を込めて授乳することが何よりも大切である．

　① お腹がすき，乳を飲みたいときに，飲みたいだけゆったりと飲めるようにする（自律授乳）．

　② スキンシップにより，乳児に安心感を与えるようにする．

● 離乳期の子どもをもつ保護者への食育

　離乳期には，いろいろな食べ物を見る，触る，味わうという体験をとおして，乳以外の味に慣れ，食べたいという気持ちや自分で食べようとする意欲を育てていくことが大切である．離乳は，あせらず，ゆっくり，楽しく進め，決して無理強いはしないようにする．身につけさせたい食行動や食習慣を，おとながやさしく語りかけながら手本を示し，乳児に実際に体験させることにより，ゆっくりと慣れさせていく．お腹がすき，乳を吸い，離乳食を喜んで食べるという，規則的な食事のリズムにより乳児の生活リズムが整い，乳児が心地よい生活を味わえるよう配慮する．

　① 子どもの様子や食べる機能の発達に合わせて，固さや量を調節する．

　② 調理形態が重要．手の込んだ調理ではなく，おとなの食事からのアレンジなどの工夫をする．

　③ 食事の前に乳児が空腹である状態にする．食事の直前まで遊びに熱中させず，お片づけなどの習慣で食事への準備の気持ちをもたせる．

　④ 食事の援助は，子どもがやりたがること，できることを少しずつ任せるという姿勢で行う．

2　幼児期

　幼児期の食事は，栄養面だけでなく，精神面の発達および食行動にも配慮する必要がある．幼児期に得られた咀しゃく機能や嗜好，食習慣などは，その後にも影響を及ぼすため，この時期の食生活は，とても重要である．咀しゃく機能は，乳歯が生えそろう3歳ころまでに獲得されるが，離乳が完了しても，食品の種類や調理形態に引き続き配慮が必要である．

　幼児期の食事に欠かせないのは，みずからの食べたい気持ちを引き出し，尊重することである．手づかみ食べから，スプーン，フォーク，箸を使うようになるので，扱いやすい大きさの適切な食具・食器や味覚の発達とともに，味つけにも配慮する．また食べる楽しさが味わえるように，家族で一緒に食事をしたり，食べ物を話題にする機会を増やしたり，家庭における食事の環境や食事の内容についても留意する．

● 乳幼児期1日の食事の構成（家庭食と給食）

　1日の食事は，家庭の食事や保育所の給食などでまかなわれているが，この合計がそれ

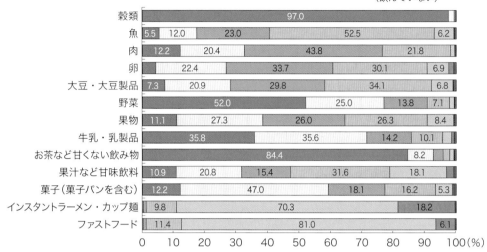

図5-1 子どもの主要食物の摂取頻度（2〜6歳児）

■毎日2回以上　□毎日1回　■週に4〜6日　□週に1〜3日　□週に1回未満　■まだ食べていない　■不詳
（飲んでいない）

	毎日2回以上	毎日1回	週に4〜6日	週に1〜3日	週に1回未満	不詳
穀類	97.0					
魚	5.5	12.0	23.0	52.5		6.2
肉	12.2	20.4	43.8	21.8		
卵	22.4	33.7	30.1	6.9		
大豆・大豆製品	7.3	20.9	29.8	34.1	6.8	
野菜	52.0	25.0	13.8	7.1		
果物	11.1	27.3	26.0	26.3	8.4	
牛乳・乳製品	35.8	35.6	14.2	10.1		
お茶など甘くない飲み物	84.4	8.2				
果汁など甘味飲料	10.9	20.8	15.4	31.6	18.1	
菓子（菓子パンを含む）	12.2	47.0	18.1	16.2	5.3	
インスタントラーメン・カップ麺	9.8	70.3	18.2			
ファストフード	11.4	81.0	6.1			

注）図中の5％未満のデータについては，ラベルを省略した．

（厚生労働省：平成27年度乳幼児栄養調査結果）

それの子どもに必要な栄養素等を与える食事でなければならない．給食はそれ自体はバランスが取れているが，家庭で食べる食事をカバーすることはできない．そのため給食と家庭の食事との兼ね合いを考えることが大切で，給食の献立表をきちんと入手して，それを見て朝，夕，おやつの内容を考えることが必要である．給食と家庭の食事がバラバラである結果，栄養素等の摂取量の偏りが生じ，十分な成長が期待できないばかりでなく，生活習慣病発症のリスクが高まるかもしれない．この時期の食生活は，成人期の心身の状態につながる大切な時期であることを忘れてはならない．

● 幼児期の食品摂取の状況

2015（平成27）年度乳幼児栄養調査結果の"子どもの主要食物の摂取頻度"をみると，2〜6歳の子どもで，1日2回以上食べている食物は，穀類，次いでお茶など甘くない飲物，野菜，牛乳・乳製品の順に割合が高かった（図5-1）．毎日摂るのが望ましい野菜や果物については，毎日食べない子どもが野菜で約2割，果物で約6割を占め，週に1回未満の子どももみられた．野菜や果物摂取についての望ましい食習慣が身につくための支援が

生活リズム

人間のからだは1日約25時間の体内時計によってリズムが刻まれている．しかし地球の1日は24時間であるため，朝太陽の光を浴びる，食事をする，運動するなど，毎日24時間に合わせて体内時計をリセットしている．不規則な生活がつづくと体内時計と地球時間とのあいだにズレが生じ，睡眠障害などが起こる．乳幼児期はリセット機能が発達する大切な時期である．早寝早起き，規則正しい食事など，おとなが乳幼児の生活リズムを整えていくことが必要である．

必要と考えられた．また果汁などの甘味飲料はおよそ3人に1人がほぼ毎日飲んでおり，過剰摂取が心配される．

● **供食上の留意点**

　1〜2歳ころは食事に集中するよりは周囲に気が散り，いわゆる遊び食べが多い年齢である．遊んでしまってあまり食事量が多くないときでも，20〜30分経過したら食事は片づけてしまい，次の食事までは軽い水分の補給程度にする．食事時間に空腹であれば食べることに集中できる．生活リズムを確立すべき幼児期に"食事開始時にはいつも空腹感があるようにする"など，空腹中枢のはたらきのトレーニングを兼ねた"リズムづくり"を身につけさせることは，栄養補給と並んで食事の大切な役割である．

　3歳ころになると語彙も増え，おとなと会話を楽しめるようになるので，食卓では食事のマナーを教えつつ"家族の団らん"を大切にしていきたい．現代の忙しい保護者たちにとっても，"家族の団らん"の場は心の癒しの場ともなり，ともすれば希薄になりがちな家族間の関係によい方向性が見出せると思われる．少なくとも楽しい食事を基本にした団らんの努力をしていけば孤食を好む子どもになることはないだろう．

　一方，3歳すぎになると社会性が発達し，社会活動範囲が広がると同時に，自己主張が強くなり反抗的になることがある．またおとなの干渉を嫌うようになるので，食事のマナーについても子どもの心理をよく理解して，家族が自然な雰囲気のなかで指導するようにしたい．落ち着いた雰囲気をつくりだすために椅子やテーブルの高さ，テーブルクロスの色や柄，食器の配色などにも心を配りたい．

3色の食品群

　5〜6歳ころには知識欲が高まり，得た知識を自分のことと関連づけて考えられるようになる．このころには，黄・赤・緑の食品からバランスよく摂ることを，食事の際に具体的に伝えるとよい．それらの食品の名前や，とれる場所，加工品ではそれが何からできているかなど，興味を引くように話をする．また食べ物をよく噛むと消化しやすいことなど，消化吸収，排便に関しても，子どもの発達状況に合わせて理解できるようにする．

　黄…力や体温になるもの…ご飯，パン，うどん，バターなど…〈炭水化物・脂質源〉

　赤…血や肉になるもの…肉，魚，大豆，卵など…〈たんぱく質源〉

　緑…からだの調子を整えるもの…野菜，果物，きのこ，海藻など

　　　　　　　　　　　　　　　　　　　　　　…〈ミネラル・ビタミン源〉

<h1>B 児童福祉施設における食事と栄養</h1>

<h2>1 児童福祉施設の種類と特徴</h2>

a 児童福祉施設の種類

　児童福祉施設は，児童福祉法第7条によって規定された①助産施設，②乳児院，③母子生活支援施設，④保育所，⑤幼保連携型認定こども園，⑥児童厚生施設，⑦児童養護施設，⑧障害児入所施設，⑨児童発達支援センター，⑩児童心理治療施設，⑪児童自立支援施設，⑫児童家庭支援センター，⑬里親支援センターである（2022年6月一部改正）．児童や保護者の心身の状況や環境などの状況により児童を家庭で養育することが困難または不適切な場合に，家庭に代わるものとして，児童福祉施設の役割がある．

　施設の形態は入所施設と通所施設に大別される．設置目的や入所児童の状況は，施設により異なり，入所児童の特性に応じた食事が提供される．入所施設では1日3食，通所施設ではおおむね1食が提供され，入所児童の状況に応じて治療食が提供される．表5-1におもな児童福祉施設の入所，通所の区分を示す．

b 児童福祉施設における食事の提供

　児童福祉施設における食事の提供（給食）は，「食育基本法」，「児童福祉法」，「児童福祉施設の設備及び運営に関する基準」（厚生労働省令），「児童福祉施設における食事の提供ガイド」などに基づき実施されている．

（1）食事の提供および栄養管理の基本方針

　児童福祉施設での食事の形態は，施設の種類によりそれぞれ特性をもつが，入所児童が発育期にあり，また家庭に代わる場として長時間施設で過ごすことから，食事は重要な役割をもつ．

　2010（平成22）年，厚生労働省から「児童福祉施設における食事の提供ガイド」が公表された．児童福祉施設における食事の提供および栄養管理は，子どもの健やかな発育・発達をめざし，子どもの食事・食生活を支援していくという視点が大切であると示されている．次にあげる事柄に留意し，「心と体の健康の確保」，「安全・安心な食事の確保」，「豊

表5-1　児童福祉施設の入所，通所の区分

入　所	乳児院，児童養護施設，障害児入所施設
通　所	保育所，幼保連携型認定こども園，児童発達支援センター
入所または通所	児童心理治療施設，児童自立支援施設

図 5-2 子どもの健やかな発育・発達をめざした食事・食生活支援 ──────

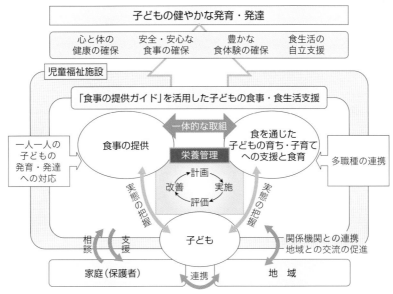

(厚生労働省：児童福祉施設における食事の提供ガイド，2010)

かな食体験の確保」，「食生活の自立支援」をめざして子どもの食事・食生活の支援を行うことが大切である（図 5-2）．

● **食事の提供と食育を一体的に**

施設での食事は，栄養摂取のみならず食育実践の場でもある．施設での食の体験により，子どもたちは摂食機能を獲得し，食べることへの意欲や関心を高め，将来につながる望ましい食習慣を形成していく．安心できる楽しい共食の場は，情緒や社会性の発達を促す．食事の提供と食育を一体的に考えて，栄養管理を行うことが重要である．

● **一人ひとりの子どもの発育・発達に対応して**

乳幼児期は発育・発達が著しい時期であり，個人差も大きい．食事の提供は，食育の観点からも，子どもの発育・発達状況，健康・栄養状態，養育環境などを把握し，一人ひとりの子どもに対応して進めていくことが大切である．子どもの発育・発達過程ごとの留意点は 3 章および表 4-1（p.156）を，特別な配慮を要する子どもについては，6 章を参照．

● **施設内の多職種間の連携**

施設のなかでは，職種により食事へのかかわり方が異なる．

一人ひとりの子どもに応じた食事を提供し，支援していくためには，子どもの情報を全職員が共有し，連携をとりながら多面的に進めていくことが必要である．

とくに体調不良，食物アレルギー，障害など，特別な配慮を必要とする子どもへの食事の提供にあたっては，嘱託医，かかりつけ医などの指示や協力のもとに，全職員が連携・協力して，適切な対応をとる．家庭との密な連絡，連携も重要である．

● **家庭や地域との連携**

通所施設では，子どもの食事の場は施設と家庭であり，家庭と連携して子どもの食を考

える必要がある．施設での子どもの食事の様子や，施設の食の取り組みを家庭に伝え，食の関心を高めて家庭での食育の推進につないでいく．子どもの食に関する困難さが育児の不安や虐待につながる場合もあるので，家庭からの食に関する相談にも適切に対応する．近隣の児童福祉施設，学校，保健センター・保健所，医療機関などとも密接に連携しながら，食をとおして子どもと保護者を支援していくことが児童福祉施設に求められている．

(2) 給与栄養量の目標と食事計画

　食事の提供にあたっては，子どもの発育・発達状況，健康・栄養状態に適していること，摂食機能に適していること，食物の認知・受容，嗜好に配慮していることなどが求められる．

　よりよい食事の提供を行うために，まず子どもの状況を把握し，食育の視点をもって，提供する食事の量と質についての計画（食事計画）を立てる．障害や疾患がある場合には，それぞれの状況に応じた食事計画を立てる．

　児童福祉施設において「食事摂取基準」を活用して食事計画を立てる場合には，次の事項に留意して，施設や子どもの特性に応じた適切な活用をはかる．

◎子どもの性，年齢，発育・発達状況，栄養状態，生活状況などを把握・評価して，提供するエネルギーおよび栄養素の量（給与栄養量）の目標を設定する．給与栄養量の目標は定期的に見直す．

◎子どもの健康・栄養状態に応じて，必要な栄養素をみたすようにする．基本的にエネルギー，たんぱく質，脂質，ビタミンA，ビタミンB_1，ビタミンB_2，ビタミンC，カルシウム，鉄，ナトリウム（食塩），カリウム，食物繊維について考慮する．

◎たんぱく質，脂質，炭水化物の総エネルギーに占める割合（エネルギー産生栄養素バランス）は，たんぱく質13〜20％，脂質20〜30％，炭水化物50〜65％の範囲を目安にする．

◎1日のうち特定の食事を提供する場合は，対象となる子どもの生活状況や栄養摂取状況を把握，評価したうえで，1日全体の食事に占める特定の食事の給与栄養量の割合を勘案し，その目標を設定する．

(3) 献立作成と食事の提供

　給与栄養量の目標をふまえて献立作成を行い，それに基づき食事を提供する．献立作成にあたっては，季節感や地域性などを考慮し，品質のよい幅広い種類の食品を取り入れるように努める．また子どもの咀しゃくやえん下機能，食具使用の発達状況などを観察し，摂食機能や食行動の発達を促すことができるように，食品の種類や調理法に配慮するとともに，子どもの食に関する嗜好や体験が広がり，かつ深まるように，多様な食品や料理の組み合わせにも配慮する．郷土食や行事食などは，子どもたちに食文化を伝え，給食の画一化を防ぎ，楽しさを増すことができるので，大いに取り入れたい．

（4）食事計画の評価と改善

食事計画の進行経過を観察し，計画どおりに調理や食事の提供が行われたか評価して，適切でない場合は計画を修正する．

エネルギー摂取量の計画にあたっては，定期的に身長および体重を計測し，成長曲線に照らし合わせるなど，栄養状態の観察・評価を行う．一定期間ごとに摂取量調査や対象者特性の再調査を行い，得られた情報などを，施設長を含む保育士，管理栄養士，栄養士など関係職員が共有し，評価を行う．

評価結果に基づき食事計画を見直すとともに，献立作成など一連の業務内容を改善する．

入所児は社会的に不利な条件をもつものが多く，精神的にみたされる温かい家庭的な食事が望まれる．入所児にとって食事は，日常生活における楽しみの1つである．3食給食の場合は食生活のすべてが給食によるため，その責任は重い．

児童福祉施設の給食は予算や施設設備，入所児の多様性など制約が多いが，全職員や保護者が食事の重要性を認識し，食に関する情報を共有することによって評価・改善に努め，よりよい食事の提供に努めなければならない（p.171 図5-2）．

2 保育所給食

a 保育所における食事の提供

（1）保育所における食事提供の基本

● 保育所における食事の役割

保育所は，児童福祉法に基づき，保育を必要とする乳幼児を日々保護者の下から通わせて保育を行うことを目的とする児童福祉施設である．乳幼児は日中の大半を保育所で過ごすため，食事は栄養摂取や好ましい食習慣の形成などのうえからも重要な位置を占めている（p.170 参照）．

2008（平成20）年に改訂され，規範性をもつ基準として告示された「保育所保育指針」には，「食育の推進」の項が設けられた．このなかに「乳幼児期にふさわしい食生活が展開され，適切な援助が行われるよう，食事の提供を含む食育計画を全体的な計画に基づいて作成し，その評価及び改善に努めること」と記され，保育所における食事を食育とともに，保育の一環として位置づけることが明示された．その後，子どもの食生活をめぐる環境の変化に伴い，2018（平成30）年に改訂された．そのなかで，食育の推進として，「保育の特性を生かした食育」ならびに「食育の環境の整備等」に関する項目がある（4章 p.156 ～ 157 参照）．

● 保育の特性を生かした食育

① 食育計画の作成と評価

全体的な計画に基づいた食育計画は，食育の推進に当たっての参考資料「保育所における食育に関する指針」（2004年），「保育所におけるアレルギー対応ガイドライン」（2019年），「保育所における食事の提供ガイドライン」（2012年）などを参照し，指導計画と

も関連づけながら，子どもの日々の主体的な生活や遊びのなかで，食育が展開されていくよう作成する（資料編 p.232 資料 5 参照）.

② 食事の提供に関する留意点

日々の食事の提供にあたっては，子どもの状態に応じて，摂取方法や摂取量などを考慮し，子どもが食べることを楽しむことができるように計画を作成する.

● 食育の環境の整備等

保護者や地域の多様な関係者との連携および協働の下で，食に関する取り組みが進められること，また，市町村の支援の下に，地域の関係機関などとの日常的な連携を図り，必要な協力が得られるよう努めることが大切である．保育所においては，これらを主体的かつ多様に連携，協働した取り組みが求められる.

また，食育の推進にあたっては，体調不良の子ども，食物アレルギーのある子ども，障害のある子どもなど配慮が必要な子どもへの対応，食を通した保護者への支援など，家庭と連携して食育を進めていくことが重要である．推進にあたっての資料を参考にして，入所児個々の健康，発育・発達状況を把握したうえで，できるかぎりきめ細やかな食事づくりや“食を営む力”の基礎を培う食育が望まれる.

● 保育所給食の利点

同じものを全員で食べる保育所給食には，次のような多くの利点があり，食育の場としても重要である.

① 一緒に食事を楽しむことにより，親近感をもちやすい．会話を楽しみながらお互いに心地よく食事するルールを体得するなど，情緒や社会性を培う場となる.

② 家庭で摂取する機会が少ない食品や料理を食べるなど，家庭での経験を補う．友だちと食べることや保育士のはたらきかけにより，嫌いなものも食べてみようという気持ちになりやすく，食嗜好を広げることができる.

③ バランスのとれた食事を毎日摂ることにより，規則正しい生活や食事のリズムができ，無理なく正しい食習慣を身につけることができる.

④ 子どもをとおして間接的に，あるいは保育所から保護者へのはたらきかけにより，家庭や地域の食生活の改善に役立つ.

⑤ 質のよい食事を比較的安価で提供できる.

⑥ 家庭での弁当づくりの負担を軽減する.

(2) 保育所給食の運営

保育所給食は施設長のもと，給食責任者，調理責任者を定める．給食関係者（栄養士，調理師など）と保育関係者（主任保育士，保育士など）やそのほかの関係者（保健師，看護師，事務職員など）が給食運営会議を開き，十分に連絡を取り合い運営するのが望ましい．保育打ち合わせ会議と兼ねるなどの工夫をして，給食部門と保育やそのほかの部門が，給食の運営や食事内容および食事環境の改善，栄養指導や生活習慣指導などについて検討し，よりよい食事の提供をめざす.

児童福祉施設での食事は，施設内で調理するのが原則であるが，保育所に関しては，

2003（平成15）年より，特区の認定を受けた公立保育所のみで特例的に外部搬入（施設外で調理した給食を保育所に運んで園児に提供する）が認められてきた．さらに2010（平成22）年6月から，3歳以上児に関しては，再加熱や配膳のための設備の設置などを条件に，公立・私立とも全国的に外部搬入が認められることになった．ただし満3歳未満児に関しては，従来どおり施設内調理を原則とし，特区における公立保育所においてのみ外部搬入が認められる．外部搬入を行う場合も，保育所が食事提供の責任をもち，個々の子どもに合った食事を，食育の観点を含めて提供することに努めなければならない．

（3）保育所給食における保育士の役割

　子どもたちの心身の健やかな発育・発達をめざし，一人ひとりに合った食事の提供を行っていくためには，栄養士，調理師，保育士，看護師，保護者や地域などの連携が不可欠である．なかでも子どもと接する時間がながく，保護者と話す機会の多い保育士のはたす役割は大きい．保育士は，次のようなことに留意しながら，得た情報をほかの部門と共有し，連携して，食事の提供と食育およびその評価・改善を行う．

● 一人ひとりの子どもの情報収集

　現在までの食事や健康の状態（入所時の調査による），その日の心身の状態（登園時および保育中の視診や言葉がけから），家庭での食事や子どもの状況（連絡帳や保護者会，送り迎え時の保護者との会話などから）を把握する．給食時には，食べる様子を観察して問題点を見出し，食物アレルギーなど配慮が必要な子どもの状況を確認する．また残菜量や子どもの感想にも注意する．身長・体重などの発育状況を定期的に把握する．

● 食事提供の目標を明確にする

　運営会議などで，いろいろな部門が協議し，食育も含めた食事提供の目標を明確にする．それをもとに，食育の視点を含めて，保育の基本となる“全体的な計画”や具体的な“指導計画”を作成する．作成にあたっては，“全体的な計画”は園長が中心となり，“指導計画”は子どもを担任する保育士を中心に，調理担当職員などと連携しながら行う．

● 食事の準備，摂取，片づけの支援

　食事をする部屋の片づけや清掃，テーブルや椅子の準備，手洗いの指導など，清潔・安全に，落ち着いて食事ができる環境を整える．盛りつけ・配膳や食事の際には，子どもの発育・発達や体調に配慮して個別対応し，それぞれに合った援助や言葉がけをする．子どもたちが，食事をとおして食の経験や知識を増やし，“食を営む力”の基礎を培えるよう，食育の視点をもって，おいしく楽しい食事の時間を心がける．食事の準備やあと片づけは，できる範囲で子どもたちと一緒に行う．

● 子育ての支援

　子どもの食に関する保護者の不安・心配は多く，食の困難さが子育て不安につながることもある．「保育所保育指針」には，保育所は保育所を利用している保護者や地域の保護者等に対して子育て支援の役割をもつことが明記されている．栄養士（管理栄養士）や看護師，医師などが，それぞれの保護者と頻繁に連絡をとるのはむずかしいことが多い．保育士が保護者とのふだんの会話を大切にして信頼関係を築き，保護者の気持ちや問題点を

理解し，栄養士や看護師など，ほかの部門と連携をとりながら支援することが大切である．

　給食だよりや園だよりで（口絵参照），給食や保育所での食に関する活動について保護者に伝え，また，連絡帳などでそれぞれの子どもの保育所と家庭での食の状況を連絡し合うなどの工夫をする．

b 保育所における食事計画

（1）保育所給食における給与栄養量の目標

　保育所給食では，一般的に昼食とおやつが提供されるが，保育形態により，補食や夕食，朝食を提供するなど，各保育所で柔軟な対応がなされている．家庭での食事と合わせて1日の給与栄養目標量となるため，家庭での食事時間や生活時間，食事内容，生育歴，病歴および子どもの特性についての把握が必要である．

　保育所入所児は，年齢や発育・発達状況が異なり，食事の内容や食べ方に相違がある．このため保育所における給食は一律ではなく，乳児食と幼児食に大別され，さらに乳児食は乳汁（調乳）と離乳食に，幼児食は1～2歳児食と3～5歳児食に区分される．

◎給与栄養目標量は，「食事摂取基準」を用いて，1～2歳児と3～5歳児に分けて1人1日あたりの推定エネルギー必要量を求める．

◎たんぱく質は推定エネルギー必要量の13～20%，脂質は20～30%，炭水化物は50～65%の範囲を目安に設定する．ビタミンA，ビタミンB_1，B_2，C，カルシウム，鉄，ナトリウム（食塩），カリウム，食物繊維についても考慮する．

◎保育所の子どもの生活状況や栄養摂取状況に応じて，昼食やおやつなどから摂取する給与栄養量の1日の食事全体に占める割合を，それぞれ目標値として設定する．

◎体調不良や食物アレルギーなど，一人ひとりの子どもの心身の状態などに応じ，適切に対応する．また，家庭と保育所の食事の連続性を大切に，個別の対応を行っていく．

◎延長保育に伴うおやつ（補食）や夕食の給与については，保育時間や家庭での食事の状況をみながら，一人ひとりに柔軟に対応する．

　食事摂取基準から求めた給与栄養量の目標は，あくまでも集団としての1つの目安である．一人ひとりの発育・発達状況，健康・栄養状態，摂食量，生活状況などに合わせ，定期的に給与栄養量を見直していく．家庭での食事も含めた1日の食事を念頭においたうえで，子どもの特性を把握し，施設設備および保育内容なども考え合わせ，食育の視点をもって食事計画を立てる必要がある．

　乳児に関しては個人差が大きいため，授乳時刻や回数，量は個々に対応する．

　保護者が母乳育児の継続を希望する場合には，冷凍母乳の提供に取り組む．この場合，保護者と全職員が，搾乳，受け取りや保管，解凍や提供など，冷凍母乳の扱いや手順について確認し，衛生的な配慮のもとに行うことが大切である（p.97 表3-17，18参照）．授乳の支援については「授乳・離乳の支援ガイド」を参考にする．

　離乳も「授乳・離乳の支援ガイド」を参考に進めていく．月齢や目安量にこだわった画一的な進め方ではなく，一人ひとりの子どもの発育・発達状況，咀しゃくやえん下機能の発達状況，摂食行動などに合わせて離乳食の食品や形態，量を考え，無理なく行うことが

大切である．栄養士や保育士が連携し，アレルギーの有無，生活リズム，授乳・離乳の状況，排泄，家庭での離乳の進み具合などを把握し，離乳の進め方の年間計画を立てる．子どもの摂食状況などをみて，計画を修正しながら離乳を進めていく．家庭との密な連絡が必要であり，連絡帳などにより進め方を日々確認する．保護者向けの献立表の作成や，離乳食づくりの講習会などにより，家庭での離乳食づくりの支援も心がける．

（2）献立作成上の留意点

　給与栄養量の目標をもとに，予算および施設設備上の制約を考慮したうえで，管理栄養士・栄養士が献立を立てる．通常，3～5歳児の献立を基本に，同じ食材を用いて分量や調理形態を変えて，1～2歳児食や離乳食に適した献立にする．食嗜好や食体験を広げる意味から，さまざまな食品や調理法を用いて変化をもたせ，調理においては，それぞれの発育・発達状況に合った調理形態や調味を心がける．そのうえで子どもたちに喜ばれる献立を考える．できれば子どもたちが栽培・収穫した食材を取り入れるなど，保育所ならではの工夫をするとよい．盛りつけや食卓の整え方などにも配慮することが必要である．

　誤えん・窒息につながる食材としてあげられる，形状が危険なプチトマト，形状が危険なだけでなく皮が口に残るぶどうやさくらんぼ，粘着性が高くつるつるしている白玉団子の使用は避け，食塊の固さ，切り方によっては気管につまりやすいりんごは，離乳完了期までは加熱して提供する．

（3）保育所給食の献立例

　子どもの家庭環境，保護者の子育て状況をよく理解し，それぞれ年齢・月齢，咀しゃく・えん下力，生歯の状況など発達に合わせて，材料の適否および形態や調理方法を工夫し配慮する．

　保育所給食の献立例を表5-2に示す．献立は，3～5歳の食事を中心に作成し，その8割を1～2歳児用とする．

（4）評価と改善

　食育計画の実践課程は随時評価を行う．子どもの喫食状況調査の結果，栄養状態などの情報を全職員が共有し，食育計画の評価・改善を行い，よりよい食事の提供をめざす．

（5）食育の実践の留意点

　集団で行う食育は，子どもたちの発達過程，家庭での習慣の違いというような個人差を理解し，一人ひとりに適した対応をする姿勢が必要である．集団の目標が強調されすぎ，子どもの食べる楽しさが損なわれることのないように，次のような事柄に留意する．

① 食べることを楽しむ気持ちを育てる

　子どもの食育は，わくわくする感動を伴い，実体験につながるものでなくてはならない．無理強いや単なる知識の詰め込みでは，この気持ちは育たない．食べることを楽しむことは生きる楽しさにつながる．

表5-2 保育所給食の献立例

	3歳以上児			3歳未満児		
	献　立	材　料	分量（g）	献　立	材　料	分量（g）
午前				ヨーグルト	ヨーグルト （全脂無糖）	78.0
				りんごのコンポート	りんご 砂糖	15.0 3.0
昼	ピラフの クリームソース	米 親鶏もも肉 じゃがいも たまねぎ にんじん グリンピース （水煮缶詰） 牛乳 ホワイトソース コンソメ	55.0 23.0 15.0 10.0 5.0 3.0 20.0 5.0 0.1	ピラフの クリームソース	米 若鶏もも肉 じゃがいも たまねぎ にんじん グリンピース （水煮缶詰） 牛乳 ホワイトソース コンソメ	35.0 17.0 12.0 8.0 4.0 2.0 15.0 3.0 0.1
	ブロッコリーソテー	ブロッコリー 黄ピーマン 赤ピーマン ハム キャベツ バター 食塩	20.0 5.0 5.0 15.0 10.0 1.0 0.1	ブロッコリーソテー	ブロッコリー 黄ピーマン 赤ピーマン ハム キャベツ バター 食塩	15.0 4.0 4.0 12.0 8.0 0.5 0.1
	たまごスープ	鶏卵 絹ごし豆腐 ほうれんそう コンソメ 食塩	15.0 30.0 8.0 0.5 0.1	たまごスープ	鶏卵 絹ごし豆腐 ほうれんそう コンソメ 食塩	12.0 23.0 7.0 0.4 0.1
	果物	バナナ	50.0	果物	バナナ	30.0
午後	牛乳	牛乳	150.0	牛乳	牛乳	120.0
	スイートポテトの茶巾	さつまいも 牛乳 砂糖 プロセスチーズ レーズン	40.0 3.0 4.0 5.0 4.0	スイートポテトの茶巾	さつまいも 牛乳 砂糖 プロセスチーズ レーズン	32.0 2.0 3.0 5.0 3.0

	3歳以上児		3歳未満児	
	エネルギー （kcal）	たんぱく質 （g）	エネルギー （kcal）	たんぱく質 （g）
午前 昼 午後	— 398 188	— 16.4 6.7	64 264 152	2.8 12.0 5.5
合計	586	23.1	480	20.3

	12〜18か月			7〜8か月		
	献　立	材　料	分量（g）	献　立	材　料	分量（g）
午前	ヨーグルト	ヨーグルト（全脂無糖）	78.0	ヨーグルト	ヨーグルト（全脂無糖）	78.0
	果物	りんご	12.0	りんごとにんじんのおろし煮	りんご	20.0
					にんじん	10.0
昼	ミルクがゆ	米	28.0	ミルクがゆ	米	20.0
		鶏ひき肉	10.0		親鶏ささみ	8.0
		じゃがいも	8.0		じゃがいも	6.0
		たまねぎ	6.0		たまねぎ	4.0
		にんじん	3.0		にんじん	2.0
		脱脂粉乳	2.0		脱脂粉乳	1.5
	ブロッコリーのかき玉煮	ブロッコリー	15.0	ブロッコリーのかき玉煮	ブロッコリー	8.0
		鶏卵	15.0		鶏卵	8.0
		食塩	0.1		コンソメ	0.1
	豆腐スープ	絹ごし豆腐	6.0	豆腐スープ	絹ごし豆腐	5.0
		ほうれんそう	5.0		ほうれんそう	3.0
		食塩	0.1		コンソメ	0.1
	果物	バナナ	18.0	果物	バナナ	10.0
午後	ミルク	育児用ミルク	20.0	ミルク	育児用ミルク	20.0
	スイートポテトの茶巾	さつまいも	30.0	スイートポテト	さつまいも	20.0
		脱脂粉乳	1.0		脱脂粉乳	1.0
		砂糖	3.0		砂糖	1.0

（子供の家愛育保育園）

	12〜18か月		7〜8か月	
	エネルギー（kcal）	たんぱく質（g）	エネルギー（kcal）	たんぱく質（g）
午前	50	2.8	58	2.9
昼	181	8.6	115	5.7
午後	156	3.1	135	3.0
合計	387	14.5	308	11.6

〔日本食品標準成分表 2020 年版（八訂）より〕

② 子どもの気持ちをくみ取りながらおおらかに

問題と思える行動の裏に，言葉にならない子どもの思いや発達の証がある場合もある．子どもの行動の背景にあるものを広くとらえる姿勢をもちたいものである．

③ 発育・発達段階に応じた指導・かかわり方を

小児期は心身の発達が著しく，個人差も大きい．個々の発育・発達状況に合わない指導やかかわり方は，食行動の発達を妨げ，その後の食生活に悪い影響を及ぼすこともある．

④ 根気よく繰り返す

幼児は，発達状況によっては，教えられたことを自分のこととして認識しにくい場合もある．また食事のマナーなどの生活習慣は繰り返しにより定着していく．おとなが手本となる行動をとり，時間をかけ根気よく繰り返すことが大切である．

⑤ 一貫性をもって指導する

保護者や保育士・教諭，栄養士，調理師，看護師などが相互に密接な連絡をとり，食育の方針を共有し，一貫性をもって指導する．

楽しい給食や，保育所・幼稚園での生活全体のなかで，おおらかに温かく子どもたちを見守り，"食べる力"を育んでいきたいものである．

c 保育所給食の問題点と課題

（1）施設の問題と課題

● 保育形態の多様化と対応

◎延長保育，一時保育，夜間保育，24時間保育，障害児保育，病児保育，病後児保育など，保育形態の多様化が進んでいるが，保育所入所児は，年齢，発育・発達状況に差があり，栄養摂取量や調理形態の異なる保育所給食は複雑で配慮すべき点が多く，手間がかかる．1,2歳児の保育所等利用率は，2010（平成22）年に29.5%であったものが，2022（令和4）年では56.0%となり，保育をめぐる状況が大きく変化している．これまで以上に子どもや家庭に対してきめ細やかな対応が求められている．乳幼児一人ひとりの健康状態や発育・発達の状態に応じた対応，食物アレルギーをはじめとするアレルギー疾患への対応に関して，保育所内の体制を整える必要がある．

◎月齢の低い子どもの保護者は，育児経験が少なく，子どもの健康状態をきちんと把握できていないため，発熱や発疹，便の異常などに気づかないことがある．また発病して連絡しても，就労時間の関係ですぐに迎えに来られない状況が増えている．したがって迎えに来るまでの食事の形態は，病児に適した形態の食事を提供せざるを得ない．

◎近年の入所児は，低体重児も増加している．また，0,1歳児の未熟な子育て家庭では，離乳食のつくり方がわからず，与えるときも子どもの食行動に対して保護者の不安が募っているため，心のケアが必要になることもある．家庭と連携し，発育・発達に適した離乳食のすすめ方を支援していかなければならない．個人差が非常に大きいので，一人ひとりの現状を把握し，個々に寄り添った対応が重要である．

◎現在，1施設当たりの職員数は，施設利用定員の増加，低年齢児の受け入れ増加などの要因により増加傾向にある．多数の園では，施設内で調理した給食を，子どもと一緒に

表 5-3 補食実施献立例

日/曜	補食献立	材料名	調味料	日/曜	補食献立	材料名	調味料
1/金	きな粉マカロニ	マカロニ, きな粉, 砂糖		18/月	ツナサンド	バターロール, ツナ缶, マヨネーズ	食塩
5/火	ゆかりおにぎり	米, ゆかり		19/火	おかかおにぎり	米, かつお節	しょうゆ
6/水	シュガートースト	レーズンロール, バター, 砂糖		20/水	きな粉ラスク	レーズンロール, きな粉, 砂糖	
7/木	塩せんべい	塩せんべい		21/木	ケチャップマカロニ	マカロニ, 砂糖	ケチャップ
8/金	スイートポテト	さつまいも, 砂糖, 牛乳, バター		22/金	青のりスパゲティ	スパゲティ, たまねぎ, 青のり, 砂糖	しょうゆ
11/月	たまごサンド	バターロール, 卵, マヨネーズ	食塩	25/月	ジャムサンド	バターロール, いちごジャム	
12/火	五平餅	米, すりごま, 砂糖, みそ		26/火	シュガーフレーク	コーンフレーク, 砂糖	
13/水	チーズトースト	レーズンロール, プロセスチーズ		27/水	ツナうどん	干しうどん, ツナ缶	しょうゆ みりん
14/木	ホットケーキ	ホットケーキミックス, 卵, 牛乳, 油		28/木	いも餅	じゃがいも, 片栗粉, 油	しょうゆ みりん
15/金	味噌ポテト	じゃがいも, 砂糖, みそ	みりん	29/金	焼きおにぎり	米	しょうゆ みりん

(子供の家愛育保育園)

食べ, 保育の場で「食を営む力」を育む食育活動を行っている. しかし, 職員が食べる給食数が給食従事者の負担増加につながっていることが給食業務上の課題となっている. したがって給食従事者の「職員配置基準」の改善が求められている.

● 延長保育と補食

延長保育を行っている保育所では, 通常, 補食や夕食が提供される (表5-3). 夕食は家族と一緒にとらせたいという意見がある一方, 家庭での遅い夕食は子どもの生活リズムを乱すという指摘もある. 給食設備や経費の問題もあり, 各保育所が苦慮しながら, それぞれの対応を行っている. 一時保育では, 毎日通所している子どもでないため, 健康状態の把握がむずかしく, 子どもの体調には十分注意しなければならない. 食事の提供は, 健康状態や発育・発達, 食物アレルギー対応など, 食事に関する配慮事項は, よりいっそうきちんと把握しておく必要がある. とくに食物アレルギーは, 誤食や誤配によりアナフィラキシーなどの事故になりかねない問題点がある.

● 保育業務と給食業務の連携のとり方

一部, 給食の外部搬入が可能になった (p.175参照). 一括調理は多様な食材を安く購入できるなどのメリットはあるものの, 外部搬入方式では, それぞれの子どもへの配慮がむずかしい, 調理の場と子どものかかわりが減るなどの短所もある. よりよい給食の運営のためには保育業務と給食業務の連携が不可欠であるが, 連携が取りにくくなり, 保育内容に合わせた食事計画や, 特別な配慮が必要な子どもへの対応がむずかしくなることが懸念される.

● 食事環境の未整備

落ち着いて食事のできる食事室や食卓が整っていない保育所も多い.

（2）子どもの問題と課題
● 食べ方に問題のある子どもへの対応
① 食べない ―小食，偏食の問題

食物アレルギーや，むし歯，病気などの場合があるので，医師に相談して確認する．医学的な問題がない場合には，離乳の進め方や生活習慣，子どもの心理的な問題など，多くの原因が考えられるが，いずれにしても改善には時間がかかることが多い．その理由を探りながら，食べようという意欲をもてるように生活やかかわりを考える（p.132 参照）．

叱責や強制は悪影響を及ぼすことが多い．保育士は，おいしく楽しく食事をするという基本を忘れてはならない．ゆったりとした楽しい食事環境をつくることに留意する．また保護者との連絡を密にし，家庭での生活を含めて対応していくことが大切である．

小食に関しては，摂食量は個人差が大きいので，保育士などが，盛りつけ量を加減し，食べてみようという気持ちや，完食した達成感をもてるようにする．

② 噛まない，飲み込まない ―咀しゃくの問題

咀しゃくの問題に関しては，離乳の進め方を見直し，保育士が一緒に食べて模倣させるなど，望ましい摂食行動を身につけられるようにはたらきかける．また噛む力は強いがよく噛まないで飲み込むのか，食べる意欲に欠け口の中にためたままなのかを観察する．前者の場合にはゆっくりとよく噛んで食べるよう伝え，後者の場合には生活習慣を整えて健全な食欲を育むことに留意するなど，それぞれの配慮が必要である．

③ 一品食べ，あそび食いなど ―食べ方の問題

食事は，文化や習慣を伝え，家族や友人と愛情や信頼を育む場でもある．さまざまな習慣やまわりの人を不愉快にしない行動を，経験から学べるよう，子どもの発育・発達に合わせて対応する．環境や発達を見直し，根気よくやさしく言葉をかけることが大切である．一品食べについては，子どもたちがご飯とおかずを一緒に食べるおいしさに気づき，バランスよく食べられるよう，子どもたちと一緒に実際に食べて比べてみるなどの取り組みをするのもよい．

● 特別な配慮が必要な子どもへの対応

食物アレルギーのある子どもや，その疑いがある場合は，医師の指導・指示に基づき食事を提供する．除去食が必要な場合には，施設内で情報を共有し，医師や栄養士，調理師，保育士，保護者らが連携して，禁止食材を排除し，調理時の混入や誤飲・誤食を防がなくてはならない．ほかの子どもたちと異なる食事は子どもにとって精神的負担が大きい．必要な栄養を含み，なるべく外観の変わらない個別対応の代替食を用意したいが，困難な場合は，ほかの子どもたちと本人双方の心理に留意し，言葉がけや方法を考える．

体調不良の子どもや，障害のある子どもについても，医師の指導・指示に基づいた食事の提供や支援が必要である．

これらの特別な配慮が必要な子どもへの対応は，調乳，離乳食，乳児食，幼児食，職員

食，手づくりおやつ，行事食，延長保育の補食など，日々の給食業務に加えて行われるため，給食従事者の責任と緊張が大きくなり，精神的負担となっていることが課題である．

（3）異なる食文化圏の子どもへの対応

　保育所に通う外国籍の子どもや，外国につながりをもつ子どもたち（帰化などで日本国籍を取得したり，両親のうちいずれかが外国人であるなど）が増えている．これらの子どもたちや保護者は，家庭での生活習慣が日本と異なり，より一層のコミュニケーションが必要とされる．しかし言葉が通じないことも多く，保育上の問題が起こりやすい．

　とくに給食においては，それぞれの国ごとに固有の食文化があるため，問題を生じやすい．宗教上禁忌の食材があり対応がむずかしい，母国に離乳食がなく理解を得にくい，朝食をとらない習慣である，給食の味つけに慣れないため食べられない，反対に給食の味に慣れて家庭での食事を嫌がるなど，多くの問題が保育所から指摘されている．

　共食は信頼関係のうえに成り立つものである．言葉が通じず，保育士やまわりの子どもたちに信頼感がもてずに不安を抱える子どもたちにとって，共食は苦痛を伴う．子どもの気持ちに寄り添って，ゆっくりと個別対応しながら，信頼関係を築くことがまず大切である．保護者とも，絵や写真なども利用しながら連絡をとり，理解し合う努力をする．

　食は身近なものであり，文化の違いを理解するよい教材となる．発育・発達に応じて子どもたちに外国の食材や料理，食べ方などについて伝える．料理講習会を開いたり，外国の子育てについて学ぶ機会を設けることは，日本人の保護者や保育士にとっても，日本の文化や保育を見直すよい機会になる．

　困難なことは多いが，違いを理解し，それぞれを認める姿勢を子どもたちが身につけることができるように，保育所や行政が力を尽くしたいものである．

外国籍の子ども
　日本で暮らす外国人の数は増加している．法務省出入国残留管理庁の統計によると，2021（令和3）年末では在留外国人は約276万1千人であり，このうち0～5歳の男女合計数は約10万6千人となっている．
　厚生労働省令和2年度子ども・子育て支援調査推進事業として三菱UFJリサーチ＆コンサルティングにより行われた「外国籍等の子どもへの保育に関する調査研究」によると，2020年4月時点で保育所等10,821園中で「外国籍等の子どもが在籍していると思われる」と回答したのは60.2%であり，外国籍等の子どもの総数は約25,800人，1園当たりの平均は4.07人であり，在籍比率を算出したところ，3%未満の割合が35.9%で最も高く，以下，5～10%未満が24.4%，10%以上が18.5%，3～5%未満が17.5%と続いた．外国籍の子どもや外国につながりをもつ子どもたちの保育の実態は，正確には把握されていないが，日本と異なる言語，習慣や宗教をもつ保護者への対応や，子どもたちの保育に苦慮している保育所は少なくない．

表5-4 被虐待経験の有無および虐待の種類 　　　　　　　　　　　　　　　　　　2018年2月1日現在

	総　数 (人)	虐待経験 あり (%)	虐待経験の種類（複数回答）				虐待経験 なし (%)	不　明 (%)
			身体的虐待 (%)	性的虐待 (%)	ネグレクト (%)	心理的虐待 (%)		
児童養護施設	27,026	65.6	41.1	4.5	63.0	26.8	30.1	4.0
児童心理治療施設	1,367	78.1	66.9	9.0	48.3	47.3	18.2	3.4
児童自立支援施設	1,448	64.5	64.7	5.9	49.8	35.3	30.1	5.0
乳児院	3,023	40.9	28.9	0.2	66.1	16.4	57.9	1.1
母子生活支援施設	5,308	57.7	30.6	4.0	19.2	80.9	38.0	3.8

注）総数には不詳を含む. 　　　　　　　　　　　　　　　　（厚生労働省：児童養護施設入所児童等調査結果，2020）

3　保育所以外の児童福祉施設

　近年，乳児院，児童養護施設，児童心理治療施設，児童自立支援施設においては，虐待を受けた子どもの入所が増加している（表5-4）．これらの子どもたちは，栄養摂取の不足や摂食行動の発達の遅れ，発育・発達に応じた食習慣の未形成など，食に関する問題をもつ場合が多い.

a　乳児院

　乳児院とは，乳児（保健上，安定した生活環境の確保そのほかの理由により，とくに必要のある場合には，幼児を含む）を入院させて，これを養育し，あわせて退院した者について相談そのほかの援助を行うことを目的とする施設である．入所理由は父母の心身の病気や虐待によるものが多く，そのほか経済的理由や両親の未婚，受刑などさまざまな事情によって，家庭での養育が困難あるいは不適切な場合である．入所当初から発育・発達が遅れ気味であったり，健康や栄養状態に問題を抱えている子どもが多い.

（1）入所時の対応

　授乳や離乳食の状況やアレルギーの有無など，入所前の家庭での食に関する状況を，病院での看護記録などの記録も含め，ケースワーカーや家族からの情報により把握する.

　入所後の授乳や食事については，その情報や医師または嘱託医による心身の状況の観察などをもとに，食生活における配慮事項の有無を確認し，個別に適切な方法を検討する．低出生体重児や何らかの障害がある場合はそれらの事由を加味する.

（2）栄養管理

● 授乳栄養の子ども

　調乳と授乳は，p.110に示す集団での調乳法およびp.111の授乳方法の内容に基づいて行う．授乳は自律授乳が基本であり，哺乳量を無理強いしないように十分注意する．哺乳量が適切かどうかは成長曲線の様子から判断する．成長曲線のカーブが急に変化してきた場合には，医師に相談して健康状態の確認をするとともに，哺乳量の検討を行う．また

食物アレルギーや乳糖不耐症などがある場合には，適切なミルクを医師の指示のもとに与えるなど，一人ひとりの状態に合わせて対応する．

● 離乳期の子ども

「授乳・離乳の支援ガイド」を目安に，子ども一人ひとりの成長と食べる機能の発達に合わせた食事を提供する．成長の目安は，授乳期から引き続いて，成長曲線を描くことによって判断する．

(3) 配慮事項

● 職員間の連携

乳児院では，施設長をはじめとして，保育士，看護師，管理栄養士・栄養士および調理員，児童指導員など，各専門分野から毎日の子どもの生活を支援している．まず専門職が連携することにより，子ども一人ひとりの健康や生活状況，発達の様子などを職員全体で共有する．そのうえで個別の栄養管理と献立・調理は管理栄養士・栄養士および調理員が，食事を提供する場面では保育士や児童指導員などが中心となって，家庭的な温かい雰囲気にあふれる食生活の実現に努める．

● 安心と安らぎのなかでのかかわり

乳幼児期は身体発育の著しい時期であり，それを支える栄養摂取が重要である．同時にこの時期には精神発達も非常に著しく，とくに乳児期には養育者との間に愛着関係や基本的信頼感が形成される時期である．これには日常生活における養育者のかかわり方が大きく影響する．授乳や離乳食を与えるときには，スキンシップや適切な言葉がけなどを心がけ，子どもが安心して楽しくおいしく食事ができるように配慮し，日常生活の中で「大切にされる体験」を重ねることができるように留意する．

b 児童養護施設

児童養護施設とは，保護者のいない児童（乳児を除く．ただし安定した生活環境の確保，そのほかの理由により，とくに必要のある場合には乳児を含む），虐待されている児童そのほか環境上養護を要する児童を入所させて，これを養護し，あわせて退所した者に対する相談，そのほかの自立のための援助を行うことを目的とする施設である．近年は心身の障害をもつ子どもの入所も増えている．入所前の虐待経験や不適切な養育環境，入所による家族からの分離などは子どもたちの心身の発達に影響を及ぼし，不安や満たされない思いは食行動に表れる場合も多く，過食や拒食，偏食などの問題行動がみられることもある．

児童養護施設では，子どもが心身ともに安心して生活できる場が確保され，施設の職員などと信頼関係を築くなかで，食事を含めた規則正しい生活リズムを身につけ，自立に向かうことができるよう，さまざまな配慮が求められる．

(1) 栄養管理

児童養護施設では，子どもの成長発達に合わせ，またそれらを促すような食事の提供が

必要である．食事摂取基準の値を参考に，心身の状況に合わせて献立作成を行う．食事をする様子や，残食の種類と量などにも気を配り，目安とされる栄養が摂取できているか，順調に成長しているかを，成長曲線を用いて確認する．偏食や食欲不振など食生活に問題がある子どもに対しては，調理を工夫するなど，改善をはかるように努める．また食物アレルギーなど，食生活に特別な配慮が必要な場合も，一人ひとりの子どもの状況に合わせた食事を提供する．

　入所前の食生活の状況は一人ひとり異なるが，温かい心配りや適切な食事が提供されなかった子どもが多い．子どもにとって食事は，栄養摂取はもちろんのこと，望ましい食習慣の形成の場であり，情緒や社会性を育む場でもある．食事計画の際には，子どもの発育・発達状況や健康・栄養状態などの身体状況のみではなく，入所前の虐待の有無など，心の状態を含む広い視点で生活全体をとらえ，それぞれの子どもの実態を把握して献立や配膳，食事環境，食事の際の対応などを考えることが大切である．

（2）配慮事項
● 情緒の安定をはかる
　毎日，職員や仲間と食事をすることは，お互いの絆を深め，子どもの心に安らぎを与える．食堂は清潔で明るい環境に整え，家庭の食卓のような雰囲気のなかで，楽しくおいしく食事ができるように配慮する．また誕生日やクリスマスをはじめ，地域の行事にちなんだ行事食などを可能なかぎり取り入れて食生活にうるおいと変化をもたせ，食事を楽しみにする気持ちをみたすことも大切である．

● 自立支援を視野に入れた食育
　施設を退所したあと，社会人として健康で自立した生活ができるように，食生活を含めた健康管理の知識，調理の技術，適切な食事内容や量を選択できる力，食事のマナーなどを習得させるための支援も必要である．

　具体的には，食材に触れる，料理名を知る，調理実習を行う，食事の適量を示したうえで，自分の食事を取り分ける経験をするなどの機会を多く設けて，単に食べるだけではなく，食事に興味や関心をもち，積極的にかかわることができるように留意することが望まれる．

● 職員間の連携
　児童養護施設においては，子どもの健康管理，学習を含めた生活支援，自立支援など，養育における要素は多様であり，それぞれに専門職が携わっている．入所している子ども一人ひとりの育ちの背景をふまえ，将来に向けて望ましい生活習慣の確立をめざすためには，保育士をはじめ，児童指導員，管理栄養士・栄養士，調理員などが子どもの情報を常に共有し，協力体制のもとに一貫した指導や支援を行っていくことが不可欠である．

4　施設における衛生管理

（1）集団給食の衛生管理マニュアル

　"安全"は食事の大前提である．とくに乳幼児は抵抗力が弱いので，食中毒や感染症が重症化することも多く，感染が拡大するおそれのある集団施設においては，食中毒を防ぐための衛生管理は重要である．安全・安心な食事を提供できるように，調理従事者や保育士だけでなく，施設内の職員全員が，衛生管理に対する意識を向上させるとともに，自身の健康管理にも十分注意する必要がある．また子どもに対しても，日常的な保育をとおして，正しい手の洗い方など，基本的な衛生習慣が身につくように指導することは必須である．同時に，食事が衛生的に整えられていることを子どもに認識させるようにする．

　特定給食施設においては，食中毒を予防するための管理事項が「大量調理施設衛生管理マニュアル」（大量調理マニュアル）として示されている．大量調理マニュアルは同一食材を使用し，1回300食以上または1日750食以上を提供する施設に適用されるが，HACCP（コラム参照）と一般的な衛生管理事項を組み合わせてあり，保育所のような小規模施設においても，このマニュアルに基づいての衛生管理体制を確立することが求められている．

　具体的には，次のような重要管理項目があげられている．

● 調　理
　① 原材料の受け入れ，および下処理段階における管理の徹底（検収実施と記録）
　② 加熱調理食品については，中心部まで十分加熱する（75℃で1分以上，ノロウイルスの危険がある場合は85〜90℃で90秒以上）
　③ 二次汚染防止の徹底（手洗い，施設・設備の衛生面への留意と保守点検など）
　④ 原材料および調理済み食品の温度管理の徹底
　　10℃以下または65℃以上で保存する，調理後の食品は調理終了後2時間以内に喫食するなど．

● 検食・保存食
　給食施設では，事故防止のために，配食前に1人分を食し，異常がないか確認しなければならない（検食）．また万一食中毒が発生した場合の原因究明のために，給食の原材料および調理済み食品を，食品ごとに50g程度ずつ清潔な容器に入れて密封し，−20℃

HACCP
　食品製造の工程ではHACCP（危機管理重要管理点の制度）という品質管理システムが導入されている．これは食品の生産・製造・加工・消費の工程で発生する恐れのある微生物汚染などの危害を分析し，重点的に管理する事項（CCP）を決め，守られているかを常時管理することで安全性を確保するという，衛生管理の手法である．

以下の専用冷凍庫で2週間以上保存することになっている（保存食）.

● **個人の衛生**

　調理従事者などは，みずからが施設や食品の汚染の原因とならないように衛生的な生活環境を確保するとともに，体調に留意し，健康な状態を保つように努める．また感染性疾患がある場合には，作業に従事しないのはもちろんであるが，ただちに医療機関を受診し，感染の有無を確認する必要がある．

（2）調乳，調理実習における衛生管理

● **調乳時**

　① 乳児用調製粉乳の調乳にあたって，使用する湯は70℃以上を保つ.

　② 調乳後2時間以内に使用しなかったミルクは廃棄する.

● **冷凍母乳の取り扱いにおける衛生管理**

　① 搾乳，冷凍，運搬など，すべてが衛生的に行われるように，保護者と十分に打ち合わせる.

　② 施設内での取り扱いについての手順を定め，関係する職員間で周知徹底させる.

● **調理実習時における衛生管理**

　児童福祉施設においては，食育活動の一環として農作物の栽培と収穫，さらにその収穫物を使用しての調理実習が行われる場合がある．実習に際しては，手洗いや服装，健康状態などについて，子どもだけでなく保護者に対しても，事前の十分な衛生指導と準備が必要である．実習中においても衛生的で安全な調理（十分な加熱）が行われているかを，つねに確認する．調理済み食品は室温に放置せず，加熱調理後は2時間以内に喫食する．また実習後は，衛生・安全面における実施計画と実際とのずれを記録し，以後の調理実習時の留意点とする．

6章

特別な配慮を要する
子どもの食と栄養

1 疾病および体調不良の子どもへの対応

　乳幼児期は，まだ言葉で十分に話すことができず，自分の体調の状態を正確に伝えることができない．体調不良の症状としては，発熱，嘔吐，咳，食欲がない，元気がない，ぐずる，泣きやすい，ぐったりしているなどがある．保育にかかわる者が，子どもの表情，活気，機嫌，泣き声，便の様子，尿の回数，睡眠のリズム，発育状況など通常の状態をよく観察し，状態の変化を読み取り，症状に応じた食事の与え方が求められる（図6-1）．

a 発熱・感染症・下痢・嘔吐・便秘などの症状と対応

（1）発熱・感染症

　発熱は，子どもに最もよくみられる症状である．ただし，子どもの体温は変動しやすいため，個々の平熱と比較し，食事の量，泣き方，気温（室温）なども含めて観察する．
　発熱の原因としては感染症が最も多い．感染症は，体内に入った病原体が増殖し，その結果，人体に何らかの臨床症状が現れた状態をいう．病原体の感染力が強い場合，集団発生が起こりやすい．

図6-1　子どもの症状を見るポイント

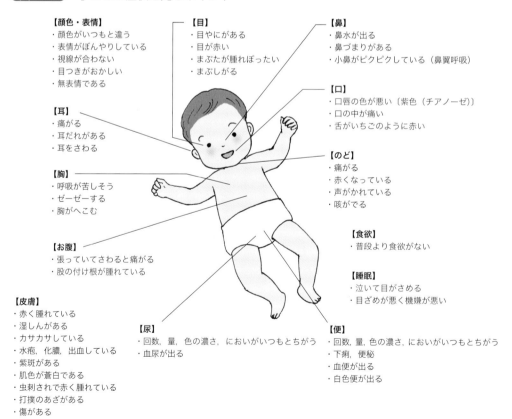

【顔色・表情】
・顔色がいつもと違う
・表情がぼんやりしている
・視線が合わない
・目つきがおかしい
・無表情である

【目】
・目やにがある
・目が赤い
・まぶたが腫れぼったい
・まぶしがる

【鼻】
・鼻水が出る
・鼻づまりがある
・小鼻がピクピクしている（鼻翼呼吸）

【口】
・口唇の色が悪い〔紫色（チアノーゼ）〕
・口の中が痛い
・舌がいちごのように赤い

【耳】
・痛がる
・耳だれがある
・耳をさわる

【のど】
・痛がる
・赤くなっている
・声がかれている
・咳がでる

【胸】
・呼吸が苦しそう
・ゼーゼーする
・胸がへこむ

【食欲】
・普段より食欲がない

【睡眠】
・泣いて目がさめる
・目ざめが悪く機嫌が悪い

【お腹】
・張っていてさわると痛がる
・股の付け根が腫れている

【皮膚】
・赤く腫れている
・湿しんがある
・カサカサしている
・水疱，化膿，出血している
・紫斑がある
・肌色が蒼白である
・虫刺されで赤く腫れている
・打撲のあざがある
・傷がある

【尿】
・回数，量，色の濃さ，においがいつもとちがう
・血尿が出る

【便】
・回数，量，色の濃さ，においがいつもとちがう
・下痢，便秘
・血便が出る
・白色便が出る

〔厚生労働省：保育所における感染症対策ガイドライン（2018年改訂版／2023年5月一部改訂），2023〕

● 感染症を防ぐための対策

　保育所などでは，抵抗力が弱く身体の機能が未熟であるという乳幼児の特性などをふまえ，感染症の流行を防ぐための正しい知識（感染源，感染経路，症状，合併症，予防法，治療など）や情報に基づき対応することが重要である．また，日常の手洗い，うがいなどの予防策，排泄物の処理などの衛生面の管理にも十分配慮する．

表6-1　おもな感染症

感染症	症状・特徴	感染経路
麻しん（はしか）	初期の症状には，高熱，咳，鼻汁，結膜充血，目やにがでて，熱は一時的に下がり，そのころに口の中に白いぶつぶつ（コプリック斑）がみられる．一時下がった熱が再び上がり，発疹が出現する．その後，解熱し，発疹は色素沈着を残して消える．肺炎，中耳炎，熱性けいれん，脳炎などを合併することがあるので注意が必要である．	飛沫感染，接触感染，空気感染
インフルエンザ	突然に高熱が出て3～4日続き，倦怠感，食欲不振などの全身症状やのどの痛み，鼻汁，咳などの症状を伴う．通常，1週間程度で回復するが，肺炎，中耳炎，熱性けいれん，脳症などの合併症が起こる可能性がある．	飛沫感染（接触感染することもある）
新型コロナウイルス感染症	無症状のまま経過することもあるが，発熱，呼吸器症状，頭痛，倦怠感，消化器症状，鼻汁，味覚異常，嗅覚異常などの症状がみられる．鼻やのどからのウイルスの排出期間の長さに個人差があるが，発症2日前から発症後7～10日間はウイルスを排出しているといわれている．発症後3日間は，感染性のウイルスの平均的な排出量が非常に多く，5日間経過後は大きく減少する．	飛沫感染，エアロゾル感染，接触感染
風しん	発疹が顔や頸部に出現し，全身へと拡大する．発疹は紅斑で融合傾向は少なく，約3日間で消え，色素沈着も残さない．発熱やリンパ節腫脹を伴うことが多く，悪寒，倦怠感，眼球結膜充血等を伴うこともある．	飛沫感染（接触感染することもある）
水痘（水ぼうそう）	発疹が顔や頭部に出現し，やがて全身へと拡大する．発疹は，斑点状の赤い丘疹から始まり，水疱（水ぶくれ）となり，最後は痂皮（かさぶた）となる．これら各段階の発疹が混在するのが特徴で，全ての発疹が痂皮（かさぶた）となれば感染性がないものと考えられる．	飛沫感染または空気感染
腸管出血性大腸菌感染症（O157, O26, O111 など）	おもな症状は水様性下痢，腹痛，血便である．溶血性尿毒症候群や脳症を合併することがある．予防のワクチンは開発はされていないため，食品や調理器具の十分な加熱と手洗いの徹底などが必要である．	経口感染（汚染された生肉や加熱が不十分な肉など），接触感染（感染した患者の糞便）
ウイルス性胃腸炎（ノロウイルス感染症，ロタウイルス感染症）	ノロウイルスはとくに秋から冬にかけて流行し，ロタウイルスは冬から春にかけて流行する感染力の強い病気である．症状は，嘔吐と下痢（ロタウイルスでは白色便が特徴），腹痛，発熱であり，ノロウイルスで1～3日，ロタウイルスで2～7日で治癒する．症状がなくなっても10日程度は糞便中にウイルスが排泄されるので，流行時は注意が必要である．一般的な消毒では十分ではなく，次亜塩素酸ナトリウムによる消毒を行う．食品は85～90℃で90秒以上で加熱が必要である．	経口感染，接触感染，飛沫感染 飲食物や感染者の嘔吐物・糞便を介して感染する
RSウイルス感染症	発熱，鼻汁，咳などを伴い，軽度の風邪症状から重症の肺炎までであるが，乳幼児，早産児，先天性心疾患などがある場合には，重症化しやすい．2歳以上で再感染した場合には，症状としては軽い咳や鼻汁程度しかみられず，これらの人が感染源となることがある．	飛沫感染，接触感染

〔厚生労働省：保育所における感染症対策ガイドライン（2018年改訂版／2023年5月一部改訂），2023〕

① 感染源対策：感染源の除去を行う．感染した子どもの症状が軽減するまで登園を控えてもらう．また，必要に応じて感染した子どもを隔離し，別室で保育を行う．

② 感染経路対策：さまざまな感染経路(飛沫感染，空気感染，接触感染など)に対応し，手洗い，うがい，消毒，使い捨てマスクや手袋の使用などを徹底する．

③ 免疫をつける：ワクチンなどの予防接種を実施する．子どもだけでなく，施設の職員の予防接種歴や罹患歴にも注意する．

④ 子どもの様子の観察：子どもの体調の変化に早く気づくことによって，重症化や感染症の拡大を防ぐことができる．

集団発生が起こりやすい感染症の例を表6-1に示す．

(2) 下痢・嘔吐

一般に下痢・嘔吐は感染症や食中毒，食べ過ぎ，飲み過ぎなどによりおこる．感染症，食中毒による場合は速やかに専門医の指示に従う．下痢・嘔吐が続くときは脱水症状に気をつける．重症の脱水の場合や表6-2のような兆候がみられた場合には，すみやかに医療機関を受診し，医師による水分補給の点滴を行う．

健康な乳児の溢乳はほとんど心配ないが，間隔をおいて激しい腹痛と嘔吐があり，異常な泣き声が続くときは注意が必要である．腸重積症の疑いがあるので，急いで治療を受ける．典型的な症状は，いちごゼリー状の粘血便を伴う．

母乳栄養児の便は軟らかく1日10回ぐらい出ることもあるが，白色便や血が混じっていなければ正常である．離乳食が始まると食べたものがそのままの形で便に出ることがあるが，異常ではなく，食べ物をもう少し細かく切るとよい．下痢症状があってもあまり続かず，ふだんと変わらず機嫌よく，食欲もふつうのときは，いつもの食生活でよい．冷た

表6-2　小児急性胃腸炎の危険信号（Red Flag）

1. 見た目に調子が悪そう，もしくはだんだん調子が悪くなる
2. ちょっとした刺激に過敏に反応する，反応性に乏しいなどの反応性の変化
3. 目が落ちくぼんでいる
4. 頻脈
5. 多呼吸
6. 皮膚緊張（ツルゴール）の低下
7. 手足が冷たい，もしくは網状チアノーゼ
8. 持続する嘔吐
9. 大量の排便
10. 糖尿病，腎不全，代謝性疾患などの基礎疾患がある
11. 生後2か月未満
12. 生後3か月未満の乳児の38℃以上の発熱
13. 黄色や緑色の胆汁性嘔吐，もしくは血性嘔吐
14. 反復する嘔吐の既往
15. 間欠的腹痛
16. くの字にからだを折り曲げる，痛みで泣き叫ぶ，もしくは歩くと響くなどの強い腹痛
17. 右下腹部痛，とくに心窩部・上腹部から右下腹部に移動する痛み
18. 血便もしくは黒色便

（日本小児救急医学会診療ガイドライン作成委員会編：エビデンスに基づいた子どもの腹部救急診療ガイドライン2017，2017）

いものは避け，消化のよいものを様子を見ながら与える．下痢以外に症状があり，体重が増えにくい場合は原因を探ることが必要である．

幼児期や学童期にかけて現れる，周期的に激しい嘔吐を繰り返す周期性嘔吐症（自家中毒）の原因には，体質的なもの，心理的ストレスのものがあり，軽いときには精神的，肉体的安静を心がける．嘔吐がひどく脱水症状を起こすときは病院での治療を要する．年齢とともに軽くなり，症状がみられなくなることが多い．

（3）便　秘

便秘は何らかの原因により，便が長期間体内に停滞するかまたは排便が困難となる状態をいう．乳汁を与えているときは乳汁の不足や調乳の不適切が考えられる．苦痛を伴い食欲不振になるときは治療を要する．

幼児以降は，規則正しい生活，バランスの取れた食事，適度の運動で，排便しやすくなることが多い．食後に強制することなしに排便の習慣をつけ，便意を催したら我慢しないでトイレに行くようにする．

b　発熱・下痢・嘔吐などに適した食事のポイント

● 水分の摂り方

子どもはおとなに比べて体重に占める水分の割合が大きく，水分代謝も多いため，脱水になりやすいので，発熱，下痢，嘔吐時には注意が必要である（2 章 B-6 水分を参照）．脱水がない，または中等度以下の脱水の場合には，嘔吐や下痢の症状がはじまったら，すみやかに経口補水液を飲むことがすすめられる．脱水の是正によって嘔吐の頻度が減少するため，吐き気，嘔吐がある場合もティースプーン 1 杯（約 5mL）の経口補水液を 5 分おきに飲ませて，様子を観察する．嘔吐が治ってきたら飲ませる間隔を縮めていく．一度に多く飲ませると吐き戻すため，5mL ずつ与える回数を増やしていく．

経口補水液を嫌がる場合には，明らかな脱水症状がなければ塩分を含んだ重湯，おかゆ，野菜スープ，チキンスープで代替してもよい．炭酸飲料，市販の果物ジュース，甘いお茶，コーヒーなどは避ける．母乳を止める必要はない．

● 食事の摂り方

乳児の場合，母乳は栄養補給だけでなく脱水を補正する効果もあるので継続すべきであり，経口補水液と併用しながら飲んでもよい．ミルクについては，脱水が改善されたら開始してかまわない．ミルクを希釈する必要はない．

食事については，脱水が改善されれば開始してよい．食事内容は年齢に応じた通常のものでかまわないが，高脂肪の食事や糖分の多い飲料や炭酸飲料は避ける．

下痢の場合，かんきつ系果汁や乳製品は下痢を悪化させることがあるので控える．

● 消化のよい食事，調理法（表6-3）

食欲の程度や症状に合わせて，消化しやすい食べ物や調理法を取り入れるようにする．また，量が多すぎないように注意する．使用する食品・食材は，でんぷんが主体の食品や，豆腐，卵，食物繊維の少ない野菜などを選び，次に脂肪の少ない魚や肉を選ぶ．ま

表6-3	消化のよい調理法
こ　め	おもゆ，くず湯，三分がゆ，五分がゆ，全がゆ
パン・うどん	パンがゆ，パンプディング，うどんやわらか煮
いもなど	じゃがいもやさつまいものペースト，マッシュ，ポタージュ，ブラマンジェ
豆　類	豆腐すり流し，豆腐煮物，煮豆のうらごし(豆類の皮は除く)，きざみ納豆
野菜類	にんじん・かぼちゃ・ほうれんそうの葉先などのマッシュやポタージュ，繊維の少ない野菜のやわらか煮，トマトのきざみ(皮，種は除く)，大根おろし，やわらか煮のあんかけ，クリーム煮
果　物	りんごのジュース・おろし，りんご・ももなどのコンポート(砂糖を加えて煮たもの)
魚	白身魚のすり流し，はんぺん煮，白身魚の薄味煮魚
肉	ペースト状にした鶏肉，二度びきした脂の少ない肉のそぼろ煮
卵	卵豆腐，具なし茶碗蒸し，かき卵汁，卵とじ，プディング，スクランブルエッグ(テフロン加工のフライパン使用) 卵は半熟状態が一番消化はよいが，体調の悪いときはアレルゲンとなりやすいので，熱を加えたほうが安全である

た，煮る，蒸すなど加熱により組織をやわらかくし，薄味に調理する方法が一般的に消化のよい調理法である．それに比べ，焼く，油脂を使って炒める，揚げるなどの調理法は消化に時間がかかり，胃内停滞時間が長くなる．また同じ材料でも，細かくきざむ，食べやすい厚さや大きさに切るなど，切り方によっても消化をよくすることができる．

● 口内炎のとき

ウイルスの感染症で，高熱を出し，口の中に白い斑点や潰瘍ができるアフタ性口内炎がある．痛みを伴うため，食欲が減退する．

食事は，舌ざわりがなめらかで飲み込みやすいもの，味つけ，とくに塩味は薄く刺激の少ないもの，温度は熱すぎず，体温と同じくらいがよい．食事量が減少する場合は，少量で栄養価の高いものを選ぶ．ビタミンB群，ビタミンCの摂取も忘れないようにする．

適するものとして，アイスクリーム，シャーベット，具なし茶碗蒸し，卵豆腐，プディング，くず湯，やわらかいマッシュポテト(チーズなどを入れてもよい)，カスタードクリーム，豆腐，バナナ，牛乳，ゼラチンゼリーなどがある．

どうしても口から水分や食事が摂れない期間が長く続く場合は入院治療する．

c むし歯（う歯）と食事のポイント

歯が健康でないと食物摂取に不便をきたし，必要な栄養を取り込むことができない．そのため，むし歯にならないように細心の注意が必要である．幼児期は永久歯の形成，咀しゃく機能を完成させる大切な時期である．歯の健康を保つことは重要な意味をもつ．

むし歯は不完全な歯みがきや不適切な間食などから生じる．学校保健統計調査（令和4年度）によると「むし歯」の者の割合は幼稚園で24.9%となっている（図6-2）.

口の中に存在するストレプトコッカス・ミュータンス菌が，ショ糖などの糖と出合い，不溶性で粘着性のあるデキストランという多糖類をつくり，これが歯の表面に付着する．その上にほかの細菌や食物のかすが付着して，目に見える歯垢（プラーク）となる．この中で酸がつくられ，歯のカルシウムを溶かしていく（図6-3）.

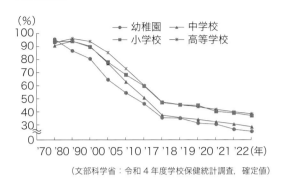

図6-2 むし歯の者の割合の推移

（文部科学省：令和4年度学校保健統計調査，確定値）

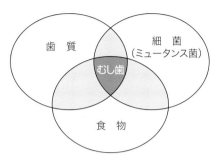

図6-3 むし歯発生の3要因

歯質

細菌
（ミュータンス菌）

むし歯

食物

　むし歯を防ぐには，口の中のミュータンス菌を繁殖しにくくすることである．つまりミュータンス菌の栄養となる砂糖と食物のかすを遠ざけることが肝心である．そのためには甘い間食を少なくし，食後の口ゆすぎ，歯みがきを励行し，強い歯質形成のための正しい栄養を摂取することである．

　むし歯になったら早めに受診する．症状が軽いうちに受診すると，痛みがなく治療をすませることができる．乳歯といえどもその後の永久歯の歯列に重要な影響を及ぼすので，1本も失うことなく学童期につなげたい．

d 小児期の肥満・肥満症

　単に体重が重い状態を肥満といい，肥満症とは区別して扱われる．肥満症は，肥満に起因ないし関連する健康障害を合併するか，その合併が予測される状態をさし，医学的に減量が必要であるため，疾患として取り扱う．小児期の肥満の多くは無症状であり，成人に比べて肥満症に関連した生活習慣病の発症率は低いが，学習を含めた日常生活の障害やいじめ・不登校などの生活の質（QOL）の低下につながりやすいことが問題となる．また幼児期は，乳児期に増加した体脂肪率がいったん減少して再び増加するなど，体組成に大きな変化が起こる時期であり，一時点のみで肥満と判断しないことが重要である．

（1）肥満の判定

　標準体重に対して実測体重が何％上回っているのかを示す「肥満度」を用いる．幼児では肥満度＋15％以上を「肥満」と判定するが，これを太りぎみとし，＋20％以上をやや太りすぎ，＋30％以上を太りすぎとする場合もある（p.76 図3-4 参照）．学童では肥満度＋20％とする（図6-4）．また乳児の場合，体格の変化の評価には成長曲線の活用が推奨される．なお，小児肥満症（6歳0か月〜18歳未満）の診断基準は次のとおりである．

　① 高血圧，睡眠時無呼吸症候群などの換気障害，2型糖尿病・耐糖能障害，内臓脂肪型肥満，早期動脈硬化のうち，1つ以上を有する．

　② 肥満度が＋50％以上で，肥満と関連の深い代謝異常（脂質異常症など）を1つ以上満たす．

　③ 肥満度が＋50％未満で，その他の身体・生活面の問題（月経異常，肥満に起因する

肥満度判定曲線（6〜17歳）

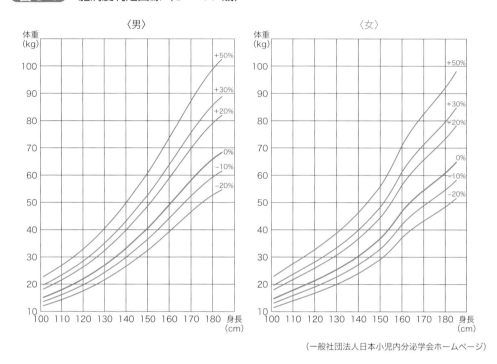

（一般社団法人日本小児内分泌学会ホームページ）

運動器機能障害，不登校，いじめ　など）を2つ以上満たす．

（2）肥満の出現率と留意点

わが国における肥満傾向児の出現率（p.139 図3-19 参照）は，時代の移り変わりによる子どもの生活様式（遊びや運動，食嗜好や環境，朝食欠食，睡眠など）の変化との関連が指摘されている．

また，肥満小児の生活背景として，運動不足や養育者の食生活が大きく影響していることがある．とくに調理担当者自身が肥満である場合，食事適正量の認識のずれや，嗜好の偏り，朝食欠食や夕食偏重などの食行動を認めることが多い．さらに近年，共働き世帯が増加し，子どもの孤食や子どもの好きな料理や食品を中心とした食生活となりやすいため，食環境の整備を含めたサポートが必要である．

（3）食事のポイント

小児の肥満症の治療目標は，体重を減らすことではなく，内臓脂肪および肥満に伴う合併症やその程度を減少させることである．肥満しやすい生活習慣や運動習慣の有無にも注意を払い，成長期に必要なエネルギーおよび栄養素等摂取量を確保し，正常な発育を妨げないようにすることが大切である．

● 食事のポイント

運動を含む生活習慣（消費エネルギー量）や食事内容のアセスメントを実施するとともに，以下の内容を重視する．

① 野菜類，魚介類，大豆・大豆製品を積極的に摂る

② 菓子類，嗜好飲料，外食・惣菜・インスタント食品（高脂肪，高ナトリウム食品）を減らす

③ 低エネルギー食品や噛みごたえのある食品を利用する

④ おかわりを制限する

⑤ 一品料理ではなく，主食・主菜・副菜をそろえた食事形式を心がける

⑥ 食事時間を決める（規則正しい食事）

e 摂食障害

摂食障害は，神経性無食欲症や思春期やせ症と呼ばれていた「神経性やせ症」，むちゃ食いと排出行動を繰り返す「神経性過食症」，「その他（過食性障害，回避・制限性食物摂取症）」を合わせたものをさす.

近年では発症の低年齢化および発症の契機や症状の多様化が認められ，患者の90%以上が女性である. 有病率は日本の女子生徒・学生の0.2〜0.4%程度が神経性やせ症，1〜2%程度が神経性過食症といわれている. 好発年齢は，神経性やせ症では10〜19歳，神経性過食症は20〜29歳とされ，拒食と過食を繰り返す混合型も多い.

体重減少に伴う体格指数（BMI）の低値，産毛増生，月経停止など低栄養による身体の変化だけでなく，ダイエットハイ（ストレス応答の一種で，高揚感と幸せに満ちた感覚になる）や行動異常（過食・嘔吐，盗みなど）がみられたり，精神異常（対人関係の拒否，うつ状態，強迫・こだわり）を伴うこともある. 後遺症として，低身長，無月経，肝機能障害，骨量の減少（骨粗しょう症）など，生涯にわたり健康問題を抱える可能性が高い.

摂食障害は，ダイエットをきっかけに発症することが多いが，その背景には家族関係や本人の内面の問題，心理的ストレスが大きく影響していることもあり，治療に際しては，心理療法や認知行動療法に加え，児童精神科やカウンセラーとの連携が必須である.

神経性やせ症に関しては，多くの研究で発症から5年で60%前後，10年で70〜80%が回復する一方，20%前後が回復せず長期化し，早期治療開始例において回復が早いと報告されている. そのため，家庭や学校などの周囲の者が，体重減少および食行動や生活変化の兆候をとらえ，できるだけ早い段階で受診を勧めることが重要である.

f 1型糖尿病

1型糖尿病は，おもに自己免疫を基礎にした膵臓のβ細胞の破壊でインスリンの欠乏が生じ発症する. 典型的には，若年者に急激に発症し，速やかにインスリン依存状態に陥る.

わが国における小児1型糖尿病の年間発症率は10万人あたり1.5〜2.5人とされ，発症のピークは思春期にあり，男児よりも女児の方が多いことが報告されている.

国内の糖尿病患者の9割以上を占める2型糖尿病と異なり，治療としてインスリンの補充が必要不可欠となる.

● 治療と食事のポイント

糖尿病治療の目標は，生涯にわたって血糖，体重，血圧，血清脂質の適正なコントロー

ル状態を維持し，糖尿病合併症や動脈硬化症を予防して，活動的な日常生活や充実した人生を送ることにある．これらの目標を達成するためには，食事療法が重要となる．

　小児期の1型糖尿病では，正常な発育・発達，成長に必要なエネルギーおよび栄養素量の食事を規則正しく摂取し，インスリンの補充と食事がうまくかみ合うようにすることに重点が置かれる．したがって，食べてはいけないものはないこと，食事制限を行うものではないことを十分に説明する．また，低血糖やシックデイ（感染症や嘔吐・下痢などの病気で食事が十分に摂れないとき），学校行事などの特別活動に対応できるスキルと知識を身につけ，生活指導を通して自己管理ができるように支援していく．

g 小児生活習慣病（小児メタボリックシンドロームを含む）

　生活習慣病とは「食習慣，運動習慣，休養等の生活習慣が，その発症・進行に関与する症候群」のことをさす．生活習慣病は自覚症状に乏しく，小児期に発症すると罹病（病気にかかっている状態）期間が長くなるため，放置した場合には，将来深刻な合併症などを引き起こし，成人後にQOLの低下をもたらす可能性がある．

　小児生活習慣病には2型糖尿病，高血圧，脂質異常症などがあり，これらは肥満症やメタボリックシンドローム（内臓脂肪型肥満をきっかけに脂質異常，高血糖，高血圧となる状態）に付随していることが多い．成長期にある小児では，身長の伸びを加味しながら適正体重に近づける（体重を維持する）ことが基本となる．

　近年，小児の内臓脂肪型肥満やメタボリックシンドロームなどに伴う健康障害が急速に増加している一因として，妊婦の低体重（栄養摂取不足）の関与が指摘されている．高度肥満小児を対象とした調査では，出生体重が小さいほどメタボリックシンドロームになりやすく，胎児期の栄養状態が将来の生活習慣病の発症リスクを高めることが指摘されている（p.81 妊娠前・妊娠中の低栄養参照）．

（1）脂質異常症

　小児では，LDL-コレステロール値 140mg/dL 以上，トリグリセライド値 140mg/dL 以上，HDL-コレステロール値 40mg/dL 未満を医学的に管理が必要な診断基準としている．診断基準を満たす小児では，遺伝性の脂質異常症の割合が高いのが特徴である．とくに家族性高コレステロール血症の場合，学童期以降では動脈硬化が急速に進行するため，食事療法に加え，薬物療法の適用も考慮される．また，成長期では血中 LDL-コレステロール値が変動することもあり，注意深い経過観察が必要である．

● 食事のポイント

　① 肥満を認める例では，肥満の解消をめざすことが基本となる．

　② 病態別食事内容のアセスメントとして次の点に着目する．

　・高 LDL-コレステロール血症：コレステロールを多く含む食品や肉類・乳製品の摂取量

　・高トリグリセライド血症：菓子類などの嗜好品，清涼飲料水，主食や果物などの炭水化物性食品の摂取量

(2) 高血圧

血圧は年齢や体格に伴って高くなるため，一般的に小児の血圧は成人よりも低い．また，学童期後半から青年期後半の約1～3%に高血圧を認めることが報告されているが，一般的に血圧上昇の程度は軽く，症状を認めないことが多い．小児期にみられる高血圧症のほとんどが本態性高血圧であり，成人の本態性高血圧に移行しやすいため，生活習慣の改善中心に指導する．また，成人同様，小児においても食塩の過剰摂取は血圧上昇に関与する可能性があり，食塩の適量摂取や野菜類などからカリウムの十分な摂取が推奨される．

(3) 2型糖尿病

小児2型糖尿病の多くは肥満によるインスリン抵抗性（インスリンが効きにくい状態）を示す．治療目標は小児1型糖尿病と同様であるが，小児2型糖尿病では治療に対する動機づけがむずかしく，自覚症状の乏しさや通院が不定期になりやすいことなどから，1型糖尿病よりも短い期間で合併症が進行するリスクが高いとの報告がある．

食事のポイントとしては，正常な発育と成長に必要な栄養摂取と，肥満の解消を中心とするが，長期的に継続でき，代謝異常の改善を目的とした望ましい食事および生活習慣の確立をめざす．

なお，わが国では小児2型糖尿病の診断早期に食事療法や運動療法のみで血糖コントロールが得られるのは60～70%と報告されている．

h 鉄欠乏性貧血

鉄欠乏性貧血は，「ヘモグロビン合成に必要な鉄が不足するために発生する貧血」と定義され，乳児期および小児の血液疾患の中で最も多い．また発育が旺盛な時期に鉄の需要が増えるため，離乳期（生後9か月以降）と思春期に多く，年齢による特徴がある．

乳児期早期は，妊娠後期に母体から胎児へ移行する鉄に依存しているが，低体重出生児や早産児ではその移行期間が短縮されること，急速な身体発育による鉄利用の増加，母親が鉄欠乏状態である場合の母乳栄養などが原因となる．

離乳期は，母体由来の鉄の枯渇と急速な身体発育，離乳食での鉄摂取が不十分なことなどで鉄欠乏性貧血に陥りやすい．

思春期では身体発育のほか，運動量増大による鉄損失，血管内溶血，循環血液量の増加が起こり，スポーツ貧血を起こすことがある．また，思春期の女子では月経による鉄喪失，ダイエットによる食事（鉄）摂取不足も原因となる．

鉄欠乏状態に陥ると，体内では鉄代謝関連の代償機構が働くため，自覚症状に乏しく見過ごされている場合も多い．特異症状として，異食症（氷や土などを強迫的に食べる行為）を認めることもある．

● **食事のポイント**

母乳栄養児の場合には母親の食生活の見直しが必要であり，離乳期では，乳児用粉乳の離乳食への活用，フォローアップミルクやレバー，卵，大豆製品など鉄供給食品の利用を勧める．思春期の場合は，鉄摂取の必要性を十分に説明し，鉄の多い食品のみならず，鉄

の吸収を高めるたんぱく質やビタミンC，赤血球の生成やヘモグロビンの構成に関与する葉酸，銅，ビタミンB_6，ビタミンB_{12}を多く含む食品の摂取を勧める．

i 小児腎臓病と食事のポイント

ステロイド治療中の糸球体腎炎やネフローゼ症候群，浮腫（むくみ）や高血圧を認める慢性腎臓病，腎機能が低下した慢性腎臓病では食事療法が必要となるが，そのほかの場合，基本的には不要である．

● 急性糸球体腎炎

溶血性連鎖球菌などの細菌による咽頭炎や扁桃腺炎を起こした1〜2週間後に発症する場合が多い．急性期は浮腫，血尿，たんぱく尿，乏尿や高血圧などの症状が出現するが，安静と食事療法により90％以上治癒する特徴がある．急性期の食事療法として，たんぱく質，水分，食塩の制限が行われる．

● ネフローゼ症候群

高度のたんぱく尿により，血中アルブミンが減少する腎臓病である．浮腫や腎機能の低下に加え，さまざまな合併症が引き起こされる．ステロイド治療中は，肥満を防止する目的でエネルギーの過剰摂取をしないように心がけ，高血圧や浮腫を認める場合には食塩を制限する．

● 小児慢性腎臓病

低形成腎・異形成腎をはじめとする先天性腎尿路異常が原因であることが多い．医師の指示に従い，成長障害を引き起こさないように，十分なエネルギーと推奨量程度のたんぱく質摂取を心がける．電解質の管理として，先天性腎尿路異常では尿中にナトリウムが喪失するため，ナトリウム補充が必要となる．腎機能の低下によりリン，カリウムを制限することもある．

乳児期では治療用特殊ミルクを使用した乳汁管理が必要になる場合もあるため，主治医と連携を図り，適切に対応していく．

2 食物アレルギーのある子どもへの対応

a 食物アレルギー

アレルギーとは“免疫学的機序によって開始される過敏性反応”である．アレルギーを起こす原因となる抗原をアレルゲンという．アレルゲンのほとんどは，たんぱく質である．

発症の機序はまだよく解明されていないが，遺伝的な体質や衣，食，住，空気汚染，そのほかの環境因子がかかわっている．呼吸器，鼻，目，皮膚，消化器やほかの臓器，神経系など，からだのさまざまな部分に不快な症状を伴って現れる．

アレルギーの一種である食物アレルギーは，“食物によって引き起こされる抗原特異的免疫学的機序を介して生体にとって不利益な症状（皮膚，粘膜，消化器，呼吸器，アナフィラキシーなど）が惹起される現象”と定義されている．食中毒，毒性食物による反応，

表6-4　食物アレルギーの臨床型

臨床型	発症年齢	頻度の高い食物	耐性獲得（寛解）	アナフィラキシーショックの可能性	食物アレルギーの機序
食物アレルギーの関与する乳児アトピー性皮膚炎	乳児期	鶏卵，牛乳，小麦など	多くは寛解	（＋）	おもに IgE 依存性
即時型症状（蕁麻疹，アナフィラキシーなど）	乳児期～成人期	乳児～幼児：鶏卵，牛乳，小麦，ピーナッツ，木の実類，魚卵など　学童～成人：甲殻類，魚類，小麦，果物類，木の実類など	鶏卵，牛乳，小麦は寛解しやすい　その他は寛解しにくい	（＋＋）	IgE 依存性
食物依存性運動誘発アナフィラキシー（FDEIA）	学童期～成人期	小麦，エビ，果物など	寛解しにくい	（＋＋＋）	IgE 依存性
口腔アレルギー症候群（OAS）	幼児期～成人期	果物，野菜，大豆など	寛解しにくい	（±）	IgE 依存性

（厚生労働科学研究班：食物アレルギーの栄養食事指導の手引き 2022 より）

図6-5　乳児期発症食物アレルギーの耐性獲得状況

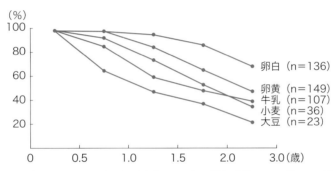

〔池松かおりほか：乳児期発症食物アレルギーに関する検討，アレルギー，55(5):533-541, 2006〕

ヒスタミン中毒，食物不耐性（仮性アレルゲン，酵素異常症など）は含まない．

　食物アレルギーは，症状の特徴からいくつかの病型に分類される．とくに栄養指導が求められる病型は，食物アレルギーに関与する乳児アトピー性皮膚炎と即時型である．症状と現れやすい年齢などを表6-4に示した．

　原因食物を摂取後，2時間以内に症状が現れる場合を即時型食物アレルギーという．乳児から幼児期早期におこる即時型アレルギーの原因食物である鶏卵，牛乳，小麦，大豆は年齢とともに食べられるようになり，一般的に3歳までに50%，6歳までには90%が自然寛解（耐性を獲得）するといわれている（図6-5）．学童から成人では，原因食物として甲殻類，小麦，果物類，魚類，そば，落花生などがあげられる．これらによるアレルギーは年齢とともに増加傾向にあり，耐性を獲得していくことがむずかしい．

　即時型食物アレルギー反応の1つで，原因食物を摂取後，短時間に皮膚，呼吸器，消化器など多臓器に激しい症状が現れ，急速に進行するものをアナフィラキシーという．さらに頻脈，虚脱状態（ぐったりする），意識障害，血圧低下を引き起こし，生命をおびやかす危険な状態をアナフィラキシーショックとよぶ．アナフィラキシーを引き起こす原因食物については，加工食品も含め完全に除去しなければならない．

表6-5 容器包装された加工食品のアレルギー表示

	特定原材料など
義　務	えび[2]，かに[2]，くるみ[5]，小麦，そば，卵，乳，落花生（ピーナッツ）
推　奨	アーモンド[4]，あわび，いか，いくら，オレンジ，カシューナッツ[3]，キウイフルーツ，牛肉，ごま[3]，さけ，さば，大豆，鶏肉，バナナ[1]，豚肉，まつたけ，もも，やまいも，りんご，ゼラチン

[1] 2004年度に追加．　[2] 2008年度に追加．　[3] 2013年度に追加．　[4] 2019年度に追加．　[5] 2023年度に追加．

表6-6 仮性アレルゲンを含む食品

コリン	そば，くり，たけのこ，ピーナッツ，さといも，やまいも
セロトニン	キウイフルーツ，パイナップル，バナナ，チーズ
ヒスタミン	たけのこ，セロリ，豚肉，牛肉，鶏肉，とうもろこし，なす
チラミン	チーズ，アボカド，オレンジ，バナナ

図6-6 児童生徒全体のアレルギー疾患有病率

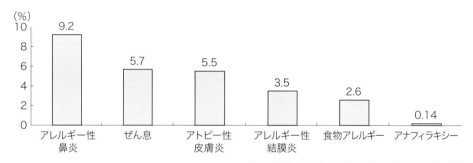

（文部科学省：アレルギー疾患に関する調査研究報告，2007）

　このほか特殊型として，症状が口腔粘膜のみにとどまる"口腔アレルギー症候群"や，特定の食べ物を食べたあと運動をしたときに現れる"食物依存性運動誘発アナフィラキシー"がある．原因物質として，わが国では小麦，えび，いかが多く報告されている．アナフィラキシーは加齢により改善されることがあまり期待できないので，小児の場合，日常生活において誤って摂取することのないように注意しなければならない．

　2002（平成14）年から，食物アレルギーの頻度の高いものと，重い症状を誘発する食品に対して微量でも含有しているもの（数μg/g以上）は，食品衛生法により"加工食品に含まれるアレルギー表示"が明記されるようになった．その表示食品には，義務表示食品と推奨表示食品とがある（表6-5）．

　また食品自体にコリン，セロトニン，ヒスタミン，チラミンを含む場合，それが仮性アレルゲン（偽アレルゲン）となり，アレルギー症状を起こすことがある（表6-6）．

b｜アレルギー疾患有病率の現状

　文部科学省は2004（平成16）年に全国公立校9割にあたる小・中・高等学校（児童生徒総数12,773,554人）を対象にアレルギー疾患に関する調査を行い，2007（平成19）年「アレルギー疾患に関する調査研究報告」を発表し，図6-6の結果を得た．わが国における食物アレルギー有病率は，この時点でおよそ乳児が約10％，3歳児で約5％，学

表6-7 食物アレルギーと診断された児のはじめて症状が起きた年齢と診断された年齢

児の年齢	はじめて症状が起きた年齢		診断された年齢	
（月　齢）	人　数	％	人　数	％
総　数	403	100.0	403	100.0
0 か月～ 6 か月未満	37	9.2	43	10.7
6 か月～ 12 か月未満	231	57.3	199	49.4
12 か月～ 18 か月未満	74	18.4	88	21.8
18 か月～ 24 か月未満	23	5.7	21	5.2
24 か月～ 30 か月未満	22	5.5	25	6.2
30 か月～ 36 か月未満	11	2.7	19	4.7
36 か月～	5	1.2	8	2.0

（アレルギー疾患に関する 3 歳児全都調査報告書：東京都福祉保健局，2019）

童以降が 1.3 ～ 2.6％程度であった．

　東京都福祉保健局における 3 歳児健康診断の際の調査（2019 年度）では，これまでに何らかのアレルギー疾患の診断を受けている児は 38.1％ で，疾患別にみると"食物アレルギー"，"じんましん"，"アトピー性皮膚炎"，"アレルギー性鼻炎"，"ぜん息"の順で多かった．"食物アレルギー"は，平成 26 年度調査まで一貫して増加傾向であったが，今回は減少となった．食物アレルギーの症状がはじめて起きた月齢，ならびに診断を受けた月齢は，離乳にあたる 6 か月から 12 か月未満が最も高かった（表6-7）．「アレルギー疾患に関する施設調査」（令和元年度）では，"アレルギー疾患のある園児・児童が在籍する施設割合"は食物アレルギー 82.0％，アナフィラキシー 32.0％ であり，食物アレルギーのある園児や児童の受け入れ体制の整備と強化の必要性が示された．

c　食物アレルギーの予防と食事のポイント

　以前は，食物アレルギーの治療法として，その原因食物の除去がほとんど唯一の治療法であったが，近年アレルギーの機序が明らかになるにつれ，各種の積極的な治療が行われるようになった．その一方，養育者の食物アレルギーに対する過剰な反応により，原因食品と思われる食品を勝手に除去してしまうことがみられる．

　食物アレルギーの基本的治療は，正しい診断による必要最小限の食物除去である．

　必要最小限とは，①食べると症状が誘発される食物だけを除去する，②原因食物でも症状が誘発されない"食べられる範囲"まで食べることができる，ということである（p.235 参考文献 28）より）．

　食物アレルギーの予防的治療として，①原因アレルゲンの回避や除去（除去する程度は症状による），②抗アレルギー薬の投与，③免疫療法などがある．

　母乳のみ与えている乳児がアトピー性皮膚炎を起こしているときや，外用薬のみでなかなか治りにくいときは，食物アレルギーを疑って検査を行う．正しい診断による早期発見・早期治療が最も効果がある．

　離乳期では，食物アレルギーのおもな原因となるたんぱく質を多く与えすぎないようにし，母乳やアレルギー用の特殊ミルクを飲ませるように指導する（p.106 表3-24 参照）．食事療法は医師の指示によることが大切である．

厚生労働省の調査によると，食品を除去している幼児のうち，医療機関などの指導を受けずに自主的に除去している保護者は40％にのぼる．とくに問題となるのは食物の除去を行った際に代替食を用いた保護者は23％にすぎず，成長阻害になりかねないことである．栄養不足を引き起こさないためにも，除去食の適応だけでなく，代替食の用い方，栄養バランスのとり方を十分理解させることが大切である．

表6-8に卵・牛乳・小麦・大豆アレルギーの除去食品と調理の工夫などを示した．

d 食物アレルギーのある子どもへの保育所の対応

2011（平成23）年，保育所におけるアレルギーを有する子どもへの対応の基本を示すものとして「保育所におけるアレルギー対応ガイドライン」が策定された．保育所保育指針の改訂や関係法令などの制定，アレルギー疾患対策に関する新しい知見が得られたことなどをふまえ，2019（平成31）年4月に改訂がなされた．新しいガイドラインは，さまざまな保育の現場で活用することを想定し，「基本編」と「実践編」に再編された．

（1）保育所における基本的なアレルギー対応
● 基本原則
保育所は，アレルギー疾患を有する子どもに対し，教育的および福祉的な配慮を十分に行うよう努める責務がある．対応についての基本原則は次に示すとおりである．

① 全職員を含めた関係者の共通理解の下で，組織的に対応する
② 医師の診断指示に基づき，保護者と連携し，適切に対応する
③ 地域の専門的な支援，関係機関との連携の下で対応の充実を図る
④ 食物アレルギー対応においては安全・安心の確保を優先する

● 保育所におけるアレルギー疾患生活管理指導表の活用
医師が記入する「保育所におけるアレルギー疾患生活管理指導表」（表6-9）に基づき，アレルギー疾患を有する子どもの症状を正しく把握し，適切な対応を図っていかなければならない．記載内容を基に保護者との面談を実施し，保育所内職員による共通理解をもつこと，さらには1年に1回以上は見直し，適切な対応に役立てていく．

（2）緊急時の対応
● アナフィラキシーの対応
緊急性が高い場合には救急車を要請すると同時に，園内ではエピペン®を使用した迅速な対応が求められる．エピペン®の保管場所，使用方法を知っておくこと，緊急時の体制を整えるとともに，保護者との間で対応について協議しておくことが重要である．

具体的な対応としては，緊急時個別対応票を作成し，エピペン®，内服薬の預かりの有無，緊急時連絡先（医療機関・保護者）などをまとめておくこと，アレルギーに関する事故が発生したときには，事故発生時刻，発生状況，子どもの症状，対応について経過記録を作成することも必要である．経過記録は自治体や関係機関への報告や再発防止のための重要な資料となる．

表6-8 除去食物別具体的な解説例

	食べられないもの	加工食品のアレルギー表示	調理上の特性と調理の工夫
鶏卵アレルギー	●鶏卵と鶏卵を含む加工食品 　その他の鳥の卵 ○鶏卵を含む加工食品の例 　★表示義務あり 　マヨネーズ，洋菓子類の一部（ケーキ，クッキー，アイスクリームなど），調理パン，菓子パン 　練り製品（かまぼこ，はんぺんなど） 　肉類加工品の一部（ハム，ウィンナーなど） 　鶏卵をつなぎに使用しているハンバーグや肉団子 ※基本的に除去する必要のないもの 　鶏肉，魚卵	○代替表記，特定加工食品 　たまご，タマゴ，玉子，エッグ，マヨネーズ，オムライス，親子丼など ○鶏卵を含まず，食べられるもの（紛らわしい表示） 　卵殻カルシウム（焼成，未焼成とも）	○肉料理のつなぎ 　使用しないか，でんぷん，すりおろしたいもやれんこんで代用する ○揚げ物の衣 　鶏卵を使用せず，水と小麦粉や片栗粉などのでんぷんの衣で揚げる ○洋菓子の材料 　ゼラチンや寒天で代用 　ケーキなどは重曹やベーキングパウダーで膨らませる ○料理の彩り 　かぼちゃやとうもろこし，パプリカ，ターメリックなどで代用する
牛乳アレルギー	●牛乳と牛乳を含む加工食品 ○牛乳と牛乳を含む加工食品の例 　★表示義務あり 　ヨーグルト，チーズ，バター，生クリーム，全粉乳，脱脂粉乳，一般の調製粉乳，練乳，乳酸菌飲料，はっ酵乳，アイスクリーム，パン，洋菓子類の一部（チョコレートなど），調味料の一部 ※基本的に除去する必要のないもの 　牛肉	○代替表記，特定加工食品 　脱脂粉乳，乳酸菌飲料，乳糖，ミルク，バター，バターオイルなど ○牛乳を含まず，食べられるもの（紛らわしい表示） 　乳化剤，乳酸カルシウム，乳酸ナトリウム，乳酸菌，カカオバター，ココナッツミルク	○ホワイトソースなどの料理 　ルウは，すりおろしたいもやコーンクリーム缶で代用する 　アレルギー用マーガリンと小麦粉や米粉，でんぷんで手づくりする．または市販のアレルギー用ルウを利用する ○洋菓子の材料 　豆乳やココナッツミルク，アレルギー用ミルクで代用する
小麦アレルギー	●小麦粉と小麦を含む加工食品 　小麦粉（薄力粉，中力粉，強力粉） 　デュラムセモリナ小麦 ○小麦を含む加工食品の例 　★表示義務あり 　パン，うどん，マカロニ，スパゲティ，麩，餃子の皮，市販のルウ（シチュー，カレーなど） 　調味料の一部 ※基本的に除去する必要のないもの 　（主治医の指示がある場合のみ除去する） 　しょうゆ，ほかの麦類（大麦，ライ麦，オーツ麦など），穀物酢	○代替表記，特定加工食品 　こむぎ，コムギ，パン，うどんなど ○小麦を含まず，食べられるもの（紛らわしい表示） 　麦芽糖，麦芽（一部小麦由来あり）	○ルウ 　米粉やでんぷん，すりおろしたいもで代用する ○揚げ物の衣 　コーンフレーク，米粉パンのパン粉や砕いた春雨で代用する ○パンやケーキの生地 　米粉や雑穀粉，大豆粉，いもやおからなどを生地として代用する
大豆アレルギー	●だいず類とだいずを含む加工食品 　だいず類：黄大豆，黒大豆（黒豆），青大豆（枝豆） ○だいずを含む加工食品の例 　☆表示推奨：義務なし 　豆乳，豆腐，ゆば，生揚げ，油揚げ，がんもどき，おから，きな粉，納豆，しょうゆ*，みそ* 　だいず由来の乳化剤を使用した食品（菓子類，ドレッシングなど） *微量反応する重症な場合のみ除去が必要 ※基本的に除去する必要のないもの 　（主治医の指示がある場合のみ除去する） 　ほかの豆類（あずき，いんげんまめ，えんどう），精製された大豆油	○代替表記，特定加工食品 　厚揚げ，油揚げ，しょうゆ，みそなど ○製造会社にだいずが含まれるか確認が必要なもの 　乳化剤，レシチン，たんぱく加水分解物	○しょうゆ，みそ 　雑穀や米でつくられたしょうゆ，みそや魚醤などで代用する

（厚生労働科学研究班：食物アレルギーの栄養指導の手引き，2008，食物アレルギーの栄養食事指導の手引き，2022 を一部改変）

6　特別な配慮を要する子どもの食と栄養　　205

表6-9 アレルギー疾患生活管理指導表

（参考様式）※「保育所におけるアレルギー対応ガイドライン」（2019年改訂版）

保育所におけるアレルギー疾患生活管理指導表（食物アレルギー・アナフィラキシー・気管支ぜん息）

提出日　　　年　　月　　日

名前＿＿＿＿＿＿＿＿　男・女　　　年　　月　　日生（　　歳　　ヶ月）　　　　組

※ この生活管理指導表は、保育所の生活において特別な配慮や管理が必要となった子どもに限って、医師が作成するものです。

緊急連絡先
★保護者
電話：
★連絡医療機関
医療機関名：
電話：

病型・治療	保育所での生活上の留意点	記載日
アナフィラキシー（あり・なし）／食物アレルギー（あり・なし）		年　　月　　日

病型・治療

A. 食物アレルギー病型
1. 食物アレルギーの関与する乳児アトピー性皮膚炎
2. 即時型
3. その他（新生児・乳児消化管アレルギー・口腔アレルギー症候群・
　　　　　食物依存性運動誘発アナフィラキシー・その他　　　　）

B. アナフィラキシー病型
1. 食物（原因：　　　　　　　　　　　　　　　　）
2. その他（医薬品・食物依存性運動誘発アナフィラキシー・ラテックスアレルギー・
　　　　　昆虫・動物のフケや毛）

C. 原因食品・除去根拠　該当する食品の番号に○をし、かつ（　）内に除去根拠を記載
　　　　　　　　　　　　　[除去根拠]
1. 鶏卵　　　　　　　　　　該当するもの全てを（　）内に番号を記載
2. 牛乳・乳製品（　）　　　①明らかな症状の既往
3. 小麦　（　）　　　　　　②食物負荷試験陽性
4. ソバ　（　）　　　　　　③IgE抗体等検査結果陽性
5. 大豆　（　）　　　　　　④未摂取
6. ゴマ　（　）
7. ナッツ類*（　）（すべて・クルミ・カシューナッツ・アーモンド・　　）
8. 甲殻類*（　）（すべて・エビ・カニ・　　　　）
9. 軟体類・貝類*（　）（すべて・イカ・タコ・ホタテ・アサリ・　　）
10. 魚卵*（　）（すべて・イクラ・タラコ・　　　　）
11. 魚類*（　）（すべて・サバ・サケ・　　　　）
12. 肉類*（　）（鶏肉・牛肉・豚肉・　　　　）
13. 果物類*（　）（キウイ・バナナ・　　　　）
14. その他（　　　　　　　　　　　　　　　　）
　　　*は（　）の中の該当する項目に○をするか具体的に記載すること

D. 緊急時に備えた処方薬　　（*はD.2.のエピペン®を処方されている方のみ記載）
1. 内服薬（抗ヒスタミン薬、ステロイド薬）
2. アドレナリン自己注射薬「エピペン®」*
3. その他（　　　　　　　）

保育所での生活上の留意点

A. 給食・離乳食
1. 管理不要
2. 管理必要（管理内容については、病型・治療のC. 欄及び下記C. E欄を参照）

B. アレルギー用調整粉乳
1. 不要
2. 必要　下記該当ミルクに○、又は（　）内に記入
　　ミルフィーHP・ニューMA-1・MA-mi・ペプディエット・エレメンタルフォーミュラ
　　その他（　　　　　　　　　　　　　　　　）

C. 除去食品においてより厳しい除去が必要なもの
　病型・治療のC. 欄で除去の際に、より厳しい除去
　が必要となるもののみに○をつける
　※本欄に○がついた場合、該当する食品を使用した料理については、給食対応が困難となる場合があります。
1. 鶏卵：　卵殻カルシウム
2. 牛乳・乳製品：　乳糖
3. 小麦：　醤油・酢・麦茶
5. 大豆：　大豆油・醤油・味噌
6. ゴマ：　ゴマ油
12. 魚類：　かつおだし・いりこだし
13. 肉類：　エキス

D. 食物・食材を扱う活動
1. 管理不要
2. 原因食材を教材とする活動の制限（　　　　）
3. 調理活動時の制限（　　　　）
4. その他（　　　　）

E. 特記事項
（その他に特別な配慮や管理が必要な事項がある場合には、医師が保護者と相談のうえ記載。対応内容は保育所が保護者と相談のうえ決定）

医師名

医療機関名

電話

病型・治療	保育所での生活上の留意点	記載日
気管支ぜん息（あり・なし）		年　　月　　日

病型・治療

A. 症状のコントロール状態
1. 良好
2. 比較的良好
3. 不良

B. 長期管理薬（短期追加治療薬を含む）
1. ステロイド吸入薬
　　剤形：
　　投与量（日）：
2. ロイコトリエン受容体拮抗薬
3. DSCG吸入薬
4. ベータ刺激薬（内服・貼付薬）
5. その他（　　　　　　　）

C. 急性増悪（発作）治療薬
1. ベータ刺激薬吸入
2. ベータ刺激薬内服
3. その他（　　　　　）

D. 急性増悪（発作）時の対応
　　　　　　　　　　（自由記載）

保育所での生活上の留意点

A. 寝具に関して
1. 管理不要
2. 防ダニシーツ等の使用
3. その他の管理が必要（　　　　）

B. 動物との接触
1. 管理不要
2. 動物への反応が強いため不可
　　動物名（　　　　）
3. 飼育活動等の制限（　　　　）

C. 外遊び、運動に対する配慮
1. 管理不要
2. 管理必要
　　（管理内容　　　　　　　　）

D. 特記事項
（その他に特別な配慮や管理が必要な事項がある場合には、医師が保護者と相談のうえ記載。対応内容は保育所が保護者と相談のうえ決定）

医師名

医療機関名

電話

● 保育所における日常の取り組み及び緊急時の対応に活用するため、本表に記載された内容を保育所の職員及び消防機関・医療機関等と共有することに同意しますか。
・同意する
・同意しない

保護者氏名

（3）食物アレルギーへの対応

● 保育所における食事の提供にあたっての原則

　子どもの健やかな発育・発達のためには，不必要な食物除去は行わないことが原則であるが，集団生活のなかでの安全を重視し，「完全除去」か「解除」のいずれかで対応を開始することが基本となる．食物アレルギーの治療では"食べられる範囲"まで食べることが推奨されているが，個々の状況に対応することは誤食の発生にもつながるため，完全除去を適応する．保護者から家庭と同様の除去食や代替食の対応が求められる場合もあるが，安全・安心を最優先にした保育所給食の基本原則を伝え，相互理解を図ることが大切である．

　離乳開始前の子どもが入園し，食物アレルギー未発症，食物未摂取という場合も多くあるため，保育所で「はじめて食べる食物」がないように保護者と十分に連携する．また，食物アレルギーの診断を受けていない子どもにおいても，保育所の食事で食物アレルギーの新規発症が起こる可能性もあるため，子どもの様子を十分に観察することが重要である．さらに，幼児期は耐性を獲得し，原因食品除去の解除が進むようにもなる．生活管理表に基づき，除去していた食品を解除する際には，口頭での申し出ではなく，除去解除申請書など提出を求める．

　保育所における食物アレルギーは，誤配，職員間の連絡不足，調理室での原材料の見落とし，調理作業中の混入（コンタミネーション）など人的要因に起因するものも多く発生している．また，子どもはみずからの食物アレルギーや除去について理解できていないことがほとんどであり，子ども同士のやりとりで発生する事故もある．安全に配慮した食事の提供がなされるよう，職員全員で認識を共有し，対策を行うこと，環境や体制を整備し組織的対応を図ることが重要である．

● 食物・食材を扱う活動

　食物アレルギーは食育活動の場面でも注意が必要である．小麦粘土や牛乳パックを使用した制作活動，調理体験（クッキング保育），豆まきなども注意が必要な代表的な場面といえる．原因食品に触れる，吸入することで発症する子どもがいる場合にはとくに注意する．

● 災害への備え

　災害発生時に保育所以外の場所に一時的に避難することが想定される．通常とは異なる体制の下でも食物アレルギー児の対応ができるように自治体の支援の下，保育所，学校，消防，警察，医療機関，自治体などが連携し備えておかなければならない．

3　障害のある子どもへの対応

a　子どもと障害

　乳幼児期は，食べる機能（摂食えん下機能）の発達，食行動の発達といった段階をふんで食生活の基礎を獲得していく時期である．障害のない子どもでも，成長発達の過程において，偏食，過食，拒食といった食行動の問題が出てくる場合がある．しかし障害のある子どもの場合，食べる機能（摂食えん下機能）の発達自体に問題のあることが多く，食行動の問題も深刻化するため，家庭だけで対応することがむずかしい．そこで乳幼児とかかわっている保育士の役割が重要になってくる．

（1）障害の種類

　子どもの障害は，身体障害，知的障害，精神障害（発達障害者支援法に規定する発達障害児を含む）に分類できる．

● 身体障害

　身体障害とは，"身体に障害のある状態"をいう．その種類は多く，次のとおりである．
　　視覚障害，聴覚・平衡機能障害，音声・言語または咀嚼機能障害，運動障害（上肢，下肢，体幹），内部障害（心臓機能，腎臓機能，呼吸機能，膀胱または直腸機能，小腸機能，免疫機能）など．

● 知的障害

　知的障害についての法律上の定義はないが，一般的には"①知的機能が同年齢の子どもの平均水準より明らかに遅れている，②他人との意見交換，日常生活や社会生活，安全，仕事，余暇利用などの適応行動がその年齢で一般的に要求される状態までにいたっていない，③発達期（おおむね18歳未満）で発現している"状態をいう．

● 発達障害

　発達障害支援法によると，発達障害とは"自閉症，アスペルガー症候群その他の広汎性発達障害（2013年のDSM-5で自閉症スペクトラムに呼称変更），学習障害，注意欠陥／多動性障害その他これに類する脳機能の障害であってその症状が通常低年齢において発現している"状態をいう．

　これらの発達障害はまったく異なるものではなく，診断名が異なっても同じ特徴が出現したり，併発することもある．その行動や態度は"自分勝手"とか"変わった人""困った人"と誤解され，敬遠されることも少なくない．このため，自分に自信がもてず，子どもにとって大切な意欲や挑戦する気持ちを失わせてしまうことにつながる．こうした二次的な障害を防ぐためには，早期発見と支援が重要であり，各市町村では乳幼児健診（1歳6か月児健診や3歳児健診）における子どもの発達や心理的スクリーニングの実施，発達障害が疑われる子どもに対する継続的な発達相談に取り組んでいる．

（2）障害のある子どもの特徴

　障害の種類や程度によって子どもの状態は大きく異なるが，ここでは障害のある子どもの一般的な特徴について記す.

● 成長発達への影響が大きく，発達の個人差・個人内差がある

　障害が子どもの成長発達に及ぼす影響は大きい. また同じような障害の状態であっても個人によって差があり，一個人の中でも発達している面と発達していない面があり，アンバランスである.

● 身体症状が出現しやすい

　けいれん，発熱，嘔吐，下痢などの身体症状が出現しやすい. また運動障害の子どもでは成長とともに変形・拘縮などの二次的な症状が出現しやすい.

● 養育環境のはたす役割が大きい

　障害のある子どもは，自分から能動的にかかわりを求めたり，刺激を受けることが困難な場合が多い. また障害の重い場合には意思表示することがむずかしいため，養育者が子どもの反応の意味を読み取るまでに時間を要する. そのため養育者の対応によって子どもの成長発達に差が生じやすい.

（3）食生活に関する障害（図 6-7）

　障害のある子どもとかかわるためには，障害の状態や障害をもたらす疾患についての理解が必要である. 障害のとらえ方については，WHO の「国際生活機能分類」が参考になる. 「国際生活機能分類」をもとに食生活に関する障害をとらえると，次の 3 つの段階が考えられる.

● 心身機能・身体構造の障害

　先天的または後天的な疾患や外傷により心身機能・身体構造が障害され，話す，聞く，見る，握る，歩く，姿勢を保つ，食物を噛む，飲み込むなどが正常に機能しない状態をいう.

● 活動の制限

　心身機能・身体構造に障害があるために，日常生活が正常に機能できない状態をいう. 話すことができないためにコミュニケーションがとりにくい，歩けないために自分で移動ができないなどである. 食生活では，口に食物を運ぶことができない，飲み込めない，むせるなどのために十分な栄養補給ができず栄養不良となり，健康を維持することが困難になる.

● 参加の制約

　活動が制限されることにより社会生活への参加が制限される状態をいう. コミュニケーションがとりにくく，自分で移動ができないため受け入れてくれる保育所や幼稚園が少ない. 食生活では，自分で食事することができないために保育所や幼稚園への入園が制限される. 健康を維持することがむずかしいため保育所や幼稚園に通うことができない.

　このように障害とは，現代の医学では治すことのできない疾患や外傷の結果として，成長発達や，生活していくうえで差し障りが出てくることをいう. しかしこのような差し障

図 6-7 食生活に関する障害の考え方

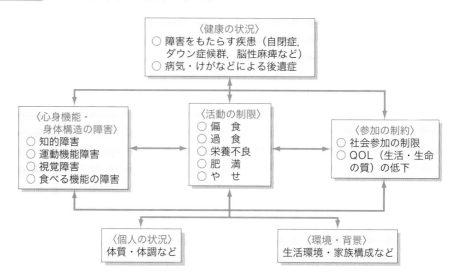

りは環境のありようによって変化する. 生活しやすい環境をつくること, あるいは適切な支援を行うことによって, 差し障りを小さくすることもできる. したがって疾患や障害の特徴, さらにその子どもの個性を理解したうえで, できることを伸ばしながら成長発達を支援するといったかかわりが必要になる.

b 障害の原因となる疾患と食生活の特徴

次に障害の原因となる代表的な疾患と食生活の特徴について示す.

(1) 自閉症スペクトラム (おもに発達障害の原因疾患)
● 障害の特徴
自閉症スペクトラムは幼児期に発症する発達障害の1つである. 原因の詳細は分かっていないが, 感情のコントロールにかかわる脳全体のシステムに何らかの障害があると考えられている. 重症度によって程度は異なるが, 次のような特徴がみられる.

・社会的な対人関係をつくりにくく, まわりと協調した行動がとりにくい.
・言葉の遅れ, 会話ができない, ジェスチャーの使用や理解ができないなど, コミュニケーションとしての言葉をもたない.
・行動や興味の範囲が限定され, 同じことを繰り返し行う, 少しでも違うことを極端に嫌うなど, 物事に強くこだわる行動がみられる.
・聴覚過敏や味覚の偏りなど感覚器官の働きに特徴があり, それがトラブルのもとになる場合がある.
・睡眠リズムの確立が遅れがちで, 3歳になっても2時間おきに目を覚ますなど, 睡眠時間が極端に少ない場合がある.

● 食生活上の特徴
認知発達の遅れから興味の対象が限定される. また感覚に異常があり, 嗅覚や味覚に偏

りがみられる．このため決まった食物しか食べない偏食，必要以上に食物を食べる過食，食物以外の物を食べる異食など，食行動に問題のみられることが多い．

（2）ダウン症候群（おもに知的障害の原因疾患）

● 疾患の特徴

　ダウン症候群は染色体異常で，最も頻度の高い疾患である．21番目の染色体が1本多いトリソミーが原因である．発症率は出生数1,000人に1人で，母体の高齢化とともに発症頻度は増加する．特徴は丸い平坦な顔，釣りあがった目，低い鼻といった顔貌で，手足が短く，筋緊張の低下を認める．知的障害を伴うことが多く，1/3に先天性心疾患が合併する．性格は穏やかで明るいが，反面頑固なところもある．

● 食生活上の特徴

　ダウン症の場合，口蓋が異常に高く狭いため，舌が口の中に納まらず外に出てしまう．また筋緊張が弱いため，つねに口を開いて口呼吸していることが多い．歯が生えてくるのも遅い傾向にある．このため食物の取り込み，噛むことがむずかしく，丸呑みをする傾向がある．また好きな物に固執すると肥満になりやすい．

（3）脳性麻痺（おもに身体障害の原因疾患）

● 疾患の特徴

　脳性麻痺とは，受胎から生後4週以内に生じた脳の病変に基づく，四肢体幹の運動障害と姿勢の異常である．発症率は出生数1,000人に1～2人である．脳性麻痺となる原因は低出生体重児の低酸素（無酸素）脳症や脳出血によるものが大部分である．特徴は思うようにからだを動かせない麻痺である．麻痺の型によって，筋肉の緊張がつねに強く突っ張り，思うように動かせない"痙直型"と，筋肉の緊張が定まらず，からだを動かそうとすると本人の意志に反してからだが動いてしまう"アテトーゼ型"とに大別できる．症状は麻痺の型や程度によって，寝たきりから日常生活上ほとんど気がつかないくらいまで多様である．合併症として，知的障害，てんかん，視聴覚障害を伴う場合が多い．

● 食生活上の特徴

　麻痺の程度によるが，姿勢を保持することが困難で，手指が思いどおりに動かせないため自分で食べること（自食）がむずかしい．また指しゃぶりができないため口唇に過敏が残ること，思いどおりに口の開閉ができないことから，食物を取り込むこと（捕食），噛むこと（咀しゃく）がむずかしい．さらに麻痺が口腔や咽頭周囲に及ぶ場合は食物を飲み込むこと（えん下）がむずかしくなり，経口で必要な栄養がとれなくなる．

（4）口唇・口蓋裂（おもに身体障害の原因疾患）

● 疾患の特徴

　口唇裂は胎生8週目までに，口蓋裂は胎生12週目までに，何らかの原因で癒合形成ができずに上口唇，硬口蓋，軟口蓋が裂けて生まれてくる状態をいう．発症率は出生400～500人に1人で，口唇裂と口蓋裂が合併する場合も多い．形成手術を行うことでほぼ

改善する．口唇裂の手術は生後3か月前後，口蓋裂の手術は生後1歳半から2歳くらいまでに実施されるが，手術が数回にわたることもある．

● 食生活上の特徴

"口唇裂のみ"，"口蓋裂のみ"，"口唇・口蓋裂の両方"により程度は異なるが，乳汁を上手に吸うことができないために，むせたり，鼻からもれてしまう．このため乳首が長く，ミルクを手で押し出せるプラスチック製の哺乳びんを使用する．また必要に応じて口唇裂の部分にテープを貼付したり，哺乳床を装着して哺乳を助けることもある．

授乳中の注意事項は次のとおりである．

・空気を飲み込みやすいので排気（げっぷ）を何度か行う．
・哺乳時間は10～15分程度とし，無理をしない．
・口腔内は清潔に保つ．
・スキンシップを大事にする．

手術後は，離乳食の基本的な進め方に従って，スープ状のものから徐々に食事形態を上げていくと，しだいに障害のない子どもと同じ物が食べられるようになる．

c 食べる機能（摂食えん下機能）に障害のある子どもへの対応

食べる機能は生まれながらにもっているものではなく，発達段階をふみながら獲得していくものである．そのため，さまざまな疾患によってその発達が妨げられると必要な栄養を補給することができず，健康状態に大きな影響を与える．

(1) 食べる機能の発達と障害

食べる機能の障害は，運動機能障害や知的障害を併せもつ者に多くみられる．その対応として，障害のない子どもが機能を獲得していく過程をたどらせることを基本とする．したがって食べる機能の発達を十分に理解することが大切である．

子どもの食べる機能（摂食えん下機能）の発達段階と障害がある場合の症状を表6-10に示す．

(2) 障害に配慮した支援内容

子どもの食べる機能の発達を観察評価し，子どもに合ったペースで支援する必要がある．

観察評価では，表6-11のような評価基準を用いる．

● 環境整備

・声掛けをしながら
・食べ物を見せてから
・適度な速さで口に食べ物を運ぶ
・無理に口の中に食べ物を入れない

・食べ物の温度，味，香りに気を配る
・楽しい雰囲気をつくる
・手づかみ遊び，手づかみ食べを十分にさせる

● 食事の姿勢

食事のときに使う筋肉をリラックスさせる．座位不安定で車椅子やクッションチェアー

表6-10 食べる機能（摂食えん下機能）の発達と障害

発達段階 （調理形態）	捕食・咀しゃく・ えん下機能の発達	自食機能の発達	食物の特徴	食べさせ方の 留意点	障害がある 場合の症状
前期食 （流動食）	・原始反射により哺乳する（乳児えん下）		・トロミのついた形態 はちみつ状 ジャム状	・姿勢をやや後方に傾け，食物を咽頭に送り込みやすくする	・経口摂取準備不全 過敏 誤えん
初期食 （半流動食）	・口を閉じてゴックンと飲む，舌を意図的に動かして食物を咽頭に送り，えん下反射を獲得する	・介助食べ	・ベタベタのペースト状 ポタージュ状 マヨネーズ状 ヨーグルト状	・姿勢をやや後方に傾け，食物を咽頭に送り込みやすくする ・唇が閉じない場合は介助する	・えん下機能不全 むせ 舌の突出
中期食 （粘稠 軟固形食）	・上唇を意図的に閉じ，食物を口の中に取り込む，食物を舌で口蓋に押しつけてつぶす	・食器の中に手を入れて，グチャグチャかき回す（手づかみ遊び）	・舌で押しつぶせるかたさ 豆腐状 プリン状	・下唇にスプーンを乗せ，上唇が閉じるのを待つ ・押しつぶし練習のため，食物はひと口の大きさにする ・スプーンは水平なものがよい	・捕食機能不全 舌の突出 過開口 スプーン噛み ・押しつぶし機能不全 舌の突出 丸呑み
後期食 （軟固形食）	・前歯で食物をかじりとる，食物を舌で奥歯に送り，つぶす	・手と口の強調運動を獲得し，食物を手で口の中に運ぶ（手づかみ食べ）	・歯ぐきでつぶせるかたさ バナナ状 煮込みハンバーグ シチュー状の煮野菜	・スティック状のフライドポテトや煮野菜を持たせ，前歯でかじり取る練習，奥歯で噛む練習，自分で口に運ぶ練習をする	・咀しゃく機能不全 丸呑み ・手づかみ食べ機能不全 犬食い 手で押し込む 引きちぎる
幼児食 （普通食）	・食物の大きさ，かたさによって噛むことを調節できる	・スプーンで食物をすくい，口に運ぶ（食具食べ）	・歯ぐきで噛めるかたさ やわらかい果物，煮魚 やわらかいミートボール	・食べやすいようスプーンなどの握る部分の太さ・長さを調節する ・皿は縁のあるものがよい	・食具食べ機能不全 食器で押し込む こぼす

（幸松美智子：小児の発達と看護，メディカ出版，2010/ 向井美惠：摂食・嚥下リハビリテーション，医学書院，1996 より一部改変）

を使用する場合は，誤えん（水分や食物が気管に入ること）を防ぐために頭が後屈しないようにしっかりと固定し（図6-8），体幹と床の角度は15～45度にするとよい．座位が可能で，椅子と机を使用する場合は，足がしっかりと床に着き，膝の角度は90度にし，太ももが浮き上がらないように深く腰掛けさせる（図6-9）．

表6-11 食事のときの外部観察評価項目と評価基準

項 目	基 準	解 説				
食事の方法	一口量 多量・適量・少量	口の大きさや機能にあっているかを評価する				
	介助の有無 自食・介助	摂食方法や心理的配慮が適切かを評価する				
口唇閉鎖		− −	−	±	+	+ +
	安静時	上唇が上方に反り返ってしまう	全く上唇が動かない	閉鎖はできないが閉じようとする動きがみられる	ときどき閉鎖できる	つねに閉鎖できる
	捕食時			口唇でははさみ取れないが閉じようとする動きがみられる	なんとか口唇ではさみ取ることができる	しっかりと口唇で食物を取り込める
	処理時			閉鎖はできないが閉じようとする動きがみられる	ときどき閉鎖できる	つねに閉鎖できる
	嚥下時					
口 角 （頬） の動き	ほとんど動かない	−				
	水平左右対称	同時に引かれたり縮んだりする				
	左右非対称複雑	咀嚼筋に引かれたり縮んだり複雑に動く				
舌運動	ほとんど動かない	−				
	前 後	舌を主として前後運動をしている				
	側 方	舌を左右に動かすことができる				
舌突出		+ +	+	±	−	
	安静時 / 捕食時 / 処理時 / 嚥下時	つねに口唇の外側へ突出する	ときどき口唇の外側へ突出する	歯列の外側〜口唇	歯列の内側	
顎運動	動 き	ほとんど動かない	単純上下 （マンチング）	移 行	側方臼磨	
		−	下顎が単純上下運動をしている	単純上下運動から臼磨運動への移行状態	下顎が側方運動を伴った咀嚼運動をしている	
	スプーン咬み	頻 繁		ときどき		なし
		捕食時につねにスプーンを咬む		捕食時にときどきスプーンを咬む		捕食時にスプーンを咬むことはない
	顎のコントロール	不 良		やや良		良
		捕食時に下顎を上下に動かす		不良とも良ともいえない		捕食時に下顎を安定させる

（金子芳洋：食べる機能の障害−その考え方とリハビリテーション、医歯薬出版、2005 を参考に作成）

● **食物の形態や大きさ**

　食事形態は，暦年齢ではなく発達段階に合わせる．食物を調理する場合は食物の大きさ，固さ，トロミの3つの要素を考えなければならない．みじん切りなど，小さくしたものは一見食べやすくみえるが，かえってむせや誤えんを引き起こす場合がある．飲み込みやすくするには，食物の大きさ，固さに配慮し，そしてトロミを加えてあげることが大切である．食物の形態を整えるには，ミルサー，フードプロセッサーなどの調理器具やかたくり粉，市販の増粘剤を使用すると便利である．

図 6-8 座位不安定な場合の姿勢（頸部と体幹の角度）

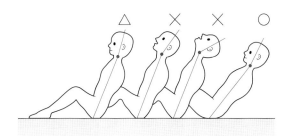

×：首の角度が体幹に対して後屈位になる姿勢は誤えんしやすい．
○：首の角度を中間位～軽度前屈位に保持し，からだを少し後ろに倒したリクライニング姿勢が最も誤えんしにくい．

(日本小児神経学会社会活動委員会 編：医療的ケア研修テキスト，クリエイツかもがわ，2008)

図 6-9 座位可能な場合の姿勢

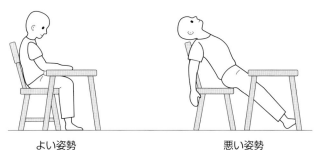

よい姿勢
股関節と膝関節を屈曲させ，足底は床につけ，深く腰かける．首も後屈させない．

悪い姿勢
全身が伸展した状態で首も後屈しており，足底も床についていない．

(里村愛子：摂食・嚥下リハビリテーション，医学書院，1996)

● 食 具

スプーン：口唇を閉じる力の弱い子どもには，アイスクリームのスプーンのように，すくう部分の浅いほうが口の中に取り込みやすい．幅の広いスプーンは1度にたくさん入りすぎたり，逆に入りきらずにこぼれてしまう．スプーンの幅は口の幅より小さいものを選ぶ．またスプーンを噛んでしまう場合は，ゴム製の材質を選択する（図6-10）．

スプーンを持つ力が弱く，手の機能が十分に発達していない子どもには，軽くて柄の部分が太いスプーンを選ぶ（図6-11）．

皿：深さがあり内側に傾斜しているとすくいやすい．また皿の下にすべり止めシートを使うと食器が安定するので食べやすくなる（図6-12）．

● 介助方法

えん下（飲み込み）機能を引き出すには，口腔に入れる1回の量を考慮する必要がある．多すぎるとむせ，少なすぎると喉への送り込みの動きを引き出せない．子どもの適量を決め，口腔の前方に入れる．口が閉じなかったり，口の開け方をコントロールできない場合は介助者が手で下顎を支える．捕食機能を引き出すには食物を舌の中央に乗せ，上唇がおりて唇が閉じるのを待ってスプーンを水平に引く．また咀しゃく（噛む）機能を引き出す

図 6-10 食べやすいように改良されたスプーン類

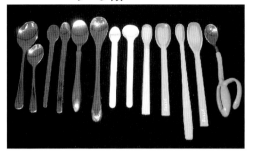

全体的にすくう部分が平らになっている．角度がついて口に入りやすくしたもの（左利き用）や，柄の中が空洞で軽量化したもの，持つところが工夫されているもの，口の中に入りすぎないようになっているものなどがある．

図 6-11 柄を太くしたスプーンとフォーク

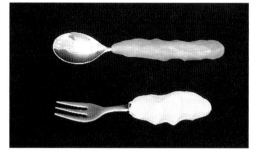

お湯で変形する合成樹脂を柄につけて，太くしたもの

図 6-12 皿とすべり止め用のシート

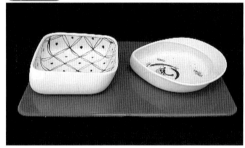

図 6-13 鼻にあたる部分をカットしてあるコップ

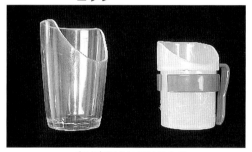

右は市販されているもの

表 6-12 食べる機能に障害のある子どもへの対応例

【事　例】	4 歳男児．脳性麻痺．首がすわっていない．捕食時に口が開きすぎ，上唇が下がってこない．
【対　応】	床面と体幹の角度は 45 度の姿勢とし，首はやや前屈みの姿勢とした．食具はすくう部分の浅いスプーンとし，食事形態は初期食から開始した．本例の場合，上唇が閉じないことから後方から下顎と上唇を介助しながら上下唇の動きを教えた．なかなか改善がみられなかったが，8 か月後には上唇で食物を捕ろうとする動きがみられ，1 年 3 か月後には固形食を捕食できるようになった．

には，安全に注意しながら奥歯の上に固形の食物を置いて噛む練習をする（表 6-12）．

● 水分摂取

　水分摂取は，前期食段階は哺乳びん，初期食段階はスプーン，中期食段階からはコップを使う．水分摂取に使うスプーンは，れんげのようにスプーンを横にしたときに子どもの口の幅より大きく，深いもののほうが飲みやすい．コップは口径が大きいと口の端からこぼれやすく，ペットボトルのように小さいと飲むのがむずかしくなる．また鼻に当たる部分がカットされていると，首をうしろにのけぞらないで飲むことができるので，摂取しやすい（図 6-13）．コップで水分を摂取する場合の介助は，やや前傾にし，下唇にコップの縁をしっかり当てて下あごを安定させ，上唇が水分に触れるようにコップを傾ける．

● 注意しなければならないこと

えん下機能に障害がある場合，食物が気管に入り肺炎（誤えん性肺炎）や窒息を起こす危険がある．次の兆候がみられる場合には，専門機関のアドバイスが必要である．

・食事の時間が長いのに食べる量が少ない．
・食事の時間になると機嫌が悪くなる．
・食事のあと，唾液や痰が多くなる．
・すぐに熱を出すなど，体調をくずすことが多い．
・約3〜6か月間，身長や体重が増加しない，あるいは減少する．

d 食に関する問題行動（偏食，異食，過食）のある子どもへの対応

食に関する問題行動のある子どもは，疾患による身体症状，表現能力の不十分さ，養育の手違いなど，いくつかの要因が重なっている場合が多い．とくに養育の手違いがある場合は家庭だけで対応するのはむずかしい．

● 偏　食

偏食は感覚過敏の1つで，自閉症スペクトラムの子どもに多くみられる特徴である．そして「苦手な食物が出てくる →嫌がり興奮する →保護者はどうしていいかわからず苦手な食物をあきらめ，好きな食物のみ与える →子どもは好きな物だけを食べる」を何度も繰り返し，ある特定の物しか食べられなくなるという例が多くみられる．対応としては，"嫌いな食物を一口食べたら好きな食物をすすめる"，"好きな物をおかわりするときに嫌いな食物をすすめる"といった取り組みを根気強くつづけることで食べられるようになる場合が多い．過敏による不快感は簡単に治まるものではないが，保育士との安心できる関係のなかで少しずつ改善していく例は多い．また過敏は年齢が上がると軽減していくので，あせらずに対応していくとよい（表6-13）．

● 異　食

食物以外の物を食べることを異食という．異食には大きく2つのタイプがあるので，分けて対応する．

① 何でも口に入れる場合

このタイプは，食物と食物ではない物との区別がついていない場合が多い．したがって危険防止のため，異食ができない環境づくりが大切である．口に入る大きさの物は手の届

表6-13 食に関する問題行動（偏食）のある子どもへの対応例

【事　例】6歳女児．自閉症．偏食が強く，好きなものはご飯，パン，から揚げ，その他の食物はほとんど食べない．
【対　応】ステップ1では，好きなご飯をおかわりしたいときの要求を伝えるジェスチャーを教え，それができるようになった．ステップ2では，おかわりのジェスチャーをしたときにご飯ではなく，別の皿に入れた少量の肉をすすめた．要求が通らないため，最初は肉を床に捨ててしまったが，徐々に食べられるようになった．別の食物でもこの方法を繰り返し，少しずつ食べられる食物が増えていった．
【今後の目標】さらにいろいろな食物に慣れていくとともに，ステップ3として，"減らして"の意思表示の練習をし，表現能力の発達も促していく．

く場所には置かないようにする工夫が必要である.

② 特定の物だけを異食する場合

このタイプは, ある程度食物と食物ではない物を認知していると考えられる. 口の中に特定の物を入れたときの感触にこだわっていたり, 異食をとおして自分の感情を伝えたいといった要求の場合もある. 異食に代わる方法をみつけてあげることが大切である.

● 過　食

過食とは, 食物を必要以上に食べることである. 食べること自体に強くこだわっていたり, 興味関心の範囲が少ないために食べることに集中していることが多い. 対応としては, 家の中に容易に食物を置いておかない, 食事のときはスプーンを小さくして1度に口の中に入れる量を少なくする, 皿に入れる量を少なくしておかわりさせるなど, 食物刺激を統制する. また興味のある遊びをみつけ, 十分に遊ばせることも大切である.

e 家庭や専門機関との連携

障害のある子どもの対応には専門的な知識を必要とする場合が多い. 食べる機能の障害では, 食べる機能の発達を評価することが必要であり, 対応についても調理方法から介助方法にいたるまで専門的な知識を必要とする. つまり摂食えん下リハビリテーションを専門とする医師, 歯科医師, 看護師, 歯科衛生士, 言語聴覚士, 管理栄養士との連携が必要である. また食に関する問題行動には, 小児精神を専門とする医師, 看護師, 臨床心理士や臨床発達心理士との連携が必要になってくる. したがって保育士は, 子どもの状況に応じてどのような専門機関との連携が必要であるのかを知り, できれば研修会などをとおして専門機関と情報交換しておくとよい. 前述したが, 障害のある子どもの食生活の問題は複雑である. できるだけ早い時期に対応しておくと, 問題が深刻化しない場合も多い. その意味で, 子どもとその家族に直接かかわっている保育士の役割は重要であり, 家庭と専門機関を結ぶ役割も期待されるところである.

資　料　編

　日本人の食事摂取基準（2020 年版）【抜粋】

付表1　推定平均必要量から推奨量を算定するために用いられた変動係数と推奨量算定係数の一覧

変動係数	推奨量算定係数	栄養素
10%	1.2	ビタミン B1, ビタミン B2, ナイアシン, ビタミン B6, ビタミン B12, 葉酸, ビタミン C, カルシウム, マグネシウム, 鉄（6 歳以上）, 亜鉛, 銅, セレン
12.5%	1.25	たんぱく質
15%	1.3	モリブデン
20%	1.4	ビタミン A, 鉄（6 か月〜 5 歳）, ヨウ素

付表2　身体活動レベル別にみた活動内容と活動時間の代表例

身体活動レベル[1]	低い（Ⅰ）	ふつう（Ⅱ）	高い（Ⅲ）
	1.50（1.40〜1.60）	1.75（1.60〜1.90）	2.00（1.90〜2.20）
日常生活の内容[2]	生活の大部分が座位で, 静的な活動が中心の場合	座位中心の仕事だが, 職場内での移動や立位での作業・接客等, 通勤・買い物での歩行, 家事, 軽いスポーツ, のいずれかを含む場合	移動や立位の多い仕事への従事者, あるいは, スポーツ等余暇における活発な運動習慣を持っている場合
中程度の強度（3.0 〜 5.9 メッツ）の身体活動の 1 日当たりの合計時間（時間 / 日）[3]	1.65	2.06	2.53
仕事での 1 日当たりの合計歩行時間（時間 / 日）[3]	0.25	0.54	1.00

1 代表値.（ ）内はおよその範囲.
2 Black, et al., Ishikawa-Takata, et al. を参考に, 身体活動レベル（PAL）に及ぼす仕事時間中の労作の影響が大きいことを考慮して作成.
3 Ishikawa-Takata, et al. による.

付表3　参照体位（参照身長，参照体重）[1]，基礎代謝量

性　別	男　性				女　性（妊婦，授乳婦を除く）			
年齢等	参照身長 (cm)	参照体重 (kg)	基礎代謝基準値 (kcal/kg 体重/日)	基礎代謝量 (kcal/日)	参照身長 (cm)	参照体重 (kg)	基礎代謝基準値 (kcal/kg 体重/日)	基礎代謝量 (kcal/日)
0〜 5（月）	61.5	6.3	—	—	60.1	5.9	—	—
6〜11（月）	71.6	8.8	—	—	70.2	8.1	—	—
6〜 8（月）	69.8	8.4	—	—	68.3	7.8	—	—
9〜11（月）	73.2	9.1	—	—	71.9	8.4	—	—
1〜 2（歳）	85.8	11.5	61.0	700	84.6	11.0	59.7	660
3〜 5（歳）	103.6	16.5	54.8	900	103.2	16.1	52.2	840
6〜 7（歳）	119.5	22.2	44.3	980	118.3	21.9	41.9	920
8〜 9（歳）	130.4	28.0	40.8	1,140	130.4	27.4	38.3	1,050
10〜11（歳）	142.0	35.6	37.4	1,330	144.0	36.3	34.8	1,260
12〜14（歳）	160.5	49.0	31.0	1,520	155.1	47.5	29.6	1,410
15〜17（歳）	170.1	59.7	27.0	1,610	157.7	51.9	25.3	1,310
18〜29（歳）	171.0	64.5	23.7	1,530	158.0	50.3	22.1	1,110
30〜49（歳）	171.0	68.1	22.5	1,530	158.0	53.0	21.9	1,160
50〜64（歳）	169.0	68.0	21.8	1,480	155.8	53.8	20.7	1,110
65〜74（歳）	165.2	65.0	21.6	1,400	152.0	52.1	20.7	1,080
75 以上（歳）	160.8	59.6	21.5	1,280	148.0	48.8	20.7	1,010

1 0〜17 歳は，日本小児内分泌学会・日本成長学会合同標準値委員会による小児の体格評価に用いる身長，体重の標準値を基に，年齢区分に応じて，当該月齢及び年齢区分における中央時点における中央値を引用した．ただし，公表数値が年齢区分と合致しない場合は，同様の方法で算出した値を用いた．18 歳以上は，平成 28 年国民健康・栄養調査における当該の性及び年齢区分における身長・体重の中央値を用いた．

付表4 成長に伴う組織増加分のエネルギー（エネルギー蓄積量）

性 別	男 児				女 児			
	(A)	(B)	組織増加分		(A)	(B)	組織増加分	
			(C)	(D)			(C)	(D)
年齢等	参照体重	体重増加量	エネルギー密度	エネルギー蓄積量	参照体重	体重増加量	エネルギー密度	エネルギー蓄積量
	(kg)	(kg /年)	(kcal/g)	(kcal/日)	(kg)	(kg /年)	(kcal/g)	(kcal/日)
0〜 5（月）	6.3	9.4	4.4	115	5.9	8.4	5.0	115
6〜 8（月）	8.4	4.2	1.5	15	7.8	3.7	1.8	20
9〜11（月）	9.1	2.5	2.7	20	8.4	2.4	2.3	15
1〜 2（歳）	11.5	2.1	3.5	20	11.0	2.2	2.4	15
3〜 5（歳）	16.5	2.1	1.5	10	16.1	2.2	2.0	10
6〜 7（歳）	22.2	2.6	2.1	15	21.9	2.5	2.8	20
8〜 9（歳）	28.0	3.4	2.5	25	27.4	3.6	3.2	30
10〜11（歳）	35.6	4.6	3.0	40	36.3	4.5	2.6	30
12〜14（歳）	49.0	4.5	1.5	20	47.5	3.0	3.0	25
15〜17（歳）	59.7	2.0	1.9	10	51.9	0.6	4.7	10

体重増加量（B）は，比例配分的な考え方により，参照体重（A）から以下のようにして計算した．
例：9〜11 か月の女児における体重増加量（kg/年）
$X＝((9〜11 か月（10.5 か月時）の参照体重)−(6〜8 か月（7.5 か月時）の参照体重))/(0.875（歳）−0.625（歳))+((1〜2 歳の参照体重)−(9〜11 か月の参照体重))/(2（歳）−0.875（歳))$
体重増加量＝ $X/2$
　＝((8.4−7.8)/0.25 ＋(11.0−8.4)/1.125)/2
　≒2.4
組織増加分のエネルギー密度（C）は，アメリカ・カナダの食事摂取基準より計算．
組織増加分のエネルギー蓄積量（D）は，組織増加分（B）と組織増加分のエネルギー密度（C）の積として求めた．
例：9〜11 か月の女児における組織増加分のエネルギー（kcal/日）
　＝((2.4（kg /年）×1,000/365 日))×2.3（kcal/g）
　＝14.8
　≒15

付表5 炭水化物，食物繊維の食事摂取基準

年 齢	炭水化物（%エネルギー）		食物繊維（g/日）	
	男 性	女 性	男 性	女 性
	目標量[1,2]	目標量[1,2]	目標量	目標量
0〜 5（月）	─	─	─	─
6〜11（月）	─	─	─	─
1〜 2（歳）	50〜65	50〜65	─	─
3〜 5（歳）	50〜65	50〜65	8 以上	8 以上
6〜 7（歳）	50〜65	50〜65	10 以上	10 以上
8〜 9（歳）	50〜65	50〜65	11 以上	11 以上
10〜11（歳）	50〜65	50〜65	13 以上	13 以上
12〜14（歳）	50〜65	50〜65	17 以上	17 以上
15〜17（歳）	50〜65	50〜65	19 以上	18 以上
18〜29（歳）	50〜65	50〜65	21 以上	18 以上
30〜49（歳）	50〜65	50〜65	21 以上	18 以上
50〜64（歳）	50〜65	50〜65	21 以上	18 以上
65〜74（歳）	50〜65	50〜65	20 以上	17 以上
75 以上（歳）	50〜65	50〜65	20 以上	17 以上
妊 婦		50〜65		18 以上
授乳婦		50〜65		18 以上

[1] 範囲に関しては，おおむねの値を示したものである．
[2] アルコールを含む．ただし，アルコールの摂取を勧めるものではない．

| 年齢等 | ビタミンA（μgRAE/日）[1] | | | | | | | |
| | 男　性 | | | | 女　性 | | | |
	推定平均必要量[2]	推奨量[2]	目安量[3]	耐容上限量[3]	推定平均必要量[2]	推奨量[2]	目安量[3]	耐容上限量[3]
0～ 5 （月）	—	—	300	600	—	—	300	600
6～11 （月）	—	—	400	600	—	—	400	600
1～ 2 （歳）	300	400	—	600	250	350	—	600
3～ 5 （歳）	350	450	—	700	350	500	—	850
6～ 7 （歳）	300	400	—	950	300	400	—	1,200
8～ 9 （歳）	350	500	—	1,200	350	500	—	1,500
10～11 （歳）	450	600	—	1,500	400	600	—	1,900
12～14 （歳）	550	800	—	2,100	500	700	—	2,500
15～17 （歳）	650	900	—	2,500	500	650	—	2,800
18～29 （歳）	600	850	—	2,700	450	650	—	2,700
30～49 （歳）	650	900	—	2,700	500	700	—	2,700
50～64 （歳）	650	900	—	2,700	500	700	—	2,700
65～74 （歳）	600	850	—	2,700	500	700	—	2,700
75 以上 （歳）	550	800	—	2,700	450	650	—	2,700
妊　婦（付加量）								
初期					+0	+0	—	—
中期					+0	+0	—	—
後期					+60	+80	—	—
授乳婦（付加量）					+300	+450	—	—

[1] レチノール活性当量（μgRAE）＝レチノール（μg）＋β-カロテン（μg）×1/12＋α-カロテン（μg）×1/24
　　　　　　　　　　　　　＋β-クリプトキサンチン（μg）×1/24＋その他のプロビタミンAカロテノイド（μg）×1/24
[2] プロビタミンAカロテノイドを含む.
[3] プロビタミンAカロテノイドを含まない.

| 年齢等 | ビタミンD（μg/日）[1] | | | | ビタミンE（mg/日）[2] | | | | ビタミンK（μg/日） | |
| | 男　性 | | 女　性 | | 男　性 | | 女　性 | | 男　性 | 女　性 |
	目安量	耐容上限量	目安量	耐容上限量	目安量	耐容上限量	目安量	耐容上限量	目安量	目安量
0～ 5 （月）	5.0	25	5.0	25	3.0	—	3.0	—	4	4
6～11 （月）	5.0	25	5.0	25	4.0	—	4.0	—	7	7
1～ 2 （歳）	3.0	20	3.5	20	3.0	150	3.0	150	50	60
3～ 5 （歳）	3.5	30	4.0	30	4.0	200	4.0	200	60	70
6～ 7 （歳）	4.5	30	5.0	30	5.0	300	5.0	300	80	90
8～ 9 （歳）	5.0	40	6.0	40	5.0	350	5.0	350	90	110
10～11 （歳）	6.5	60	8.0	60	5.5	450	5.5	450	110	140
12～14 （歳）	8.0	80	9.5	80	6.5	650	6.0	600	140	170
15～17 （歳）	9.0	90	8.5	90	7.0	750	5.5	650	160	150
18～29 （歳）	8.5	100	8.5	100	6.0	850	5.0	650	150	150
30～49 （歳）	8.5	100	8.5	100	6.0	900	5.5	700	150	150
50～64 （歳）	8.5	100	8.5	100	7.0	850	6.0	700	150	150
65～74 （歳）	8.5	100	8.5	100	7.0	850	6.5	650	150	150
75 以上 （歳）	8.5	100	8.5	100	6.5	750	6.5	650	150	150
妊　婦			8.5	—			6.5	—		150
授乳婦			8.5	—			7.0	—		150

[1] 日照により皮膚でビタミンDが産生されることを踏まえ，フレイル予防を図る者はもとより，全年齢区分を通じて，日常生活において可能な範囲内での適度な日光浴を心掛けるとともに，ビタミンDの摂取については，日照時間を考慮に入れることが重要である.
[2] α-トコフェロールについて算定した．α-トコフェロール以外のビタミンEは含んでいない.

| 年齢等 | ビタミンB₁（mg/日）[1,2,3] | | | | | | ビタミンB₂（mg/日）[2,4] | | | | | |
| | 男　性 | | | 女　性 | | | 男　性 | | | 女　性 | | |
	推定平均必要量	推奨量	目安量	推定平均必要量	推奨量	目安量	推定平均必要量	推奨量	目安量	推定平均必要量	推奨量	目安量
0～ 5 （月）	—	—	0.1	—	—	0.1	—	—	0.3	—	—	0.3
6～11 （月）	—	—	0.2	—	—	0.2	—	—	0.4	—	—	0.4
1～ 2 （歳）	0.4	0.5	—	0.4	0.5	—	0.5	0.6	—	0.5	0.5	—
3～ 5 （歳）	0.6	0.7	—	0.6	0.7	—	0.7	0.8	—	0.6	0.8	—
6～ 7 （歳）	0.7	0.8	—	0.7	0.8	—	0.8	0.9	—	0.7	0.9	—
8～ 9 （歳）	0.8	1.0	—	0.8	0.9	—	0.9	1.1	—	0.9	1.0	—
10～11 （歳）	1.0	1.2	—	0.9	1.1	—	1.1	1.4	—	1.0	1.3	—
12～14 （歳）	1.2	1.4	—	1.1	1.3	—	1.3	1.6	—	1.2	1.4	—
15～17 （歳）	1.3	1.5	—	1.0	1.2	—	1.4	1.7	—	1.2	1.4	—
18～29 （歳）	1.2	1.4	—	0.9	1.1	—	1.3	1.6	—	1.0	1.2	—
30～49 （歳）	1.2	1.4	—	0.9	1.1	—	1.3	1.6	—	1.0	1.2	—
50～64 （歳）	1.1	1.3	—	0.9	1.1	—	1.2	1.5	—	1.0	1.2	—
65～74 （歳）	1.1	1.3	—	0.9	1.1	—	1.2	1.5	—	1.0	1.2	—
75 以上 （歳）	1.0	1.2	—	0.8	0.9	—	1.1	1.3	—	0.9	1.0	—
妊　婦（付加量）				+0.2	+0.2	—				+0.2	+0.3	—
授乳婦（付加量）				+0.2	+0.2	—				+0.5	+0.6	—

[1] チアミン塩化物塩酸塩（分子量＝337.3）の重量として示した.
[2] 身体活動レベルⅡの推定エネルギー必要量を用いて算定した.
[3] 特記事項：推定平均必要量は，ビタミンB₁の欠乏症である脚気を予防するに足る最小必要量からではなく，尿中にビタミンB₁の排泄量が増大し始める摂取量（体内飽和量）から算定.
[4] 特記事項：推定平均必要量は，ビタミンB₂の欠乏症である口唇炎，口角炎，舌炎などの皮膚炎を予防するに足る最小量からではなく，尿中にビタミンB₂の排泄量が増大し始める摂取量（体内飽和量）から算定.

付表6　つづき

年齢等	ナイアシン(mgNE/日)[1,2]								ビタミンB6(mg/日)[5]							
	男性				女性				男性				女性			
	推定平均必要量	推奨量	目安量	耐容上限量[3]	推定平均必要量	推奨量	目安量	耐容上限量[3]	推定平均必要量	推奨量	目安量	耐容上限量[6]	推定平均必要量	推奨量	目安量	耐容上限量[6]
0~5（月）[4]	—	—	2	—	—	—	2	—	—	—	0.2	—	—	—	0.2	—
6~11（月）	—	—	3	—	—	—	3	—	—	—	0.3	—	—	—	0.3	—
1~2（歳）	5	6	—	60(15)	4	5	—	60(15)	0.4	0.5	—	10	0.4	0.5	—	10
3~5（歳）	6	8	—	80(20)	6	7	—	80(20)	0.5	0.6	—	15	0.5	0.6	—	15
6~7（歳）	7	9	—	100(30)	7	8	—	100(30)	0.7	0.8	—	20	0.6	0.7	—	20
8~9（歳）	9	11	—	150(35)	8	10	—	150(35)	0.8	0.9	—	25	0.8	0.9	—	25
10~11（歳）	11	13	—	200(45)	10	10	—	150(45)	1.0	1.1	—	30	1.0	1.1	—	30
12~14（歳）	12	15	—	250(60)	12	14	—	250(60)	1.2	1.4	—	40	1.0	1.3	—	40
15~17（歳）	14	17	—	300(70)	11	13	—	250(65)	1.2	1.5	—	50	1.0	1.3	—	45
18~29（歳）	13	15	—	300(80)	9	11	—	250(65)	1.1	1.4	—	55	1.0	1.1	—	45
30~49（歳）	13	15	—	350(85)	10	12	—	250(65)	1.1	1.4	—	60	1.0	1.1	—	45
50~64（歳）	12	14	—	350(85)	9	11	—	250(65)	1.1	1.4	—	55	1.0	1.1	—	45
65~74（歳）	12	14	—	300(80)	9	11	—	250(65)	1.1	1.4	—	50	1.0	1.1	—	45
75以上（歳）	11	13	—	300(75)	9	10	—	250(60)	1.1	1.4	—	50	1.0	1.1	—	40
妊婦（付加量）					+0	+0	—	—					+0.2	+0.2	—	—
授乳婦（付加量）					+3	+3	—	—					+0.3	+0.3	—	—

1 ナイアシン当量（NE）＝ナイアシン＋1/60トリプトファンで示した.　2 身体活動レベルⅡの推定エネルギー必要量を用いて算定した.
3 ニコチンアミドの重量，（ ）内はニコチン酸の重量.　4 単位は mg/日.
5 たんぱく質の推奨量を用いて算定した（妊婦・授乳婦の付加量は除く）.　6 ピリドキシン（分子量＝169.2）の重量として示した.

年齢等	ビタミンB12(µg/日)[1]						葉酸(µg/日)[2]							
	男性			女性			男性				女性			
	推定平均必要量	推奨量	目安量	推定平均必要量	推奨量	目安量	推定平均必要量	推奨量	目安量	耐容上限量[3]	推定平均必要量	推奨量	目安量	耐容上限量[3]
0~5（月）	—	—	0.4	—	—	0.4	—	—	40	—	—	—	40	—
6~11（月）	—	—	0.5	—	—	0.5	—	—	60	—	—	—	60	—
1~2（歳）	0.8	0.9	—	0.8	0.9	—	80	90	—	200	90	90	—	200
3~5（歳）	0.9	1.1	—	0.9	1.1	—	90	110	—	300	90	110	—	300
6~7（歳）	1.1	1.3	—	1.1	1.3	—	110	140	—	400	110	140	—	400
8~9（歳）	1.3	1.6	—	1.3	1.6	—	130	160	—	500	130	160	—	500
10~11（歳）	1.6	1.9	—	1.6	1.9	—	160	190	—	700	160	190	—	700
12~14（歳）	2.0	2.4	—	2.0	2.4	—	200	240	—	900	200	240	—	900
15~17（歳）	2.0	2.4	—	2.0	2.4	—	220	240	—	900	200	240	—	900
18~29（歳）	2.0	2.4	—	2.0	2.4	—	200	240	—	900	200	240	—	900
30~49（歳）	2.0	2.4	—	2.0	2.4	—	200	240	—	1,000	200	240	—	1,000
50~64（歳）	2.0	2.4	—	2.0	2.4	—	200	240	—	1,000	200	240	—	1,000
65~74（歳）	2.0	2.4	—	2.0	2.4	—	200	240	—	900	200	240	—	900
75以上（歳）	2.0	2.4	—	2.0	2.4	—	200	240	—	900	200	240	—	900
妊婦（付加量）[4,5]				+0.3	+0.4	—					+200	+240	—	—
授乳婦（付加量）				+0.7	+0.8	—					+80	+100	—	—

1 シアノコバラミン（分子量＝1,355.37）の重量として示した.　2 プテロイルモノグルタミン酸（分子量＝441.40）の重量として示した.
3 通常の食品以外の食品に含まれる葉酸（狭義の葉酸）に適用する.
4 妊娠を計画している女性，妊娠の可能性がある女性及び妊娠初期の妊婦は，胎児の神経管閉鎖障害のリスク低減のために，通常の食品以外の食品に含まれる葉酸（狭義の葉酸）を400µg/日摂取することが望まれる.
5 葉酸の付加量は，中期及び後期にのみ設定した.

年齢等	パントテン酸(mg/日)		ビオチン(µg/日)		ビタミンC(mg/日)[1,2]					
	男性	女性	男性	女性	男性			女性		
	目安量	目安量	目安量	目安量	推定平均必要量	推奨量	目安量	推定平均必要量	推奨量	目安量
0~5（月）	4	4	4	4	—	—	40	—	—	40
6~11（月）	5	5	5	5	—	—	40	—	—	40
1~2（歳）	3	4	20	20	35	40	—	35	40	—
3~5（歳）	4	4	20	20	40	50	—	40	50	—
6~7（歳）	5	5	30	30	50	60	—	50	60	—
8~9（歳）	6	5	30	30	60	70	—	60	70	—
10~11（歳）	6	6	40	40	70	85	—	70	85	—
12~14（歳）	7	6	50	50	85	100	—	85	100	—
15~17（歳）	7	6	50	50	85	100	—	85	100	—
18~29（歳）	5	5	50	50	85	100	—	85	100	—
30~49（歳）	5	5	50	50	85	100	—	85	100	—
50~64（歳）	6	5	50	50	85	100	—	85	100	—
65~74（歳）	6	5	50	50	80	100	—	80	100	—
75以上（歳）	6	5	50	50	80	100	—	80	100	—
妊婦[3]		5		50				+10	+10	—
授乳婦[3]		6		50				+40	+45	—

1 L-アスコルビン酸（分子量＝176.12）の重量で示した.
2 特記事項：推定平均必要量は，ビタミンCの欠乏症である壊血病を予防するに足る最小量からではなく，心臓血管系の疾病予防効果及び抗酸化作用の観点から算定.
3 ビタミンCの妊婦，授乳婦の食事摂取基準は付加量.

付表7　ミネラルの食事摂取基準

年齢等	ナトリウム（mg/日）[（ ）は食塩相当量（g/日）][1] 男性 推定平均必要量	目安量	目標量	女性 推定平均必要量	目安量	目標量	カリウム（mg/日）男性 目安量	目標量	女性 目安量	目標量
0〜 5（月）	—	100（0.3）	—	—	100（0.3）	—	400	—	400	—
6〜11（月）	—	600（1.5）	—	—	600（1.5）	—	700	—	700	—
1〜 2（歳）	—	—	（3.0未満）	—	—	（3.0未満）	900	—	900	—
3〜 5（歳）	—	—	（3.5未満）	—	—	（3.5未満）	1,000	1,400以上	1,000	1,400以上
6〜 7（歳）	—	—	（4.5未満）	—	—	（4.5未満）	1,300	1,800以上	1,200	1,800以上
8〜 9（歳）	—	—	（5.0未満）	—	—	（5.0未満）	1,500	2,000以上	1,500	2,000以上
10〜11（歳）	—	—	（6.0未満）	—	—	（6.0未満）	1,800	2,200以上	1,800	2,000以上
12〜14（歳）	—	—	（7.0未満）	—	—	（6.5未満）	2,300	2,400以上	1,900	2,400以上
15〜17（歳）	—	—	（7.5未満）	—	—	（6.5未満）	2,700	3,000以上	2,000	2,600以上
18〜29（歳）	600（1.5）	—	（7.5未満）	600（1.5）	—	（6.5未満）	2,500	3,000以上	2,000	2,600以上
30〜49（歳）	600（1.5）	—	（7.5未満）	600（1.5）	—	（6.5未満）	2,500	3,000以上	2,000	2,600以上
50〜64（歳）	600（1.5）	—	（7.5未満）	600（1.5）	—	（6.5未満）	2,500	3,000以上	2,000	2,600以上
65〜74（歳）	600（1.5）	—	（7.5未満）	600（1.5）	—	（6.5未満）	2,500	3,000以上	2,000	2,600以上
75以上（歳）	600（1.5）	—	（7.5未満）	600（1.5）	—	（6.5未満）	2,500	3,000以上	2,000	2,600以上
妊　婦				600（1.5）	—	（6.5未満）			2,000	2,600以上
授乳婦				600（1.5）	—	（6.5未満）			2,200	2,600以上

[1] 高血圧及び慢性腎臓病（CKD）の重症化予防のための食塩相当量の量は，男女とも6.0 g/日未満とした.

年齢等	カルシウム（mg/日）男性 推定平均必要量	推奨量	目安量	耐容上限量	女性 推定平均必要量	推奨量	目安量	耐容上限量	マグネシウム（mg/日）男性 推定平均必要量	推奨量	目安量	耐容上限量[1]	女性 推定平均必要量	推奨量	目安量	耐容上限量[1]
0〜 5（月）	—	—	200	—	—	—	200	—	—	—	20	—	—	—	20	—
6〜11（月）	—	—	250	—	—	—	250	—	—	—	60	—	—	—	60	—
1〜 2（歳）	350	450	—	—	350	400	—	—	60	70	—	—	60	70	—	—
3〜 5（歳）	500	600	—	—	450	550	—	—	80	100	—	—	80	100	—	—
6〜 7（歳）	500	600	—	—	450	550	—	—	110	130	—	—	110	130	—	—
8〜 9（歳）	550	650	—	—	600	750	—	—	140	170	—	—	140	160	—	—
10〜11（歳）	600	700	—	—	600	750	—	—	180	210	—	—	180	220	—	—
12〜14（歳）	850	1,000	—	—	700	800	—	—	250	290	—	—	240	290	—	—
15〜17（歳）	650	800	—	—	550	650	—	—	300	360	—	—	260	310	—	—
18〜29（歳）	650	800	—	2,500	550	650	—	2,500	280	340	—	—	230	270	—	—
30〜49（歳）	600	750	—	2,500	550	650	—	2,500	310	370	—	—	240	290	—	—
50〜64（歳）	600	750	—	2,500	550	650	—	2,500	310	370	—	—	240	290	—	—
65〜74（歳）	600	750	—	2,500	550	650	—	2,500	290	350	—	—	230	280	—	—
75以上（歳）	600	700	—	2,500	500	600	—	2,500	270	320	—	—	220	260	—	—
妊　婦（付加量）					+0	+0	—	—					+30	+40	—	
授乳婦（付加量）					+0	+0	—	—					+0	+0	—	

[1] 通常の食品以外からの摂取量の耐容上限量は，成人の場合350 mg/日，小児では5 mg/kg体重/日とした．それ以外の通常の食品からの摂取の場合，耐容上限量は設定しない.

年齢等	リン（mg/日）男性 目安量	耐容上限量	女性 目安量	耐容上限量	鉄（mg/日）男性 推定平均必要量	推奨量	目安量	耐容上限量	女性 月経なし 推定平均必要量	推奨量	月経あり 推定平均必要量	推奨量	目安量	耐容上限量
0〜 5（月）	120	—	120	—	—	—	0.5	—	—	—	—	—	0.5	—
6〜11（月）	260	—	260	—	3.5	5.0	—	—	3.5	4.5	—	—	—	—
1〜 2（歳）	500	—	500	—	3.0	4.5	—	25	3.0	4.5	—	—	—	20
3〜 5（歳）	700	—	700	—	4.0	5.5	—	25	4.0	5.5	—	—	—	25
6〜 7（歳）	900	—	800	—	5.0	5.5	—	30	4.5	5.5	—	—	—	30
8〜 9（歳）	1,000	—	1,000	—	6.0	7.0	—	35	6.0	7.5	—	—	—	35
10〜11（歳）	1,100	—	1,000	—	7.0	8.5	—	35	7.0	8.5	10.0	12.0	—	35
12〜14（歳）	1,200	—	1,000	—	8.0	10.0	—	40	7.0	8.5	10.0	12.0	—	40
15〜17（歳）	1,200	—	900	—	8.0	10.0	—	50	5.5	7.0	8.5	10.5	—	40
18〜29（歳）	1,000	3,000	800	3,000	6.5	7.5	—	50	5.5	6.5	8.5	10.5	—	40
30〜49（歳）	1,000	3,000	800	3,000	6.5	7.5	—	50	5.5	6.5	9.0	10.5	—	40
50〜64（歳）	1,000	3,000	800	3,000	6.5	7.5	—	50	5.5	6.5	9.0	11.0	—	40
65〜74（歳）	1,000	3,000	800	3,000	6.0	7.5	—	50	5.0	6.0	—	—	—	40
75以上（歳）	1,000	3,000	800	3,000	6.0	7.0	—	50	5.0	6.0	—	—	—	40
妊婦[1]　初期			800	—					+2.0	+2.5	—	—	—	—
中期・後期			800	—					+8.0	+9.5	—	—	—	—
授乳婦[1]			800	—					+2.0	+2.5	—	—	—	—

[1] 鉄の妊婦，授乳婦の食事摂取基準は付加量.

付表7 つづき

亜鉛（mg/日）・銅（mg/日）・マンガン（mg/日）

年齢等	亜鉛 男性 推定平均必要量	推奨量	目安量	耐容上限量	亜鉛 女性 推定平均必要量	推奨量	目安量	耐容上限量	銅 男性 推定平均必要量	推奨量	目安量	耐容上限量	銅 女性 推定平均必要量	推奨量	目安量	耐容上限量	マンガン 男性 目安量	耐容上限量	マンガン 女性 目安量	耐容上限量
0〜 5 （月）	—	—	2	—	—	—	2	—	—	—	0.3	—	—	—	0.3	—	0.01	—	0.01	—
6〜11 （月）	—	—	3	—	—	—	3	—	—	—	0.3	—	—	—	0.3	—	0.5	—	0.5	—
1〜 2 （歳）	3	3	—	—	2	3	—	—	0.3	0.3	—	—	0.2	0.3	—	—	1.5	—	1.5	—
3〜 5 （歳）	3	4	—	—	3	3	—	—	0.3	0.4	—	—	0.3	0.3	—	—	1.5	—	1.5	—
6〜 7 （歳）	4	5	—	—	3	4	—	—	0.4	0.4	—	—	0.4	0.4	—	—	2.0	—	2.0	—
8〜 9 （歳）	5	6	—	—	4	5	—	—	0.4	0.5	—	—	0.4	0.5	—	—	2.5	—	2.5	—
10〜11 （歳）	6	7	—	—	5	6	—	—	0.5	0.6	—	—	0.5	0.6	—	—	3.0	—	3.0	—
12〜14 （歳）	9	10	—	—	7	8	—	—	0.7	0.8	—	—	0.6	0.8	—	—	4.0	—	4.0	—
15〜17 （歳）	10	12	—	—	7	8	—	—	0.8	0.9	—	—	0.6	0.7	—	—	4.5	—	3.5	—
18〜29 （歳）	9	11	—	40	7	8	—	35	0.7	0.9	—	7	0.6	0.7	—	7	4.0	11	3.5	11
30〜49 （歳）	9	11	—	45	7	8	—	35	0.7	0.9	—	7	0.6	0.7	—	7	4.0	11	3.5	11
50〜64 （歳）	9	11	—	45	7	8	—	35	0.7	0.9	—	7	0.6	0.7	—	7	4.0	11	3.5	11
65〜74 （歳）	9	11	—	40	7	8	—	35	0.7	0.9	—	7	0.6	0.7	—	7	4.0	11	3.5	11
75 以上 （歳）	9	10	—	40	6	8	—	30	0.7	0.8	—	7	0.6	0.7	—	7	4.0	11	3.5	11
妊 婦[1]					+1	+2	—	—					+0.1	+0.1	—	—			3.5	—
授乳婦[1]					+3	+4	—	—					+0.5	+0.6	—	—			3.5	—

[1] 亜鉛，銅の妊婦，授乳婦の食事摂取基準は付加量．

ヨウ素（μg/日）・セレン（μg/日）

年齢等	ヨウ素 男性 推定平均必要量	推奨量	目安量	耐容上限量	ヨウ素 女性 推定平均必要量	推奨量	目安量	耐容上限量	セレン 男性 推定平均必要量	推奨量	目安量	耐容上限量	セレン 女性 推定平均必要量	推奨量	目安量	耐容上限量
0〜 5 （月）	—	—	100	250	—	—	100	250	—	—	15	—	—	—	15	—
6〜11 （月）	—	—	130	250	—	—	130	250	—	—	15	—	—	—	15	—
1〜 2 （歳）	35	50	—	300	35	50	—	300	10	10	—	100	10	10	—	100
3〜 5 （歳）	45	60	—	400	45	60	—	400	10	15	—	100	10	10	—	100
6〜 7 （歳）	55	75	—	550	55	75	—	550	15	15	—	150	15	15	—	150
8〜 9 （歳）	65	90	—	700	65	90	—	700	15	20	—	200	15	20	—	200
10〜11 （歳）	80	110	—	900	80	110	—	900	20	25	—	250	20	25	—	250
12〜14 （歳）	95	140	—	2,000	95	140	—	2,000	25	30	—	350	25	30	—	300
15〜17 （歳）	100	140	—	3,000	100	140	—	3,000	30	35	—	400	20	25	—	350
18〜29 （歳）	95	130	—	3,000	95	130	—	3,000	25	30	—	450	20	25	—	350
30〜49 （歳）	95	130	—	3,000	95	130	—	3,000	25	30	—	450	20	25	—	350
50〜64 （歳）	95	130	—	3,000	95	130	—	3,000	25	30	—	450	20	25	—	350
65〜74 （歳）	95	130	—	3,000	95	130	—	3,000	25	30	—	450	20	25	—	350
75 以上 （歳）	95	130	—	3,000	95	130	—	3,000	25	30	—	400	20	25	—	350
妊 婦（付加量）					+75	+110	—	2,000					+5	+5	—	—
授乳婦（付加量）					+100	+140	—	2,000					+15	+20	—	—

クロム（μg/日）・モリブデン（μg/日）

年齢等	クロム 男性 目安量	耐容上限量	クロム 女性 目安量	耐容上限量	モリブデン 男性 推定平均必要量	推奨量	目安量	耐容上限量	モリブデン 女性 推定平均必要量	推奨量	目安量	耐容上限量
0〜 5 （月）	0.8	—	0.8	—	—	—	2	—	—	—	2	—
6〜11 （月）	1.0	—	1.0	—	—	—	5	—	—	—	5	—
1〜 2 （歳）	—	—	—	—	10	10	—	—	10	10	—	—
3〜 5 （歳）	—	—	—	—	10	10	—	—	10	10	—	—
6〜 7 （歳）	—	—	—	—	10	15	—	—	10	15	—	—
8〜 9 （歳）	—	—	—	—	15	20	—	—	15	15	—	—
10〜11 （歳）	—	—	—	—	15	20	—	—	15	20	—	—
12〜14 （歳）	—	—	—	—	20	25	—	—	20	25	—	—
15〜17 （歳）	—	—	—	—	25	30	—	—	20	25	—	—
18〜29 （歳）	10	500	10	500	20	30	—	600	20	25	—	500
30〜49 （歳）	10	500	10	500	25	30	—	600	20	25	—	500
50〜64 （歳）	10	500	10	500	25	30	—	600	20	25	—	500
65〜74 （歳）	10	500	10	500	20	30	—	600	20	25	—	500
75 以上 （歳）	10	500	10	500	20	25	—	600	20	25	—	500
妊 婦[1]			10	—					+0	+0	—	—
授乳婦[1]			10	—					+3	+3	—	—

[1] モリブデンの妊婦，授乳婦の食事摂取基準は付加量．

（平成17年6月17日法律第63号
最終改正：平成27年9月11日法律第66号）

前　文

　21世紀における我が国の発展のためには，子どもたちが健全な心と身体を培い，未来や国際社会に向かって羽ばたくことができるようにするとともに，すべての国民が心身の健康を確保し，生涯にわたって生き生きと暮らすことができるようにすることが大切である．

　子どもたちが豊かな人間性をはぐくみ，生きる力を身に付けていくためには，何よりも「食」が重要である．今，改めて，食育を，生きる上での基本であって，知育，徳育及び体育の基礎となるべきものと位置付けるとともに，様々な経験を通じて「食」に関する知識と「食」を選択する力を習得し，健全な食生活を実践することができる人間を育てる食育を推進することが求められている．もとより，食育はあらゆる世代の国民に必要なものであるが，子どもたちに対する食育は，心身の成長及び人格の形成に大きな影響を及ぼし，生涯にわたって健全な心と身体を培い豊かな人間性をはぐくんでいく基礎となるものである．

（中略）

第1章　総則
　　（目的）
第1条　この法律は，近年における国民の食生活をめぐる環境の変化に伴い，国民が生涯にわたって健全な心身を培い，豊かな人間性をはぐくむための食育を推進することが緊要な課題となっていることにかんがみ，食育に関し，基本理念を定め，及び国，地方公共団体等の責務を明らかにするとともに，食育に関する施策の基本となる事項を定めることにより，食育に関する施策を総合的かつ計画的に推進し，もって現在及び将来にわたる健康で文化的な国民の生活と豊かで活力ある社会の実現に寄与することを目的とする．
　　（国民の心身の健康の増進と豊かな人間形成）
第2条　食育は，食に関する適切な判断力を養い，生涯にわたって健全な食生活を実現することにより，国民の心身の健康の増進と豊かな人間形成に資することを旨として，行われなければならない．
　　（食に関する感謝の念と理解）
第3条　食育の推進に当たっては，国民の食生活

が，自然の恩恵の上に成り立っており，また，食に関わる人々の様々な活動に支えられていることについて，感謝の念や理解が深まるよう配慮されなければならない．
　　（食育推進運動の展開）
第4条　食育を推進するための活動は，国民，民間団体等の自発的意思を尊重し，地域の特性に配慮し，地域住民その他の社会を構成する多様な主体の参加と協力を得るものとするとともに，その連携を図りつつ，あまねく全国において展開されなければならない．
　　（子どもの食育における保護者，教育関係者等の役割）
第5条　食育は，父母その他の保護者にあっては，家庭が食育において重要な役割を有していることを認識するとともに，子どもの教育，保育等を行う者にあっては，教育，保育等における食育の重要性を十分自覚し，積極的に子どもの食育の推進に関する活動に取り組むこととなるよう，行われなければならない．
　　（食に関する体験活動と食育推進活動の実践）
第6条　食育は，広く国民が家庭，学校，保育所，地域その他のあらゆる機会とあらゆる場所を利用して，食料の生産から消費等に至るまでの食に関する様々な体験活動を行うとともに，自ら食育の推進のための活動を実践することにより，食に関する理解を深めることを旨として，行われなければならない．
　　（教育関係者等及び農林漁業者等の責務）
第11条　教育並びに保育，介護その他の社会福祉，医療及び保健（以下「教育等」という．）に関する職務に従事する者並びに教育等に関する関係機関及び関係団体（以下「教育関係者等」という．）は，食に関する関心及び理解の増進に果たすべき重要な役割にかんがみ，基本理念にのっとり，あらゆる機会とあらゆる場所を利用して，積極的に食育を推進するよう努めるとともに，他の者の行う食育の推進に関する活動に協力するよう努めるものとする．

第2章　食育推進基本計画等
　　（食育推進基本計画）
第16条　食育推進会議は，食育の推進に関する

施策の総合的かつ計画的な推進を図るため，食育推進基本計画を作成するものとする．

2　食育推進基本計画は，次に掲げる事項について定めるものとする．

　1　食育の推進に関する施策についての基本的な方針

　2　食育の推進の目標に関する事項

　3　国民等の行う自発的な食育推進活動等の総合的な促進に関する事項

　4　前3号に掲げるもののほか，食育の推進に関する施策を総合的かつ計画的に推進するために必要な事項

第3章　基本的施策

　（家庭における食育の推進）

第19条　国及び地方公共団体は，父母その他の保護者及び子どもの食に対する関心及び理解を深め，健全な食習慣の確立に資するよう，親子で参加する料理教室その他の食事についての望ましい習慣を学びながら食を楽しむ機会の提供，健康美に関する知識の啓発その他の適切な栄養管理に関する知識の普及及び情報の提供，妊産婦に対する栄養指導又は乳幼児をはじめとする子どもを対象とする発達段階に応じた栄養指導その他の家庭における食育の推進を支援するために必要な施策を講ずるものとする．

　（学校，保育所等における食育の推進）

第20条　国及び地方公共団体は，学校，保育所等において魅力ある食育の推進に関する活動を効果的に促進することにより子どもの健全な食生活の実現及び健全な心身の成長が図られるよう，学校，保育所等における食育の推進のための指針の作成に関する支援，食育の指導にふさわしい教職員の設置及び指導的立場にある者の食育の推進において果たすべき役割についての意識の啓発その他の食育に関する指導体制の整備，学校，保育所等又は地域の特色を生かした学校給食等の実施，教育の一環として行われる農場等における実習，食品の調理，食品廃棄物

の再生利用等様々な体験活動を通じた子どもの食に関する理解の促進，過度の痩身又は肥満の心身の健康に及ぼす影響等についての知識の啓発その他必要な施策を講ずるものとする．

　（地域における食生活の改善のための取組の推進）

第21条　国及び地方公共団体は，地域において，栄養，食習慣，食料の消費等に関する食生活の改善を推進し，生活習慣病を予防して健康を増進するため，健全な食生活に関する指針の策定及び普及啓発，地域における食育の推進に関する専門的知識を有する者の養成及び資質の向上並びにその活用，保健所，市町村保健センター，医療機関等における食育に関する普及及び啓発活動の推進，医学教育等における食育に関する指導の充実，食品関連事業者等が行う食育の推進のための活動への支援等必要な施策を講ずるものとする．

　（食育推進運動の展開）

第22条　国及び地方公共団体は，国民，教育関係者等，農林漁業者等，食品関連事業者等その他の事業者若しくはその組織する団体又は消費生活の安定及び向上等のための活動を行う民間の団体が自発的に行う食育の推進に関する活動が，地域の特性を生かしつつ，相互に緊密な連携協力を図りながらあまねく全国において展開されるようにするとともに，関係者相互間の情報及び意見の交換が促進されるよう，食育の推進に関する普及啓発を図るための行事の実施，重点的かつ効果的に食育の推進に関する活動を推進するための期間の指定その他必要な施策を講ずるものとする．

2　国及び地方公共団体は，食育の推進に当たっては，食生活の改善のための活動その他の食育の推進に関する活動に携わるボランティアが果たしている役割の重要性にかんがみ，これらのボランティアとの連携協力を図りながら，その活動の充実が図られるよう必要な施策を講ずるものとする．

資料3 第4次食育推進基本計画における食育の推進に当たっての目標

内　容	現状値	目標値
1　食育に関心を持っている国民を増やす	83.2%	90%以上
2　朝食又は夕食を家族と一緒に食べる「共食」の回数	週9.6回	週11回以上
3　地域等で共食したいと思う人が共食する割合	70.7%	75%以上
4　朝食を欠食する子供の割合	4.6%*	0%
5　朝食を欠食する若い世代の割合	21.5%	15%以下
6　栄養教諭による地場産物に係る食に関する指導の平均取組回数	月9.1回*	月12回以上
7　学校給食における地場産物を使用する割合（金額ベース）を現状値（令和元年度）から維持・向上した都道府県の割合	―	90%以上
8　学校給食における国産食材を使用する割合（金額ベース）を現状値（令和元年度）から維持・向上した都道府県の割合	―	90%以上
9　主食・主菜・副菜を組み合わせた食事を1日2回以上ほぼ毎日食べている国民の割合	36.4%	50%以上
10　主食・主菜・副菜を組み合わせた食事を1日2回以上ほぼ毎日食べている若い世代の割合	27.4%	40%以上
11　1日あたりの食塩摂取量の平均値	10.1g*	8g以下
12　1日あたりの野菜摂取量の平均値	280.5g*	350g以上
13　1日あたりの果物摂取量100g未満の者の割合	61.6%*	30%以下
14　生活習慣病の予防や改善のために，ふだんから適正体重の維持や減塩等に気をつけた食生活を実践する国民の割合	64.3%	75%以上
15　ゆっくりよく噛んで食べる国民の割合	47.3%	55%以上
16　食育の推進に関わるボランティア団体等において活動している国民の数	36.2万人*	37万人以上
17　農林漁業体験を経験した国民（世帯）の割合	65.7%	70%以上
18　産地や生産者を意識して農林水産物・食品を選ぶ国民の割合	73.5%	80%以上
19　環境に配慮した農林水産物・食品を選ぶ国民の割合	67.1%	75%以上
20　食品ロス削減のために何らかの行動をしている国民の割合	76.5%*	80%以上
21　地域や家庭で受け継がれてきた伝統的な料理や作法等を継承し，伝えている国民の割合	50.4%	55%以上
22　郷土料理や伝統料理を月1回以上食べている国民の割合	44.6%	50%以上
23　食品の安全性について基礎的な知識を持ち，自ら判断する国民の割合	75.2%	80%以上
24　推進計画を作成・実施している市町村の割合	87.5%*	100%

（現状値：2020年度〈＊は2019年度〉，目標値：2025年度）　　　　　　　　　　　　　　　（農林水産省，2021）

資料4　食育のねらいおよび内容

	ねらい	内　容	配慮事項
6か月未満児	①お腹がすき，乳（母乳・ミルク）を飲みたい時，飲みたいだけゆったりと飲む． ②安定した人間関係の中で，乳を吸い，心地よい生活を送る．	①よく遊び，よく眠る． ②お腹がすいたら，泣く． ③保育士にゆったり抱かれて，乳（母乳・ミルク）を飲む． ④授乳してくれる人に関心を持つ．	①一人一人の子どもの安定した生活のリズムを大切にしながら，心と体の発達を促すよう配慮すること． ②お腹がすき，泣くことが生きていくことの欲求の表出につながることを踏まえ，食欲を育むよう配慮すること． ③一人一人の子どもの発育・発達状態を適切に把握し，家庭と連携をとりながら，個人差に配慮すること． ④母乳育児を希望する保護者のために冷凍母乳による栄養法などの配慮を行う．冷凍母乳による授乳を行うときには，十分に清潔で衛生的に処置をすること． ⑤食欲と人間関係が密接な関係にあることを踏まえ，愛情豊かな特定の大人との継続的で応答的な授乳中のかかわりが，子どもの人間への信頼，愛情の基盤となるように配慮すること．
6か月〜1歳3か月未満児	①お腹がすき，乳を吸い，離乳食を喜んで食べ，心地よい生活を味わう． ②いろいろな食べものを見る，触る，味わう経験を通して自分で進んで食べようとする．	①よく遊び，よく眠り，満足するまで乳を吸う． ②お腹がすいたら，泣く，または，喃語によって，乳や食べものを催促する． ③いろいろな食べものに関心を持ち，自分で進んで食べものを持って食べようとする． ④ゆったりとした雰囲気の中で，食べさせてくれる人に関心を持つ．	①一人一人の子どもの安定した生活のリズムを大切にしながら，心と体の発達を促すよう配慮すること． ②お腹がすき，乳や食べものを催促することが生きていくことの欲求の表出につながることを踏まえ，いろいろな食べものに接して楽しむ機会を持ち，食欲を育むよう配慮すること． ③一人一人の子どもの発育・発達状態を適切に把握し，家庭と連携をとりながら，個人差に配慮すること． ④子どもの咀嚼や嚥下機能の発達に応じて，食品の種類，量，大きさ，固さなどの調理形態に配慮すること． ⑤食欲と人間関係が密接な関係にあることを踏まえ，愛情豊かな特定の大人との継続的で応答的な授乳及び食事でのかかわりが，子どもの人間への信頼，愛情の基盤となるように配慮すること．
1歳3か月〜2歳未満児	①お腹がすき，食事を喜んで食べ，心地よい生活を味わう． ②いろいろな食べものを見る，触る，噛んで味わう経験を通して自分で進んで食べようとする．	①よく遊び，よく眠り，食事を楽しむ． ②いろいろな食べものに関心を持ち，手づかみ，または，スプーン，フォークなどを使って自分から意欲的に食べようとする． ③食事の前後や汚れたときは，顔や手を拭き，きれいになった快さを感じる． ④楽しい雰囲気の中で，一緒に食べる人に関心を持つ．	①一人一人の子どもの安定した生活のリズムを大切にしながら，心と体の発達を促すよう配慮すること． ②子どもが食べものに興味を持って自ら意欲的に食べようとする姿を受けとめ，自立心の芽生えを尊重すること． ③食事のときには，一緒に噛むまねをして見せたりして，噛むことの大切さが身につくように配慮すること．また，少しずついろいろな食べ物に接することができるよう配慮すること． ④子どもの咀嚼や嚥下機能の発達に応じて，食品の種類，量，大きさ，固さなどの調理形態に配慮すること． ⑤清潔の習慣については，子どもの食べる意欲を損なわぬよう，一人一人の状態に応じてかかわること． ⑥子どもが一緒に食べたい人を見つけ，選ぼうとする姿を受けとめ，人への関心の広がりに配慮すること．
2歳児	①いろいろな種類の食べ物や料理を味わう． ②食生活に必要な基本的な習慣や態度に関心を持つ． ③保育士を仲立ちとして，友達とともに食事を進め，一緒に食べる楽しさを味わう．	①よく遊び，よく眠り，食事を楽しむ． ②食べものに関心を持ち，自分で進んでスプーン，フォーク，箸などを使って食べようとする． ③いろいろな食べものを進んで食べる． ④保育士の手助けによって，うがい，手洗いなど，身の回りを清潔にし，食生活に必要な活動を自分でする． ⑤身近な動植物をはじめ，自然事象をよく見たり，触れたりする． ⑥保育士を仲立ちとして，友達とともに食事を進めることの喜びを味わう． ⑦楽しい雰囲気の中で，一緒に食べる人，調理をする人に関心を持つ．	①一人一人の子どもの安定した生活のリズムを大切にしながら，心と体の発達を促すよう配慮すること． ②食べものに興味を持ち，自主的に食べようとする姿を尊重すること．また，いろいろな食べものに接することができるよう配慮すること． ③食事においては個人差に応じて，食品の種類，量，大きさ，固さなどの調理形態に配慮すること． ④清潔の習慣については，一人一人の状態に応じてかかわること． ⑤自然や身近な事物などへの触れ合いにおいては，安全や衛生面に留意する．また，保育士がまず親しみや愛情を持ってかかわるようにして，子どもが自らしてみようと思う気持ちを大切にすること． ⑥子どもが一緒に食べたい人を見つけ，選ぼうとする姿を受けとめ，人への関心の広がりに配慮すること．また，子ども同士のいざこざも多くなるので，保育士はお互いの気持ちを受容し，他の子どもとのかかわり方を知らせていく． ⑦友達や大人とテーブルを囲んで，食事をすすめる雰囲気づくりに配慮すること．また，楽しい食事のすすめ方を気づかせていく．

	ねらい	内　容	配慮事項
3歳以上児	「食と健康」 ①できるだけ多くの種類の食べものや料理を味わう. ②自分の体に必要な食品の種類や働きに気づき，栄養バランスを考慮した食事をとろうとする. ③健康，安全など食生活に必要な基本的な習慣や態度を身につける.	①好きな食べものをおいしく食べる. ②様々な食べものを進んで食べる. ③慣れない食べものや嫌いな食べものにも挑戦する. ④自分の健康に関心を持ち，必要な食品を進んでとろうとする. ⑤健康と食べものの関係について関心を持つ. ⑥健康な生活リズムを身につける. ⑦うがい，手洗いなど，身の回りを清潔にし，食生活に必要な活動を自分でする. ⑧保育所生活における食事の仕方を知り，自分たちで場を整える. ⑨食事の際には，安全に気をつけて行動する.	①食事と心身の健康とが，相互に密接な関連があるものであることを踏まえ，子どもが保育士や他の子どもとの暖かな触れ合いの中で楽しい食事をすることが，しなやかな心と体の発達を促すよう配慮すること. ②食欲が調理法の工夫だけでなく，生活全体の充実によって増進されることを踏まえ，食事はもちろんのこと，子どもが遊びや睡眠，排泄などの諸活動をバランスよく展開し，食欲を育むよう配慮すること. ③健康と食べものの関係について関心を促すに当たっては，子どもの興味・関心を踏まえ，全職員が連携のもと，子どもの発達に応じた内容に配慮すること. ④食習慣の形成に当たっては，子どもの自立心を育て，子どもが他の子どもとかかわりながら，主体的な活動を展開する中で，食生活に必要な習慣を身につけるように配慮すること.
	「食と人間関係」 ①自分で食事ができること，身近な人と一緒に食べる楽しさを味わう. ②様々な人々との会食を通して，愛情や信頼感を持つ. ③食事に必要な基本的な習慣や態度を身につける.	①身近な大人や友達とともに，食事をする喜びを味わう. ②同じ料理を食べたり，分け合って食事することを喜ぶ. ③食生活に必要なことを，友達とともに協力して進める. ④食の場を共有する中で，友達との関わりを深め，思いやりを持つ. ⑤調理をしている人に関心を持ち，感謝の気持ちを持つ. ⑥地域のお年寄りや外国の人など様々な人々と食事を共にする中で，親しみを持つ. ⑦楽しく食事をするために，必要なきまりに気づき，守ろうとする.	①大人との信頼関係に支えられて自分自身の生活を確立していくことが人とかかわる基盤となることを考慮し，子どもと共に食事をする機会を大切にする. また，子どもが他者と食事を共にする中で，多様な感情を体験し，試行錯誤しながら自分の力で行うことの充実感を味わうことができるよう，子どもの行動を見守りながら適切な援助を行うように配慮すること. ②食に関する主体的な活動は，他の子どもとのかかわりの中で深まり，豊かになるものであることを踏まえ，食を通して，一人一人を生かした集団を形成しながら，人とかかわる力を育てていくように配慮する. また，子どもたちと話し合いながら，自分たちのきまりを考え，それを守ろうとすることが，楽しい食事につながっていくことを大切にすること. ③思いやりの気持ちを培うに当たっては，子どもが他の子どもとのかかわりの中で他者の存在に気付き，相手を尊重する気持ちを持って行動できるようにする. 特に，葛藤やつまずきの体験を重視し，それらを乗り越えることにより，次第に芽生える姿を大切にすること. ④子どもの食生活と関係の深い人々と触れ合い，自分の感情や意志を表現しながら共に食を楽しみ，共感し合う体験を通して，高齢者をはじめ地域，外国の人々などと親しみを持ち，人とかかわることの楽しさや人の役に立つ喜びを味わうことができるようにする. また，生活を通して親を大切にしようとする気持ちが育つようにすること.

	ねらい	内　容	配慮事項
3歳以上児	「食と文化」 ①いろいろな料理に出会い，発見を楽しんだり，考えたりし，様々な文化に気づく． ②地域で培われた食文化を体験し，郷土への関心を持つ． ③食習慣，マナーを身につける．	①食材にも旬があることを知り，季節感を感じる． ②地域の産物を生かした料理を味わい，郷土への親しみを持つ． ③様々な伝統的な日本特有の食事を体験する． ④外国の人々など，自分と異なる食文化に興味や関心を持つ． ⑤伝統的な食品加工に出会い，味わう． ⑥食事にあった食具（スプーンや箸など）の使い方を身につける． ⑦挨拶や姿勢など，気持ちよく食事をするためのマナーを身につける．	①子どもが，生活の中で様々な食文化とかかわり，次第に周囲の世界に好奇心を抱き，その文化に関心を持ち，自分なりに受け止めることができるようになる過程を大切にすること． ②地域・郷土の食文化などに関しては，日常と非日常いわゆる「ケとハレ」のバランスを踏まえ，子ども自身が季節の恵み，旬を実感することを通して，文化の伝え手となれるよう配慮すること． ③様々な文化があることを踏まえ，子どもの人権に十分配慮するとともに，その文化の違いを認め，互いに尊重する心を育てるよう配慮する．また，必要に応じて一人一人に応じた食事内容を工夫するようにすること． ④文化に見合った習慣やマナーの形成に当たっては，子どもの自立心を育て，子どもが積極的にその文化にかかわろうとする中で身につけるように配慮すること．
	「いのちの育ちと食」 ①自然の恵みと働くことの大切さを知り，感謝の気持ちを持って食事を味わう． ②栽培，飼育，食事などを通して身近な存在に親しみを持ち，すべてのいのちを大切にする心を持つ． ③身近な自然にかかわり，世話をしたりする中で，料理との関係を考え，食材に対する感覚を豊かにする．	①身近な動植物に関心を持つ． ②動植物に触れ合うことで，いのちの美しさ，不思議さなどに気づく． ③自分たちで野菜を育てる． ④収穫の時期に気づく． ⑤自分たちで育てた野菜を食べる． ⑥小動物を飼い，世話をする． ⑦卵や乳など，身近な動物からの恵みに，感謝の気持ちを持つ． ⑧食べ物を皆で分け，食べる喜びを味わう．	①幼児期において自然のもつ意味は大きく，その美しさ，不思議さ，恵みなどに直接触れる体験を通して，いのちの大切さに気づくことを踏まえ，子どもが自然とのかかわりを深めることができるよう工夫すること． ②身近な動植物に対する感動を伝え合い，共感し合うことなどを通して自らかかわろうとする意欲を育てるとともに，様々なかかわり方を通してそれらに対する親しみ，いのちを育む自然の摂理の偉大さに畏敬の念を持ち，いのちを大切にする気持ちなどが養われるようにすること． ③飼育・栽培に関しては，日常生活の中で子ども自身が生活の一部として捉え，体験できるように環境を整えること．また，大人の仕事の意味が分かり，手伝いなどを通して，子どもが積極的に取り組めるように配慮すること． ④身近な動植物，また飼育・栽培物の中から保健・安全に留意しつつ，食材につながるものを選び，積極的に食する体験を通して，自然と食事，いのちと食事のつながりに気づくように配慮すること． ⑤小動物の飼育に当たってはアレルギー症状などを悪化させないように十分な配慮をすること．
	「料理と食」 ①身近な食材を使って，調理を楽しむ． ②食事の準備から後片付けまでの食事づくりに自らかかわり，味や盛りつけなどを考えたり，それを生活に取り入れようとする． ③食事にふさわしい環境を考えて，ゆとりある落ち着いた雰囲気で食事をする．	①身近な大人の調理を見る． ②食事づくりの過程の中で，大人の援助を受けながら，自分でできることを増やす． ③食べたいものを考える． ④食材の色，形，香りなどに興味を持つ． ⑤調理器具の使い方を学び，安全で衛生的な使用法を身につける． ⑥身近な大人や友達と協力し合って，調理することを楽しむ． ⑦おいしそうな盛り付けを考える． ⑧食事が楽しくなるような雰囲気を考え，おいしく食べる．	①自ら調理し，食べる体験を通して，食欲や主体性が育まれることを踏まえ，子どもが食事づくりに取り組むことができるように工夫すること． ②一人一人の子どもの興味や自発性を大切にし，自ら調理しようとする意欲を育てるとともに，様々な料理を通して素材に目を向け，素材への関心などが養われるようにすること． ③安全・衛生面に配慮しながら，扱いやすい食材，調理器具などを日常的に用意し，子どもの興味・関心に応じて子どもが自分で調理することができるように配慮すること．そのため，保育所の全職員が連携し，栄養士や調理員が食事をつくる場面を見たり，手伝う機会を大切にすること．

（厚生労働省：保育所における食育に関する指針，2004）

発達過程	おおむね6か月〜1歳3か月未満	おおむね1歳3か月〜2歳未満	おおむね2歳	おおむね3歳
	●年度　食育指導計画			

●年度　食育指導計画

発達過程	おおむね6か月〜1歳3か月未満	おおむね1歳3か月〜2歳未満	おおむね2歳	おおむね3歳
ねらい	○お腹がすき，乳を吸い，離乳食を喜んで食べ，心地よい生活を味わう ○いろいろな食べ物を見る，触る，味わう経験を通して自分で進んで食べようとする	○お腹がすき，食事を喜んで食べ，心地よい生活を味わう ○いろいろな食べ物を見る，触る，噛んで味わう経験を通して自分で進んで食べようとする	○いろいろな種類の食べ物や料理を味わう ○食生活に必要な基本的な習慣や態度に関心を持つ ○保育士を仲立ちとして，友達とともに食事を進め，一緒に食べる楽しさを味わう	○できるだけ多くの種類の食べ物や料理を味わう ○自分で食事ができること，身近な人と一緒に食べる楽しさを味わう ○食事に必要な基本的な習慣や態度を身につける ○調理に関心を持ち，簡単な調理を楽しむ ○身近な食材を使って，食べ物の味の違いを知る ○大人と一緒に食事をし，会話を通していろいろなことを学ぶ ○食べ物は口から食べた後，どうなるのか興味を持つ
内容	○よく遊び，よく眠り，満足するまで乳を吸う ○お腹がすいたら，泣く，または，喃語によって，乳や食べ物を催促する ○いろいろな食べ物に関心を持ち，自分で進んで食べ物を持って食べようとする ○ゆったりとした雰囲気の中で，食べさせてくれる人に関心を持つ	○よく遊び，よく眠り，食事を楽しむ ○いろいろな食べ物に関心を持ち，手づかみ，または，スプーンなどを使って自分から意欲的にたべようとする ○食事の前後や汚れたときは，顔や手を拭き，きれいになった快さを感じる ○楽しい雰囲気の中で，一緒に食べる人に関心を持つ	○よく遊び，よく眠り，食事を楽しむ ○食べ物に関心を持ち，自分で進んでスプーンなどを使って食べようとする ○保育士の手助けによって，うがい，手洗いなど，身の回りを清潔にし，食生活に必要な活動を自分でする ○楽しい雰囲気の中で，一緒に食べる人，調理をする人に関心を持つ ○いろいろな食べ物を進んで食べる ○身近な動植物をはじめ，自然現象をよく見たり，触れたりする ○保育士を仲立ちとして，友だちとともに食事を進めることの喜びを味わう	○好きな食べ物をおいしく食べる ○さまざまな食べ物を進んで食べる ○健康な生活リズムを身につける ○身近な大人や友達とともに，食事をする喜びを味わう ○同じ料理を食べたり，分け合って食事することを喜ぶ ○身近な動植物に関心を持つ ○食習慣の基本を身につける ○よく噛んでしっかり飲み込むようにする ○食べ物と便との関係に興味と関心を持つ
配慮事項	○お腹がすき，乳や食べものを催促することが生きていくことの欲求の表出につながることを踏まえ，いろいろな食べ物に接する機会を持ち，食欲を育むようにする ○子どもの咀嚼や嚥下機能の発達に応じて，食品の種類，量，大きさ，固さなどの調理形態に配慮する ○一人ひとりの子どもの発達・発育状態を適切に把握し，家庭と連携をとりながら，個人差に配慮する ○食欲と人間関係が密接にあることを踏まえ，愛情豊かな特定の大人との継続的で応答的な授乳及び食事での関わりが子どもの人間への信頼，愛情の基盤となるよう配慮する	○子どもが食べ物に興味を持って自ら意欲的に食べようとする姿を受け止め，自立心の芽生えを尊重する ○食事のときには，一緒に噛むまねをして見せたりして，噛むことの大切さが身につくように配慮する．また，少しずついろいろなものに接することができるよう配慮すること ○子どもが一緒に食べたい人を見つけ，選ぼうとする姿を受け止め，人への関心の広がりに配慮する ○清潔の習慣については，子どもの食べる意欲を損なわぬよう，一人ひとりの状態に応じて関わること	○食べ物に興味を持ち自主的に食べようとする姿を尊重する．また，いろいろな食べ物に接することができるようにする ○自然や身近な事物などへの触れ合いにおいては，安全や衛生面に留意する．また，保育士がまず親しみや愛情を持って関わるようにして，子どもが自らしてみようと思う気持ちを大切にする ○子どもが一緒に食べたい人を見つけ，選ぼうとする姿を受け止め，人への関心の広がりに配慮すること．また，子ども同士のいざこざも多くなるので，保育士はお互いの気持ちを受容し，他の子どもとの関わり方を知らせていく ○友達や大人とテーブルを囲んで，食事をすすめる雰囲気作りに配慮すること．また，楽しい食事のすすめ方を気づかせていく	○子どもが，遊びや睡眠，排泄などの諸活動をバランスよく展開し，食欲を育むよう配慮する ○身近な動植物，また飼育・栽培物の中から保健・安全面に留意しつつ，食材につながるものを選び，積極的に食する体験を通して，自然と食事のつながりに気づくように配慮する ○食前，食後のあいさつをし，食前には手洗いをする ○食具が上手に使え，よく噛んで食べるなどの基礎的な食習慣を身につけるように働きかける

食育目標	楽しく食べる元気な子	
おおむね 4歳	おおむね 5歳	おおむね 6歳
○健康，安全など食生活に必要な基本的な習慣や態度を身につける ○さまざまな人々との会食を通して愛情や信頼感を持つ ○栽培，飼育，食事などを通して，身近な存在に親しみを持ち，すべてのいのちを大切にする心を持つ ○調理に積極的に関わりを持つ ○さまざまな伝統的な日本特有の食事を体験する	○いろいろな料理に出会い，発見を楽しんだり，考えたりし，さまざまな文化に気づく ○健康と食べ物の関係に気づく ○食習慣，マナーを身につける ○自然の恵みと働くことの大切さを知り，感謝の気持ちを持って食事を味わう ○食事の準備から後片付けまでの食事作りに自らかかわり，味や盛り付けなどを考えたり，それを生活に取り入れようとする ○加工食品の原材料に興味と関心を持つ ○食べ物はそれぞれの食品によって，味や香りに特徴があることを知る	○自分のからだに必要な食品の種類や働きに気づき，栄養バランスを考慮した食事をとろうとする ○地域で培われた食文化を体験し，郷土への関心を持つ ○身近な自然に関わり，世話をする中で，料理との関係を考え，食材に対する感覚を豊かにする ○食事にふさわしい環境を考えて，ゆとりある落ち着いた雰囲気で食事をする ○いろいろな加工食品を見たり触れたりし，調理の方法や料理を知る ○生産地から自分が食べるまでの過程を知り働く人に感謝する
○慣れない食べ物や嫌いな食べ物にも挑戦する ○うがい，手洗いなど身の回りを清潔にし，食生活に必要な活動を自分でする ○食生活に必要なことを，友達とともに協力して進めて関わりを深め，思いやりの気持ちを持つ ○自分たちで野菜を育て，食材にも旬があることを知り，季節感を感じる ○食事の際には，安全に気をつけて行動する ○食べ物を通して日本の伝統と食文化に関心を持つ	○健康と食べ物の関係について関心を持つ ○肉，魚，卵，牛乳，豆，小麦粉など身近な動植物からいろいろな加工食品ができることを知り，自然の恵みに感謝の気持ちを持つ ○調理をしている人や地域の方々などに関心を持ち，感謝の気持ちを持つ ○挨拶や姿勢など，気持ちよく食事をするためのマナーを身につける ○伝統的な食品加工に出会い，味わう ○野菜の収穫時期に気づき，自分たちで育てた野菜を食べる ○食材の色，形，香りなどに興味を持つ ○調理器具の使い方を学び，安全で衛生的な使用法を身につける	○自分の健康に関心を持ち，必要な食品を進んでとろうとする ○食品は，種類によってからだの中での働きに違いがあることを知る ○健康に気をつけて食べ物を選ぶ ○いろいろな料理に出会い，発見を楽しんだり，考えたりし，さまざまな文化に気づく ○栽培を通し，食材の成長を喜び，調理をすることで生かされることを学ぶ ○調理をしている人や地域のお世話になっている人などに感謝の気持ちを持つ ○外国の人々など，自分と異なる食文化に興味や関心を持つ ○身近な大人や友達と協力し合って，調理することを楽しむ
○食習慣の形成に当たっては，子どもの自立心を育て，子どもが他の子どもと関わりながら，主体的な活動を展開する中で身につくよう配慮する ○身近な動植物に関わって共感し合い，いのちを育む自然に感謝の気持ちが持てるよう，自ら関わろうとする意欲を大切にする ○調理する中で，さまざまな料理を通して素材に目をむけ，関心が養われるようにする ○年間行事や季節と関連させて，日本の伝統と食文化を伝えるように配慮する ○大人との信頼関係に支えられて，自分自身の生活を確立していくことが基盤となることを考慮する	○健康と食べ物の関係について関心を促すに当たっては，子どもの興味・関心を踏まえ，全職員が連携のもと，子どもの発達に応じた内容に配慮する ○さまざまな文化の違いを認め，互いに尊重する心を育てるよう配慮する ○安全・衛生面に配慮しながら，扱いやすい食材，調理器具などを日常的に用意する ○食品や料理を通して五感が発達するよう創意工夫をする	○食べ物は過剰に食べたり，欠乏することにより，心身の健康を害することに気づくように配慮する ○子どもの食生活と関係の深い人々と触れ合い，自分の感情や意志を表現しながらともに食を楽しむ ○高齢者をはじめ，地域，外国の人々などと親しみを持ち，人と関わることの楽しさや人の役に立つ喜びを味わうことができるようにする ○買い物を通して食生活の関心を高めるよう家庭への協力を図る ○おいしそうな盛り付けを考える

❖ 参考文献 ❖

1) 赤羽正之他編：新栄養士課程講座　給食管理，建帛社，2000
2) 荒井　基他編：最新小児栄養，学建書院，1990
3) 飯塚美和子他：栄養学総論，南山堂，1999
4) 一般社団法人日本小児内分泌学会ホームページ：http://jspe.umin.jp
5) 井戸田　正他：最近の日本人人乳組成に関する全国調査（第一報）　一般成分およびミネラルについて，日本小児栄養消化器病学会誌，5 (1)，1991
6) 今村榮一：新・育児栄養学—乳幼児栄養の実際—　第2版，日本小児医事出版社，2005
7) 岩田章子，寺嶋昌代編：新版子どもの食と栄養，みらい，2018
8) 及川郁子監修：発達に障害のある子どもの看護，メヂカルフレンド社，2001
9) 大国真彦編：子どもの食生活処方箋，南江堂，1991
10) 大国真彦：子どもの成人病からわが子を守る法，芽ばえ社，1991
11) 大国真彦他：小児成人病をめぐって　治療学，24 (12)，1990
12) 大竹邦明：ハンディキャップをもつ人の口の健康，クインテッセンス出版，1990
13) 岡田知雄他：小児保健研究，50 (3)，1991
14) 恩賜財団母子愛育会：特殊ミルク情報 第57号，2022
15) 香西みどり，綾部園子編：流れと要点がわかる調理学実習　第2版，光生館，2017
16) 家庭栄養研究会編：かまない子・かめない子，同時代社，1988
17) 家庭栄養研究会編：子どもの生きる力をはぐくむ7　生活習慣病肥満・高脂血症を予防する，食べもの通信社，1999
18) 金子芳洋編：食べる機能の障害　その考え方とリハビリテーション，医歯薬出版，2000
19) カネソン株式会社ホームページ：https://kaneson.co.jp
20) 木村修一他：21世紀の調理学5　臨床調理学，建帛社，1997
21) 現代と保育編集部編：食事で気になる子の指導，ひとなる書房，1999
22) 公益財団法人日本学校保健会：平成30〜令和元年度児童生徒の健康状態サーベイランス事業報告書，2020
23) 公益財団法人日本ユニセフ協会ホームページ：https://www.unisef.or.jp
24) 口唇裂・口蓋裂友の会編：口唇・口蓋裂児者の幸せのために，ぶどう社，1984
25) 厚生科学審議会地域保健健康増進栄養部会 次期国民健康づくり運動プラン（令和6年度開始）策定専門委員会：健康日本21（第三次）の推進のための説明資料，2023
26) 厚生労働統計協会：国民衛生の動向，2021/2022
27) 厚生労働科学研究班：食物アレルギーの診療の手引き，2011
28) 厚生労働科学研究班：食物アレルギーの栄養食事指導の手引き，2022
29) 厚生労働省：家庭でできる食中毒予防の6つのポイント，1997
30) 厚生労働省：国民健康・栄養調査，2019
31) 厚生労働省：児童福祉施設における「食事摂取基準」を活用した食事計画について，2020
32) 厚生労働省：児童養護施設運営指針，2012
33) 厚生労働省：社会的養育の推進に向けて，2019
34) 厚生労働省：授乳・離乳の支援ガイド，2019
35) 厚生労働省：小児期メタボリック症候群の概念・病態・診断基準の確立および効果的介入に関するコホート研究，2006
36) 厚生労働省：食中毒統計調査　令和4年，2022

37) 厚生労働省：健やか親子21，2006

38) 厚生労働省：生活習慣病健診・保健指導のあり方に関する検討会資料，2005

39) 厚生労働省：楽しく食べる子どもに〜食からはじまる健やかガイド，2004

40) 厚生労働省：乳児院運営指針，2012

41) 厚生労働省：乳幼児突然死症候群（SIDS）に関するガイドライン，2005

42) 厚生労働省：妊娠前からはじめる妊産婦のための食生活指針，2021

43) 厚生労働省：平成27年度乳幼児栄養調査結果の概要，2016

44) 厚生労働省：平成22年乳幼児身体発育調査報告書について，2011

45) 厚生労働省：保育所における食育に関する指針，2004

46) 厚生労働省：保育所における食事の提供ガイドライン，2012

47) 厚生労働省：保育所保育指針，2017

48) 厚生労働省：児童福祉施設における食事の提供ガイド，2010

49) 厚生労働省：児童福祉施設における食事の提供に関する援助及び指導について，2020

50) 厚生労働省：児童福祉施設最低基準の一部を改正する省令，2010

51) 厚生労働省：児童養護施設入所児童等調査結果，2015

52) 厚生労働省：保育所におけるアレルギー対応ガイドライン（2019年改訂版），2019

53) 厚生労働省：保育所における感染症対策ガイドライン（2018年改訂版／2023年5月一部改訂），2023

54) 厚生労働省：日本人の食事摂取基準（2020年版）「日本人の食事摂取基準」策定検討会報告書，2019

55) 厚生労働省，文部科学省，農林水産省：食生活指針，2016

56) 巷野悟郎編：乳幼児の心とからだ，中央法規出版，1991

57) 巷野悟郎他：保育の国際化に関する調査研究報告書　平成20年度，社会福祉法人日本保育協会，2009

58) 国立健康・栄養研究所監修：子どもの食生活のあり方，第一出版，1990

59) 小関康之：乳幼児の発達としつけ，中央法規出版，1991

60) 全国私立保育園連盟調査部：給食に関する調査報告書，2017

61) 高野　陽他：子どもの食と栄養　第5版，医歯薬出版，2013

62) 高野　陽編：小児保健，ミネルヴァ書房，2000

63) 独立行政法人日本スポーツ振興センター編：平成22年度児童生徒の食事状況等調査報告書，独立行政法人日本振興センター，2012

64) WHO/FAO（共同作成）：乳児用調製粉乳の安全な調乳，保存及び取扱いに関するガイドライン，2007

65) 調理学研究会：くらしの中の調理学，東京教科書出版，1997

66) 東京都衛生局：乳幼児からの健康づくりのために，1995

67) 東京都教育委員会：学童期からの健康づくりのために，1993

68) 東京都福祉保健局：東京都幼児向け食事バランスガイド指導マニュアル，2006

69) 戸田顕彦他：小児保健研究，49 (3)，1990

70) 富岡和夫編：エッセンシャル給食経営管理論，医歯薬出版，2003

71) 豊川裕之他：21世紀の調理学7　環境調理学，建帛社，1997

72) 鳥居新平：小児喘息・アレルギー疾患の予防と治療に役立つ栄養・食生活，公害健康被害補償予防協会，1997

73) 内閣府：教育・保育施設等における事故防止及び事故発生時の対応のためのガイドライン〜施設・事業者向け〜，2016

74) 内藤寿七郎：母乳で安心育児，同文書院，1990

75) 仲本なつ恵他：最近の育児用調製粉乳，小児内科，30（12），1998

76) 奈良間美保ほか：系統看護学講座　専門分野Ⅱ　小児看護学〔2〕小児臨床看護各論　第 14 版，医学書院，2020

77) 日本学校保健会：文部科学省監修児童生徒の健康診断マニュアル　改訂版，2006

78) 日本糖尿病学会編・著：糖尿病治療ガイド 2022–2023，文光堂，2022

79) 日本小児保健協会：平成 22 年度幼児健康度調査，2011

80) 日本小児救急医学会診療ガイドライン作成委員会編：小児急性胃腸炎診療ガイドライン 2017 年版

81) 農林水産省：さらば食中毒！お弁当づくりの知恵，2006

82) 林　淳三編：やさしい小児栄養，建帛社，2003

83) 平山宗宏監修：母子健康・栄養ハンドブック，医歯薬出版，2000

84) 藤沢良知：子どもの食育を考える，第一出版，1997

85) 藤沢良知他：保育における食事の研究　平成 15 年度，社会福祉法人日本保育協会，2004

86) 藤沢良知他：保育所給食業務に関する研究，保育科学研究第 2 巻，社会福祉法人日本保育協会，2011

87) 藤沢良知他：保育所における食育に関する調査研究報告書　平成 20 年度版，社会福祉法人日本保育協会，2009

88) 藤田美明他：新エスカ 21　栄養学各論，同文書院，1987

89) 二木　武：保育者のための乳幼児保育シリーズ 2　乳幼児の栄養と発達，中央法規出版，1991

90) 二木　武他：新版　小児の発達栄養行動，医歯薬出版，1995

91) 農林水産省ホームページ：https://www.maff.go.jp

92) 別所文雄他編：小児科臨床　特集食育講座―小児医療に関わる人のために，61（7），日本小児医事出版社，2008

93) 法務省出入国在留管理庁：在留外国人統計，2022

94) 堀口雅子他：食事療法シリーズ 8　妊娠・授乳期の食事，医歯薬出版，1999

95) 松本峰雄監修：子どもの食と栄養　演習ブック，ミネルヴァ書房，2017

96) 三菱 UFJ リサーチ＆コンサルティング：外国籍等の子どもへの保育に関する調査研究報告書，2021

97) 宮崎和子監修：〔改訂版〕小児Ⅱ，中央法規出版株式会社，2000

98) 宮本忠雄他監修：こころの科学 73，日本評論社，1997

99) 武藤静子監修：母子栄養ハンドブック　第 6 版，医歯薬出版，1985

100) 無藤隆，岡本裕子，大坪治彦編：よくわかる発達心理学，ミネルヴァ書房，2004

101) 無藤隆，藤﨑眞知代編著：発達心理学，北大路書房，2009

102) 村岡廣介編：歯医者さんの待合室，クインテッセンス出版，2001 ～ 2002

103) 文部科学省：アレルギー疾患に関する調査研究報告，2007

104) 文部科学省：学校給食実施基準の一部改正について，2021

105) 文部科学省：学校給食実施状況等調査結果の概要，2019

106) 文部科学省：学校における米飯給食の推進について，2009

107) 文部科学省：学校保健統計調査　令和 4 年度，2023

108) 文部科学省：食に関する指導の手引―第 2 次改訂版―，2019

109) 文部科学省：食物アレルギーに関する調査結果について，2013

110) 文部科学省 科学技術・学術審議会：資源調査分科会 報告　日本食品標準成分表 2020 年版（八訂），2020

111) 文部科学省/スポーツ庁：全国体力・運動能力，運動習慣等調査 令和 5 年，2023

112) 文部科学省/スポーツ庁：体力・運動能力調査 令和 4 年，2022

113) 山口規容子他：育児にかかわる人のための小児栄養，診断と治療社，1997

114) 幼児食懇話会編：幼児食の基本，日本小児医事出版社，1998

115）ロバート・マリーナ他，高石昌弘，小林寛道訳：事典　発育・成熟・運動，大修館書店，1995

116）渡辺久子：思春期やせ症（小児期発症神経性食欲不振症），母子保健情報　第 55 号，2007

117）渡辺久子，徳村光昭編：思春期やせ症の診断と治療ガイド，文光堂，2005

索　引

〈編　集〉　飯塚美和子
　　　　　　元日本女子大学
　　　　　　中野区フリー活動栄養士会
　　　　　　(管理栄養士・未病専門指導師)

　　　　　　瀬尾弘子
　　　　　　大妻女子大学短期大学部

　　　　　　濱谷亮子
　　　　　　東京女子医科大学腎臓小児科
　　　　　　(非常勤講師・管理栄養士)

〈執　筆〉　浅野雅子
(五十音順)　日本女子大学

　　　　　　飯塚美和子
　　　　　　前掲

　　　　　　大津（松﨑）美紀
　　　　　　常磐大学

　　　　　　五関正江
　　　　　　日本女子大学

　　　　　　瀬尾弘子
　　　　　　前掲

　　　　　　高橋恭子
　　　　　　元青山学院女子短期大学

　　　　　　圓谷加陽子
　　　　　　元清和大学短期大学部

　　　　　　成田豊子
　　　　　　子供の家愛育保育園

　　　　　　野田智子
　　　　　　つくば国際大学

　　　　　　濱谷亮子
　　　　　　前掲

　　　　　　松井貞子
　　　　　　日本女子大学

最新 子どもの食と栄養　　—食生活の基礎を築くために—

1992 年 4 月 20 日　第 1 版第 1 刷発行
1995 年 4 月 10 日　第 2 版第 1 刷発行
2000 年 3 月 30 日　第 3 版第 1 刷発行
2002 年 3 月 30 日　第 4 版第 1 刷発行
2005 年 3 月 30 日　第 5 版第 1 刷発行
2008 年 3 月 10 日　第 6 版第 1 刷発行
2011 年 3 月 1 日　第 7 版第 1 刷発行
　　　　　　　　　　（改訂新版）
2015 年 3 月 1 日　第 8 版第 1 刷発行
2020 年 3 月 31 日　第 9 版第 1 刷発行
2021 年 3 月 1 日　第 9 版第 2 刷発行
2022 年 3 月 1 日　第 9 版第 3 刷発行
2023 年 3 月 1 日　第 9 版第 4 刷発行
2024 年 3 月 1 日　第 9 版第 5 刷発行

編　者　飯　塚　美和子
　　　　瀬　尾　弘　子
　　　　濱　谷　亮　子
発行者　百　瀬　卓　雄
発行所　株式会社 学建書院
〒 112-0004　東京都文京区後楽 1-1-15-3F
　　　　　　　T E L　(03)3816-3888
　　　　　　　F A X　(03)3814-6679
　　　　　　　http://www.gakkenshoin.co.jp
　　　　印 刷 所　あづま堂印刷㈱
　　　　製 本 所　㈲皆川製本所

ISBN978-4-7624-6841-4